教师职业素养与发展规划

教师的社会视野与自我调适

孔德生 刘秀英 何海翔◎著

JIAOSHIDESHEHUISHIYE
YUZIWOTIAOSHI

吉林文史出版社

图书在版编目（CIP）数据

教师的社会视野与自我调适 / 孔德生，刘秀英，
何海翔著．—— 长春：吉林文史出版社，2012.12（2021.6重印）
（教师职业素养与发展规划）
ISBN 978-7-5472-1326-1

Ⅰ．①教… Ⅱ．①孔… ②刘… ③何… Ⅲ．①中小学
—师资培养 Ⅳ．①G635.12

中国版本图书馆CIP数据核字（2012）第291245号

教师职业素养与发展规划

教师的社会视野与自我调适

JIAOSHIDESHEHUISHIYEYUZIWOTIAOSHI

著者/孔德生　刘秀英　何海翔
责任编辑/高冰若
封面设计/小徐书装
出版发行/吉林文史出版社
地址/长春市福祉大路5788号　邮编/130118
网址/www.jlws.com.cn
印刷/三河市燕春印务有限公司
版次/2012年12月第1版　2021年6月第4次印刷
开本/710mm×1000mm　1/16
印张/14　字数/157千字
书号/ISBN 978-7-5472-1326-1
定价/39.80元

前　言

教师与社会具有深刻的辩证关系。社会大舞台，教师小角色，社会潮流影响着教师发展，而教师素质反过来也作用于社会并关系着社会风尚。长期以来，较固定的交往对象、较有限的活动区域、较单一的工作内容、较特殊的身份形象、较突出的地位价值，构成了教师的社会定位。

实话实说，改革开放以来特别是实行市场经济体制以来，尤其是当历史的车轮已隆隆驶进21世纪10年代的当下，社会变得十分开放丰富而复杂多变，体现为人际交往、婚姻家庭、审美保健、大学世界、经济法制、社会百态等许许多多内容，令人眼花缭乱。其中，人际交往方面包括城乡盛行"情礼风"、社会冷漠症日益凸显、婚礼步入俗套等；婚姻家庭方面包括当代青年面临恋爱婚姻难题、"富二代"教育成社会问题、"隔代亲"与儿童成长的现实拷问、"家教热"潮起潮落等；审美保健方面包括美容忧思录、减肥的喜与忧、女性美的误区、谨防"人畜共患病"、心理健康的社会呼唤、拥挤成人类精神健康的大敌等；大学世界方面包括"考研热"透视、考研中的"近亲繁殖"、博士研究生考录中的暗流、"师范热"的深层思考、大学生交往新走向、研究生的生活也无奈、大学生"打工热"利弊参半等；经济法制方面包括特殊商品广告"红灯"闪闪、户外野广告疯长、虚假广告骗你没商量、伸向人保的黑手、眼镜市场违法经营严重等；社会百态方面包括"欺生"现象面面观、城乡封建迷信与愚昧消费并行拉响警报、丧葬活动中异象丛生、算命现象大行其道、赌博综合症、交通文明安全令人忧虑等。

教师作为社会一分子，同样是生活在这同一个社会而非真空之中，他们必须清楚地了解这个社会。特别是教师的职业，要求他们具有广博的学识，其中包括视野和见识必须宽广。但是，面对如此开放复杂的社会，思想单纯、观念保守、教条呆板拘谨内

1

向、社交狭窄生活内容单调、爱好不广、特长不特、自由时空有限、办事能量不大、经济实力不强、综合素质下降、整体形象不佳、能力跟进不力等内在因素制约，成为教师群体的标志性社会缺失。为此，教师们有的远离社会，有的戴着有色眼镜看社会，有的盲目投身社会，有的游离于社会，有的被社会边缘化，总之，社会不适已成为当代教师面临的共性问题。

为此，教师必须进行科学理智的自我调适，包括准确自我定位、修炼职业生活艺术、提升职业人生品位、深化职业生命感悟、构建和谐人际关系、谋求自身科学发展等。其中，准确自我定位包括平视人生、把握自己、认识自己、学会自省等；修炼生活艺术包括学会排遣、学会休闲、学会轻轻地抚慰自己、善待缺憾、善待生命、为自己导航、保持生活的节律、看自己的电影等；提升职业人生品位包括学会忍耐、学会忘却、学会简明扼要地生活、学会从容、耐得寂寞、学会独处、放弃后赢得一片天、为自己找寻对手、为自己争该争的面子等；深化职业生命感悟包括人生、人生即流浪即追求、人在旅途、乐在独自远行中、人贵自强、期望与成功等；构建和谐人际包括善待妒忌、感谢伤害、恋爱不成做朋友的智慧、巧妙化解尴尬境遇、走出"鸡肋"情结的误区等；谋求科学发展包括新人慎踢"头三脚"、为自己充电、为自己加码、学会生活辩证法、学会定期盘货、学会完善自我、做个备受学生欢迎的好教师等。

本书从教师职业的社会定位入手，着眼于教师自身科学发展的宏远目标，重在展现当今社会的丰富性多样性，揭示在此纷繁复杂的社会之中教师的重大缺失和严重不适，着力探讨教师主动适应社会所应采取的科学的调适方略。

可以说，我们怀着对教育的满腔热血和对教育实践的真挚体验，承担并完成了吉林文史出版社组织出版的教师继续教育大型丛书之一《教师的社会视野与自我调适》。在本书写作过程中，作者对曾经发表过的部分内容进行了重新整合和较大修改，对新时期新形势下一名教师所必须具备的社会视野与如何实现自我全面调适这一对关联度相当大的两个问题进行了深入思考和广泛探究，并参考了一些著作、报刊和网站专栏上的相关内容。我的硕士研究生蔡雨同学协助编写了第一章和第三章内容，刘娉婷、刘应龙同学协助打录并校对了部分书稿，特此说明并深致谢意。由于时间仓促，加之水平所限，不足之处在所难免，敬请读者朋友批评指正。

目　录

/ 结语：视野造就名师

/ 教师的社会定位

/ 教师与社会的辩证关系 /

教师与社会是什么关系？很明显，二者具有内在的辩证关系。社会大舞台教师小角色，社会潮流影响着教师发展，教师素质也关系着社会风尚。

社会，汉字本义是指特定土地上人的集合。社会在现代意义上是指为了共同利益、价值观和目标的人的联盟。社会是共同生活的人们通过各种各样社会关系联合起来的集合，其中形成社会最主要的社会关系包括家庭关系、共同文化以及传统习俗。微观上，社会强调同伴的意味，并且延伸到为了共同利益而形成的自愿联盟。宏观上，社会就是由长期合作的社会成员通过发展组织关系形成的团体，并形成了机构、国家等组织形式。社会是由通过一定的社会互动和社会关系结合起来并共同活动的人群集合体。

社会群体是构成社会的基本单位之一，教师群体就是诸多社会群体之中一支非常具有代表性的群体。社会是个大舞台，朗朗乾坤，芸芸众生，教师只是一个小角色而已。但是，社会与教师之间却存在着深刻的辩证统一关系，社会的发达与文明影响着教师群体的素质能力与发展走向，同时，教师群体所具备的综合素质与整体形象也一定程度上关系着社会的发展水平与文明风尚。

社会潮流变化对教师的影响 ╱

社会学意义上的社会角色是指个体在特定的社会关系中的身份及由此而规定的行为规范的总和。具体地说，就是个人在特定社会环境中相应的社会身份和社会地位，并按照一定的社会期望，运用一定权力来履行相应社会职责的行为。它规定一个人活动的特定范围和与人的地位相适应的权利义务与行为规范，是社会对一个处于特定地位的人的行为期待。它是构成社会群体和社会组织的基础，是社会地位或社会期望与个人能力相统一的产物，既指人们对具有特定地位或社会期望，也包括人们的相应行为。[1]教师群体属于社会中一个特殊的群体，要了解社会潮流变化对教师的影响，我们首先要对社会角色进行了解。社会角色是一个动态的概念，它是对社会地位的动态描述，因此社会角色的构成要素也需要从动态角度来加以理解。随着时代的发展和社会的需要，教师所承担的社会角色与职能也在不断地变化和更新。全社会期待教师承担培养创新人才的艰巨责任，教师角色的转变将成为时代和社会发展的必然要求，成为教育和教学改革、课程改革的必然要求，成为教师自身专业发展的必然要求。[2]

社会风气影响着教师的从教观。今天的"科教兴国""、教育是第一生产力"、"教师是太阳底下最光辉的职业"等教育口号的提出，显示了国家对教育的重视。社会风气以非制度化的形式存在并影响着人们的价值判断，显示了公众对职业存在意义的认识，同时也影响着职业所属群体对职业的认识与价值判断。我国"尊师重教"的风气具有悠久的历史。《荀子·大略》中写有："国将兴，心贵师而重傅。"谭嗣同也在《浏阳

[1] 郑敏.高校青年教师的角色困境及其成因分析[D].安徽师范大学硕士论文.2005.

[2] 徐厚升.论社会角色理论视野下教师角色的构建[J].教育研究.2011,(9).

算学馆增订章程》中写到：为学莫重于尊师。可以说，尊师重教的风气在我国教师职业产生以来的悠久历史中一直是主流。因此尽管教师地位经历了起伏，但是我国总体尊师重教的社会风气一直影响着教师为教育事业而奉献自己的从教观，社会对于教师群体的认同深深影响教师队伍对教育事业的热爱。

教师同时面对着社会与学生两个对象，同时对其负责，社会对学生未来的期望表现在教师对待学生所尽的义务当中。而社会为了维护自身的整体利益，必定会制定合乎其利益的价值规范，教师也要依据社会的要求与价值体系对学生进行教育，同时尽社会的义务。我们的社会并非处于静止状态，它处于不断的变化过程中。社会的变迁给人们的生活带来了巨大的变化，给人们的生产发展带来了深刻的影响。人们也不断地关注与适应社会变化对自己的影响。作为人类其中一个特殊且重要的社会群体——教师，承担着对社会负责，对个人负责，对未来负责的任务与义务。面对着社会潮流的发展，教师只能顺应社会潮流，不断努力，不断充实和完善自己，否则就会被社会淘汰，被社会潮流淹没。社会潮流的发展主要给教师带来以下影响：(1) 价值观的变迁。社会存在决定社会意识，随着社会的变迁，之前与其对应的适应社会基础的价值观会在未来中失去优势，随之，我们的教育目标、教育意识、德育内容也会发生变化。(2)知识的更新。事物是不断运动、变化、发展的。旧有的某些知识会随着生产的不断发展日趋陈旧。而知识的新领域也会随着科学技术的进步而出现，进而影响改变教师的教育方式，教育方法，教育结构等。(3)受教育者的更好发展。受教育者会随着社会的发展，接受速度更快，接受能力更强，这给已经具有较高水平的教育者带来巨大的挑战。(4)社会结构的日趋复杂。社会的变迁带来社会上各种社会关系的复杂化，教师群体处于社会中也不免受其影响，面对社会关系的彼此渗透，教师的社会化程度也越来越高，但是同时也出现了有的教师远离社会，有的戴有色眼镜看待社会的现象。

教师素质是教师稳固的职业品质，它是以人先天遗传条件下，经过环境熏陶、教育培养，通过科学教育和自我教育而形成的具有一定时代特征的思想、知识、能力等方面的基本稳定内在品质。在信息社会中，教师素质包括良好的思想品德素质、完善的知识素质、较强的能力素质、创新意识、健康的心理素质、美好的外在素质等六个方面。[1]随着社会对教育的要求越来越高，对教师的要求也越来越高。作为现代教师，应该适应未来发展要求和社会潮流，对自己有正确的认知，着重提高自身素质，其中加强教师思想品德修养是素质教育的需要。素质教育的目的是使学生全面发展，在学生成长过程中，教师对学生思想的形成产生巨大影响。教师道德会在潜移默化中影响学生的思想，学生思想会有教师道德思想的影子。因此，教师要以自己的优秀的道德品质影响学生。

在当今历史条件下，教育要面向21世纪，面向社会主义现代化面向世界，必然会对教师师德修养提出新的要求，要求教师必须树立坚定的政治观，高尚的道德品质，良好的业务素质，科学的理念，这是党和国家提出的。"振兴民族的希望在教育，振兴教育的希望在教师。"也是现代社会潮流发展的必然要求。(1) 教师在人类社会发展和人类文明进步中担负着承前启后、继往开来的重大历史责任。教育家乌辛斯基说过："教师是过去历史上所有高尚和伟大的人物跟新一代人之间的中介人。"他的话十分明确地道出了教师职业的社会作用，而教师的社会作用越大，则历史责任越重，所以教师素质的提高和加强师德修养已迫在眉睫。(2) 师德修养是社会主义精神文明建设的重要内容，教师是社会主义精神文明的培育者，在培养和传播过程中，起主导作用的是教师的师德。教师不仅要向学生传播文化科学知识，还要传授社会生活经验，要塑造青年一代的思想品德，影响他们的理想兴趣、情感意志等，就要求教师必须具有较高水平的道德修养。[2]从加强以理想、道德和纪律为中心的思想建设来说，师德修养本身就是思想建设的重要内容，也是社会主义精神文明所需要的。(3) 新形

[1] 张鑫焱.教师素质刍议[J].山东省青年管理干部学院学报.2006, (5).

[2] 鲁荣华.浅谈现代教师加强师德修养的必要性[J].教育研究.2010, (10).

势对教师提出的要求是加强师德教育, 提高师德修养。因为当前我们面临着十分复杂的形势, 国内改革开放迅猛发展, 同时社会主义市场经济面临着新情况、新问题; 我国教育水平整体不高, 还存在着改变落后状态和增强教育力量的任务。国际上面临着迅猛发展的科技革命和维护世界和平与稳定的新的调整。这些严峻的形势告诉我们: 当务之急是提高广大教师的素质, 在提高教师的专业文化知识的同时, 更大力加强思想政治工作和师德修养。

在社会潮流对教师道德品质、精神素养方面有所要求, 同时也对教师教育教学能力提出了要求。(1) 教师要不断的进修。科学技术在不断进步发展, 教师必须不断的提高知识水平, 不断地进修充电, 吸收新的知识, 掌握新的教育结构, 完善教育方法, 适应日新月异的社会。(2)教师要搞好教学工作, 教学工作丰富多彩, 要随着社会潮流发展进行合理改变, 单调统一的教学生活必然不能适应学生日趋改变的需求与改变。(3) 教师加强能力的培养。这是在不断地学习知识的前提与保证。只有以能力作为其基础, 才知道如何学习, 如何教育日益聪明的学生。

教师对社会的影响 /

师德的教育作用及社会教育作用要求教师加强师德修养。师德对良好社会风气的形成具有巨大的推动作用。目前, 我国大中小学生有两亿多人, 祖国大地的各个角落, 直接受教育人口达三四亿之众, 约占人口的五分之一到四分之一。同时, 通过这些学生还联系着每一个家庭和各个行业, 在社会生活中具有广泛深远的影响。十年、二十年后, 他们是建设祖国的主力军, 能否教育好他们, 在很大程度上, 要靠全国一千多万大中小学教师。

青少年一代是社会的未来, 社会需要青少年为其做出贡献, 社会需要教师为其代言人, 代表社会对青少年进行教育。有目的, 有计划地培养学生成为符合社会发展的人才。教师对学生所进行的教育实质上就是社会对它未来需要人才的教育。教师对学生的期望本质上也就是社会对学生的期望。所以教师所具有的教育方式，自身的基本素质、价值观念等等不仅会对学生产生非常深刻的影响，同时也潜移默化地影响着社会未来的发展。教师的能力水平、态度观念，直接影响了社会的发展程度。所以教师主要是通过学生对社会产生影响的。

教师对学生的影响主要有：教师的态度对学生的影响，在教学过程中，学生的态度是非常重要的，有什么样的态度，就有什么样的结果，学生对待学习没有积极的态度，不严肃认真地对待，不积极主动地学习，就不会取得好成绩。对待学习的态度只是学生成长过程中一种基本的素质，教师主要是要影响学生对待人，对待事物要有正确的态度。学生态度的形成与转变很大一部分是由老师影响的，教师是具有丰富知识经验的成年人，自身社会化程度较高，在学习生活中，他们对待学生的态度，对待学习，对待周围的人和事物对学生更容易产生有力的影响。学生通过学习、模仿、认同、服从慢慢也在一定程度上形成自身的价值观念。首先从教师对待学生的学习态度上的影响，教师对待自己教授的学科的态度，对这门学科的意义的理解，对知识的把握，对待这门学科进展的成果也决定了学生对待这一学科的态度。如果教师的态度越积极，学生也会对这门学科越有兴趣。教师对待学生学习态度影响的另一个因素是教师所创造的课堂气氛。教师设计的课堂如果气氛活跃，富有趣味性和挑战性，那么会充分调动起学生的积极性，学生就会对这门学科产生兴趣，少年时期培养的兴趣会为他今后所从事的行业产生一定的影响，进而对社会做出不同的贡献。这也是教师渊博知识对学生产生的影响。学生不能接受教师单调、无趣、干巴巴地讲课，不厌弃烦地讲课学生仍旧不爱听。相反如果教师才华横溢，有渊博的知识，那么他们会从心理上乐于接受教师。另一方面，教师不仅影响学生的学习态度，而且也会对他们对待劳动，对待生活，对待他人，对待社会的态度产生影响。教师与其他教师，对待集体的态度，间接的会让学生懂得如何处理自己与他人,与集体的关系,从而影响到他们之后在社会上如何与人相处,如何处理对不同事物的态度。教师的思想水平,对待教育工作的毅力、恒心、热心、信心直接影响到学生的学习态度和责任,对学生的个人价值、科学知识、竞争意识、交往能力,都会直接或间接地影响学生。再次,教师的人格魅力也会感染学生,从而师生之间的关系融洽,对学生的学习起到事半功倍的效果。教师对学生有理解和尊重,对待学生一视同仁,那么会更容易让学生理解和爱戴,当然,即使是优秀的教师也避免不了犯错误,那么对待错误,教师应该勇于承认并且善于改正。这些对于学生来讲意义是非常重大的,学生会从老师的行为中不断地改正和完善自己的行为。

以上是从间接的观点来反映教师对社会的影响,教师职业是非常特殊的职业,他们承受来自很多方面的评价,学生、家长、领导及社会人士,他们的言行举止和遇事态度甚至会成为一个社会整体素质的标准与水平。比如2008年5月12日汶川地震发生的时候,一个名叫范美忠的教师,丢下了学生,独自跑出了教室。5月22日在天涯上发帖《那一刻地动山摇——"5·12"汶川地震亲历记》一文,文中细致地描述了自己在地震时所做的一切以及过后的心路历程,掀起轩然大波,被网友讥讽为"范跑跑",并引发了一场关于"师德"的讨论。其后,中国教育部公布修改后的《中小学教师职业道德规范》,"保护学生安全"首次被明确列入。而受汶川地震的影响,四川省德阳市东汽中学教学楼坍塌,在地震发生的一瞬间,该校教导主任谭千秋双臂张开趴在课桌上,身下死死地护着4个学生,4个学生都获救了,谭老师却不幸遇难。类似的还有最美女教师张丽莉的舍己救人,这两种不同教师在危难时刻的不同表现,引起整个社会的道德标准的拷问,究竟保护学生是一种道德还是一种社会责任?在学生的学习、健康及安全受到危害,教师是应为保护学生做出恰当努力,还是教师必须无条件成为"道德英雄"甚至"道德烈士"?这引起了整个社会的讨论。关于教师的行为表现,个性品质，思想道德，综合素质无时无刻不再受社会的关注，并对社会产生影响。

教师是人类灵魂的工程师，是教学过程的组织者、指导者、引领者和促进者。教师要引导学生走向知识、走向社会、走向生活，对学生的影响是深刻而且巨大的。学生也会在走向社会后将之前所有的认知、态度、能力、水平来反馈给这个社会，从而实现教师、社会、学生的循环性的影响。因此在"大社会"与"小角色"的辩证关系中，双方也互相制约，相互影响，相互促进。

/ 教师从业者的社会特征 /

长期以来，从事教师这一职业的人员在漫长的历史进程中，已经形成了一系列明显区别于其他职业者的社会特征。可以说，较固定的交往对象、较有限的活动区域、较单一的工作内容、较特殊的身份形象、较突出的地位价值，构成了教师的社会定位。

较固定的交往对象 /

(1)良好教师交往有助于教学质量的提高。教师交往是教师在教育教学活动中的常见行为，良好的教师交往有助于教师自身的发展，也有助于教学质量的提高。

首先，良好的教师交往有助于教师自身心理健康。现代社会中我们衡量一个人健康与否，不仅仅看其是否有健康的身体，同时也重视一个人的心理健康。适时的与人交往，互诉衷肠，排解烦恼，可以帮助人们摆脱压抑的情绪和失落的状态，影响心理健康，进而影响身体健康。因此教师在与人交往的过程中，在社会团体里会有强烈的归属感，还有一些事业及心灵的交流，从而心理上会保持健康的心态，进而保持身体健康。

其次，良好的教师交往有助于学生的心理健康及全面发展。教师作为传道、授业、解惑者，他们是学生模仿学习的对象，对学生的心理健康发展有着重要作用。良好的教师交往会对学生心理健康进而身体健康及学习发展有着不可否定的影响，一方面，教师与学生健康交往的过程中，良好的师生交往可以帮助学生很好地适应学校的生活，通过与教师的交流与互动会更好地认识自己。良好的师生交往是润滑剂，和谐的教育环境对学生学习成绩提高起着显著的作用。另一方面，教师与其他教育相关人员愉悦、和谐的交往还可以引发学生积极的情绪，会使学生之间互相彼此关心、互相尊重、乐观真诚、心情愉悦，实现学生的身体、心理健康全面发展。第三，良好的教师交往有助于教育教学质量的提高，因为良好的教师交往有助于教师之间良好人际关系的形成。彼此融洽的教师人际关系中，教师之间互相尊重，互相学习，取长补短，会使教育教学活动顺利地进行；教师与学生之间的良好交往会使学生获得更好的人文关怀，学习生活中的问题也可以寻求到教师的指导与帮助，对学习和生活更充满积极的态度和热情的人生观；在融洽的交往环境中，教师热爱自己的事业，学生主动地参与学习活动。双方互相支持，容易达成共识，形成为共同目的而努力的合力，促进教育教学质量的提高。

(2)教师交往的内容。教师交往的对象主要有学生、同事、家长、领导等，所以教师交往的内容便主要包括教师与学生的交往、教师与同事的交往、教师与领导的交往、教师与家长的交往等主要方面。

教师与学生的交往：教师主要的工作任务是教书育人，学生是教师交往的最常见、最重要的对象。教师与学生交往的时间与机会都比其他交往对象要多。教师可以在课堂上与学生进行交流，也可以在课堂外对学生进行了解交往，他们会对学生行为、情绪、认知、情感上对学生产生影响，在师生共同参与活动中，以自己的榜样作用在态度、行为、观念等方面对学生潜移默化地影响着，并积极给学生建议提高学生的领悟能力与行为能力，教师与学生交往的过程中，对其行为进行规范，对其性情进行培养，也调整自己对学生的观点。同时，学生在接受老师所传递的知识文化、精神文明的同时对老师产生影响，与教师的交往过程中，训练自己的行为，学习知识，树立正确的人生观、价值观。在教学活动中，由于双方的工作性质与地位，决定了教师在与学生交往中起着主导的作用，是师生交往的发起者。同时，教师与学生在人格上是平等的，教师要有平等的意识，教师并不是居高临下地对学生进行说教，要与学生在平等地位上与学生交往，居高临下、盛气凌人只会让学生心存畏惧，产生逆反心理，不利于教学活动的正常进行。了解是交往的前提，教师在与学生交往的过程中，首先自己要对学生有一个全面的、正确的了解。教师尊重每一个教育个体，包括他们的思想与情感、兴趣与爱好。教师与学生是引领与被引领的关系，教师不但要把自己与学生放在平等的地位上，对待学生也应该一视同仁，给每个学生同样的机会与自己交往，不应因教师的个人偏好和成绩高低来决定或拒绝与谁交往。只有教师用自己真诚的情感去教育，去感化，去交往，那么学生才会从中受到鼓舞，对教师产生信任，同时也会与自己喜欢的教师去努力学习，用愉快的心情去学习。

教师与同事的交往：在学习集体中，教师之间存在着多种不同，性别、年龄、教学科目、兴趣爱好、经历背景、性格。不同特点的教师表现出的教育风格是不同的，即使是同样的教材，同样的知识，甚至是同样的学生，教学结果都会产生差异。而在一个学生的成长过程中，不能只靠一个老师对其教育，需要各科教师的共同努力并且密切配合才会培养出全面发展的人才。如此就需要老师之间很密切的交往，并且团结协作，相互配合。教师与同事之间的交往，首先可以进行学术上的交流，同事之间的互相交流会对自己的教学产生积极影响，特别是一个学科、一个年级组或者是同一个办公室的教师相处起来更容易方便，他们有共同的话题、共同的学生、共同的兴趣，这样相互学习会彼此给对方带来很大的帮助，特别是对于新入职的教师，更会促进他们在业务能力上的成长。同时教师之间也会进行生活上的互相关心和照顾，精神上的激励与抚慰。教师因为工作的特殊性，社交范围比较狭窄，所以教师同事之间是彼此价值取向很接近的人，在彼此发生问题时可以进行帮助，这种交往形式会使教师之间的关系更加融洽，良好，也更容易为教学方面提供更好的基础。虽然教师之间也会因为教学活动而产生一些竞争，但是教师要以良好的心态来对待这种竞争，在工作中，虚心向他人学习，取长补短，不心存嫉妒，要不断地学习更新自己的知识，真诚地对待同事，真诚地表现自我。

教师与领导的交往：教师与领导是上下级的关系，但是在教学活动中双方的工作性质与人格是平等的，教师与领导交往的原则就是协调关系，友好合作；充分理解，争取支持；顾全大局，尊重服从。在学校的教学活动中，领导掌握着教师的任免权、奖惩权等，教师会对领导产生畏惧心理，不敢与其过多交往，可是领导与教师协调的关系会使教学活动更好地展开，只有双方的关系融洽，彼此密切配合，才能演奏出最和谐的乐章，才能使学生的发展最大化。在交往中，领导和教师都希望得到对方的理解与关心，教师希望在自己辛勤的教育工作后，领导可以了解他们的辛劳，肯定他们的贡献，得到领导的关心，对生活和工作中出现的问题得到领导的帮助。教师还喜欢平易近人的领导，有人情味的领导。希望领导给予自己尊重和民主，并且相信自己的能力，可以公平正确地处理问题。并且根据专业的不同给他们更多学习和锻炼的机会，给予相对的空间自由，更好地完成教学活动。领导也希望教师对他们给予信任和理解，支持领导完成正常的教学活动，双方彼此努力，最终达到共同的教书育人的目的。教师在与领导交往的过程中，多向领导汇报，要多与领导沟通，真实地表达自己的想法和意愿。服从领导的决定，支持领导的工作，顾全大局，并且多多参与校园建设与管理，为学校发展出谋划策。领导也要起到主导作用，多与教师沟通和交流，关心教师的教学和生活，通过自上而下的方式解决教师的一些要求和实际问题，多为教师的利益着想，解决教师的后顾之忧。双方融洽相处，共建和谐校园，共建和谐社会。

教师与家长的交往：孩子是家长未来的希望，希望孩子出人头地，教师是学生的引领者，同样希望学生飞黄腾达，教师与家长就有了一个共同的中心，学生。如此家长与教师之间也就有了交往的价值与内容。包括学生在校成绩，思想动态，情感变化等等。教师与家长在交往的过程中更应该以合作的方式互相配合，这样才能对孩子有全面正确的了解，对学生行为有很好的把握，促进学生的全面发展。当然在交往的过程中会产生一些矛盾，这种矛盾的根源就在于他们对对方的期待过高：教师希望家长全面配合自己和支持自己的工作，以积极的态度来对待教师的建议，而不是将学生的教育工作全都抛给学校。对待学生既不过分苛责又不过分溺爱。作为自己强大的后备军和支持者。家长则希望教师承担起孩子全部或者是大部分的责任，对孩子关心备至，对待教学一丝不苟，为了学生和教学工作发光发热，奉献自己。而在实际的生活里家长忙于工作，对孩子的教育少甚至忽视，只对生活上给予满足，很少关心孩子的精神生活，将学习责任还有性格教育责任全部交给教师，给教师的配合不够。这样两种思想和方式的教育会使孩子迷失了方向，影响学生正常发展。而教师面对的学生不仅仅是一个，是整个班级的学生，精力有限，不可能像家长期望的对待每个关怀与照顾都无微不至。家长与教师的摩擦就由此而产生了。要想孩子得到最好最全面的发展，家长与教师要有相同的信念，共同的目标，相同的原则。家长与教师要共同努力，主动地调节自己的思想和行为。教师要经常与家长沟通，包括电话、家长会或者家访等。让家长了解孩子的学习成绩和最近动向，有利于家长的管理。教师了解、体谅家长，尊重家长会给自己的教学带来更好的效果。让家长懂得科学的教育方法，也经常给家长提意见，并常常审视自己，双方共同努力，使孩子健康发展。

(3)教师交往范围的局限性表现。教师的交往范围存在一定的局限性，这里以中小学教师交往为例。中小学教师之间的交往主要表现在担任相同学科的教师之间的交往和相同年级教师之间的交往。即业缘和地缘的交往。表现在，第一，相同年级教师之间的交往与相同学科教师之间的交往会更密切一些。因为中小学的办公室一般都是按照学科或者是按照年级而分配，所以同一年级的教师和担任同一学科的教师之间更容易产生沟通，接触得会更紧密，行为方式也会互相影响，促进教师之间的互相交往。第二，初中的学科繁多，各学科之间会存在分割，联系不密切，同时也造成了不同学科教师之间的交往分割，担任相同学科的教师之间会因为教学内容与方式相近而专业交往频繁，因此形成他们在学校担任学科为媒介的业缘关系。第三，很多班主任除了承担自己所教授的课程外还要担负起班级管理、学生生活等任务。他们大部分时间和精力放在自己的班级内，放在处理课堂教学活动和课堂管理事务。他们主要以教室为单位，从而他们往往与同事处于独立、相对隔离的状态。事实也说明，现在科学发展的趋势是分科越来越细，这同样表现在学校教育中。一方面，随着科学的日益纵向发展，学科类别越来越多。另一方面，不同学科又相互渗透，出现了许多边缘学科和交叉学科，这种趋势要求人们打破学科限制而进行密切的交往。科学的迅速发展，信息量更新周期的缩短则要求人们之间的交往保持一定的频率。目前，在初中教师的人际交往活动中，仍存在"鸡犬之声相闻，老死不相往来"的局面，大家都囿于自己的许可或者是年级、班级的地缘交往之中，然而，同学和教师之间的交往也只是局限于日常生活琐事或者简单的教学业务上的交流，他们的交往面还比较封闭和单一。

较有限的活动区域与较单一的工作内容 /

教师劳动是以个体独立为主，各自负责某一学科的教学或是某一班级的管理是当今中学教师的主要特点。担任着各自不同的教育职责，教师的行业具有很强的孤立性特点，他们对别人的依赖程度要相比之下要小，独自备课，上课，批改作业，具有鲜明的个体性。这也使得有些教师会忽视其他教师的作用，不考虑其他教师教育任务的完成，只考虑自己的教学任务。虽然这种独立性为教师选择交往对象提供了空间，但是同时也容易造成教师交往的闭塞与单一，他们之间的交往与合作有限，相互依存与互助也有限，这种没有与教师共同合作的习惯会使孤立的概念与发展观念根深蒂固，造成封闭与隔离，所以这也是教师交往活动中封闭性与单一性的一个主要原因。

教师由于处于一个比较有限的区域内，并且固定的交往对象只有学生、家长、同事、领导和其他教育工作者。中学教师的工作环境，办公的地方包括集体办公室和单独办公室，还有的教师是在教室里实施教学的。教师下班后的生活环境就是家里，维护家庭生活或者是继续完成学校的教育教学工作。有的学校还会为教师提供宿舍，方便教师教学与生活，可是这样教师的活动区域就更加有限。教师职业的特殊性承载着社会各层对于教师的期望，因此必须把自己大部分的精力全部放在教学工作当中，这样也形成了教师较单一的工作内容。

教师教学工作内容主要有：一是钻研教材，积累资料。钻研教材就是包括研究教学大纲，教科书，还有一些相关的参考资料。教师要对教学大纲上所要求的教学目标、教育内容和教学方法有很好的把握。并对教材有个整体的认知和把握。之后在研究教科书的过程中要反复、彻底、全面地掌握教科书的全部内容，对于教科书中知识的难点重点需要更深层次的把握。全面总结教科书中知识结构并且把知识融合，融会贯通，深入研究。最后能够游刃有余地运用和使用教材。教师在教学过程中要时时刻刻地积累教学相关的材料，作为教材的辅助资料，将这些补充的和易于更容易掌握教材知识的资料融合到教学过程中，这样在积累自己知识底蕴的同时，也更容易使学生对知识有很好的理解。这样，教学效率提升，教育结果也更加优化。二要使备课有的放矢。教师必须全面深入地了解学生，熟悉学生的学习特点和性格特点。研究学生，要对学生从整体到个别情况都有具体的掌握。教师要面对有差异的学生，实施有差异的教育，促进有差异的发展；教师要有敏锐的目标，不仅要关注学生知识的获取，更要关注学生情感、态度、价值观形成和发展等。并有能力对学生突发的状况进行解决。三是教学管理和课外活动。教师，这里特指班主任，除了对教育教学要有深层的把握外，还要有能力对班级建设、班级管理有深刻的理解。一个良好的优秀班集体，必然会对学生产生积极的影响。教师此时所扮演的角色就是培养锻炼每个孩子形成优秀的道德品质，形成良好的素质，有集体荣誉感和人生价值观。同时多多创造丰富多彩的课外活动使学生养成乐观、积极、向上的品质，也增添了孩子们课外生活的多样性。因此，教师的工作内容主要是针对学生的工作，一切工作也是围绕学生的学习和健康发展而产生的。这样也就使得教师工作比较单一。

教师的工作不仅内容单一，并且强度很大。教师不同于其他职业，没有明确的工作时间，教师的工作量更不能用八小时制来衡量，尤其是班主任，他们不但要备课、上课、个别辅导，还要对学生的身心、学习、品德等方面进行全面的照顾和指导。几乎没有上下班之别，即使下班时间，教师仍然在上完课后还要批改作业，准备教案或者对学生进行家访，而不同的学生又具有不同的性格特点，教师要根据不同学生的不同特点因材施教，同时也要根据当今社会的变化设计不同的教学活动或者教学方式，因此，教师在工作中付出的精力和感情是很多的。长期地超负荷运转，使教师的身心极度疲惫。

教师的工作对象和工作内容单一而重复。每一位教师都必须几十年如一日在教师与办公室里来回穿梭。每天重复的工作都是备课、上课、批改作业等雷同的内容，教授的课程内容也往往是重复的。教师还要保持几乎相同的生活节奏。在完成了学校内的教学生活后，就回到教师生活的另外一个固定区域，自己的家庭。然后教育孩子，完成在家中的责任。"铁打的教师，流水的学生"，教师在这种有限的生活区域和单一单调的工作内容的摧残下，很难谈起还有初为教师的热情，创新性也很难谈及。教师毫无新鲜感，固定的讲课模式，固定的管理办法，都容易产生教师怠倦的心理。另外教师的工作负荷严重，使教师丧失了激情。教师除了完成每周的固定课程还要完成同等课时的备课。除此之外还要改作业，批卷子，写学校交给的一些任务。只在学校的时间是难以完成的，因此教师就必须把工作带回家，挑灯夜战，是像蜡烛一样燃烧自己的角色。这种夜以继日的超负荷工作，教师难免会身心疲惫，热情减退。长时间的工作时间与休息时间的模糊，又不能很好地调节工作与家庭的关系，加之教育改革带来的新变化, 个别地区不用分数给学生排队, 却用成绩给教师排队, 更是让教师的压力不断增大。

较特殊的身份形象 /

教师特殊的身份形象表现在其特殊的职业特点上: 强制性、主导型、多样性、动态性。

(1)教师具有强制性。教师不仅是学习的引导者, 还是管理者、监督者、惩罚者。现实生活中, 人总是有各种缺点和不足, 尤其是学生在年龄较小, 自我控制能力和自我管理能力都比较差, 价值观还没有完全形成, 教师作为社会的代言人, 代表社会出现在家长和学生面前, 对学生进行教育, 监督, 管理。对学生的学习和行为进行强制。学生成长的过程不能只靠自己的自觉和兴趣, 任其发展。因为教育是一项复杂的事业, 需要在关于学生的各个发展层面都有所研究, 有所发展。如果只靠个人单方面的努力或者是放任学生某一方面的自由发展, 就有可能会影响教育的效果与结果。可以说, 从社会视角看, 教育本身是具有强制性的, 教师就是强制者。教师根据社会对于学生发展的要求与标准对学生进行强制性的目标教育, 强制学生的学习, 规范学生的行为, 强制学生的不良行为, 从而使学生成为社会所要求的人才。

(2)教师具有主导性。教育是需要综合多种力量的合力才能够完成的, 需要教师、学生个人、集体、学校、家庭和社区共同来实现教育的价值。而在这些力量当中, 教师是负责合理调配力量协调的主要任务。教师主导着教育关系, 引领各种教育力量共同完成教育活动。同时教师作为社会和学生的中间人, 会根据社会的需要和社会所要求的教育目的, 教学内容, 采用合理的方法来主导学生的学习与发展。

教师要使教学发挥最大的效能, 就要主导教学, 成为主导者。教师教学的过程, 实际上就是教育者和受教育者相互影响、相互作用的过程。在二者相互作用中, 教师居于主导地位,是教学活动的执行者,是学生接受教育过程的信息源。学生处于主体地位,是接受思想,认识世界的主体。随着社会发展,社会对教师提出了更高的要求,要求重视学生的主体地位与学习的自主性等,这就要求教师要更好地主导教学,在教学活动中发挥自己的主导作用,发挥个性与教学特长,注重引导教育实现社会价值与自身价值。

教师处于教学活动中的主导地位,首先教师主导学生的发展方向。对于学生每个个体而言,未来的职业道路是不尽相同的,而社会对于不同职业的人与素质要求也是不同的。为了满足社会对不同职业的需求,社会就需要对不同类型的受教育者进行不同方式的培养和教育。教师是社会的代言人,对于学生发展的多种可能,教师需要承担起一个主导的责任。即在满足学生有自主选择发展方向权利的同时,在社会所提供的教学环境和发展需求并对学生的发展方向有一定要求的前提下来承担起这个责任。教师既要主导学生的大致发展方向,同时要满足学生的主体需求,在学生选择的过程中,启发其发挥自主选择性,最大限度地发挥其潜力主导学生发展。从能力上说,教师具有更专业的学科知识,更高的科学水平,学生处于一个知识少,知识水平低和知识系统不完备的状态,因此,教师要发挥主导作用来教授先进的科学知识,帮助学生不断地增加知识储备,完善知识体系,成为符合社会发展需要的人才。其次,从心理上看,教师经历了成长和发展,心理承受能力,社会性,意识性与实践性都比较健全的阶段。人生观与世界观非常明晰。相比正在社会化中的学生,他们年纪小,对社会不理解,社会意识薄弱,心理也比较脆弱。因此,他们虽然具有一定的主观意识性,但是仍旧离不开教师的主导作用,需要其进行引导与教育。从社会角度上看,教师是教育者,学生是受教育者,是在教师的引导下的学习者。因此,在教学过程中,教师处于主导地位,完善协调各种教育关系,主导学生的发展。

(3)多样性,教师职业的最大特点是职业角色的多样化。①教师首先是传道者:

"道"在今天,更多的是指人类的普遍适用的价值观,代表着人类在德行思考方面的最高成就。[1] "传道"是针对教师而提出的。传道者教师具有传递社会传统道德、正统价值观念的使命。随着社会生活的变迁,尽管道德观、价值观正发生着多层次的深刻变化,但是教师的道德观、价值观,即社会主导地位的道德观、价值观。教师帮助他们进行社会活动和社会教育,促使他们早日形成自己正确成熟的道德观和价值观。教师运用自己良好的道德品质,专业素养教育培养社会发展所需的人。也就是说教师作为学生发展道路上的领路人,最重要的是要教给学生做人的道理。受教育者如果只接受各种具体的知识,而不懂做人的行事之道,那么教育出来的只可能塑造满腹经纶的有学之士,却难以成为与时俱进的有用之才。所以教师以一个传道者的形象进行教育活动,首先要求自己是一个思想品德优秀的好人。然后应该是一个坚定执着的人,成长的道路是艰辛和曲折的,要想在社会上有一番作为,更是需要永不言弃的精神,所以教师只有自身具有坚忍不拔的品格才可以以身说教,传承永不服输,永不言弃的精神。

②授业者、解惑者:"授业",从教师的角度而言,更多的是指传授知识,除了课本知识还有综合知识。教师是人类文明的传播者,培养各行各业的建设人才。教师在教学活动中教会他们学习,培养他们的实践能力。将自己多年在社会实践中所获得的知识、经验、技能进行整理加工,传授给学生,让他们在短时间内学会人类长久以来所总结的经验和知识,帮助他们内化为自己的知识体系和技能结构。这里对教师的专业知识就有更高的要求。随着新一轮基础课程改革的实施,教师要不断更新和深化自己的知识,否则只有"一桶水"已经远远不能满足学生日益增长的文化需求。而且现代社会所提出的人才标准,是全面发展的新型人才,要培养学生的全面发展,教师也就必须具有全面的综合知识。同时还要培养他们做人的道理,交往的原则、技巧等等社会

[1] 魏智渊.《师说》的尴尬[J].河南教育.2008,(2)

技能。在学生的学习生活中感到困惑时，帮助他们排遣心中的郁闷，扫除心中的障碍，多多启发，多多指导。学生的困惑既有学习上的困惑，也有心理上的困惑。教师要有敏锐的眼光，能够分析洞察学生心理，把握学生学习过程中遇到的困难，并且帮助解决，对于心理上的困惑，就需要具备一定的心理知识，还要多与学生沟通交流，乐于倾听学生倾诉。只有这样的教师才能使学生学习能力逐渐提高，分析能力逐渐提高，抵抗压力的能力逐渐加强，使他们正确面对道德观、价值观的意义，解决道德观、价值观的困惑，勇于迎接挑战的意识逐渐觉醒，逐渐从不成熟走向成熟。

③调控者：学生在成长的过程会受到多种因素的影响，社会环境，家庭环境，学校环境，还有其自身的价值取向。学生要成长为适合社会发展的人，就不能放任其自由发展，要调控学生的学习和行为。第一，教师要调控学生的学习目标。社会的发展会对未来的人才有一定的标准要求，继而会以其自身的教育目的和培养目标的形式控制教师的教学目标，教师也要以教学目标的标准来培养、调控学生的学习目标。在学习的过程中，教师扮演着非常重要的角色。教师必须十分注重教学过程中学生的表现及状态，进行调控指导学习。调控学生的学习进度，使之能够更好地为大多数学生的发展。由于学生的理解能力不同，接受能力不同，学习的深度、广度与精度也不同，所以教师要准确把握学生的学习程度，调控学生的学习过程，这样学习成绩和效率才会提高。第二，仅仅调控学生的学习目标以及学习过程是不够的，教师在教学的过程中更要重视学生的行为。教师要在教学过程中不仅要使学生成为知识型的人才，更要重视其行为规范，使学生成为有良好社会行为习惯的人。教师对学生行为的调控会对学生社会化起着重要的作用。首先，教师的调控会为学生提供有利的生长环境，使学生健康的成长。其次，调控学生养成良好的社会行为习惯，能够对自己的行为负责。第三，教师要时刻注意学生的思想动态，调控他们的行为，谨防他们有违纪、违法的行为。教师是在自己的职责范围内对学生进行行为的调控，并不是硬性的控制，要尊重学生

的人格，把握好度，最大限度地实现学生社会化。

④创新者：创新是指人类为了满足自身和发展的需要，运用已知的信息，不断拓展对客观世界及其自身的认知与行为的过程和结果的活动，它是以新思维、新发明和新描述为特征的一种概念化过程。美国创造教育权威史密斯认为，创新型教师应是积极吸收教育科学新成果，并把它们运用到教学上，而且能发现新的切实可行办法。我们认为："无中生有"和"有中生新"均是创新，创新型教育以创造教育事业为价值追求，以善于发现和培养创新型学生为根本目的。[1]伴随着世界知识化、信息化、高科技化和产业化的日益临近，教师不应只停留在恪守圣贤之道，守护文化传统的责任上，而应充当创新者的角色，更新教育观念，适应时代要求，要具有高度的创造意识和创新能力，自觉地把开发创造力作为教学的最高目标。这样，在教学过程中才能摒弃传统的教学方法，冲破墨守成规的樊篱，从实际出发，创造性开展教育教学工作。

⑤管理者：教师不仅是教育者，还要懂管理。他们有权利对学生进行日常教学管理。学生生长的环境不同，状态不同，很多是任意的，并不规范的行为，任性、没有约束。教师作为教学管理者要对学生学习生活进行管理。另外，在复杂的社会环境下，教师要严防学生受到不良思想的影响，对学生进行硬性教育来遏制这种不好的发展态势，发挥教师的权威性。对学生的管理，包括建立班集体，维持班集体纪律，组织班集体活动、做好学生思想工作。虽然教师处于管理者地位，但不是高高在上的，教师和学生在教学上是授受关系，在人格上是平等关系，在社会道德上是互相促进关系。同时教师要不断地提高自己的知识水平和能力水平，改善教育和管理方法，向学生树立权威。不断提高自己的道德素质，关心和爱护学生，以自己的人格魅力征服学生，达到以理为主，以管为辅。教师管理中教学秩序是非常重要的一环，作为教师首先要创造良好的教学秩序，同时又要维护教学秩序，保证学生的安全，为学生学习创

[1] 阿莱斯·艾尔雅维茨. 全球化的美学与艺术[M].成都: 四川人民出版社, 2010.

造良好的环境。良好的秩序有利于学生在更规范的教育系统里学习,是保证教学活动正常进行与良好运转的重要条件。教师主要保证班级环境和课堂环境。班主任要对自己的班级提出一个整体的目标和班级的管理规范,制度。每个学生应该严格遵守,积极配合,朝集体目标努力,创造良好的班级环境。同时应该提倡优秀的班级作风,发扬集体的优点,对于个别学生的陋习应该严格管制,抵制不良作风,杜绝不良思想习气。帮助人应提高学生遵章守纪,积极进取,共耻共辱的意识,形成良好的班风。在这个过程中,班主任同时也主导了教学秩序的设计,成为班级教学活动的管理者。教师根据学校的管理风格与秩序,根据自身的知识水平、教育理念、学生的性格特点,教师的教学风格管理本班级的课堂秩序,设计教学。

⑥学生安全的保护者与是非判断的裁决者:教师作为教学活动的主导者、调控者、管理者,还要在教学活动中保证学生不受伤害。在复杂的社会中,每个人都有可能受到伤害,在校的学生也不能保证没有这种意外伤害,社会有义务去保护学生,教师也有义务去保护学生。对于一些有可能的、可预见的伤害,做出规章制度,严格禁止学生做出出格事情,时刻督促教育。用这种接近强制的方式维护学校秩序,保护学生安全行为是必要的,在强制的力度下,学生才有可能自律,养成良好的习惯,保护自己的意识。对于有些偶然不可预见的意外,教师要提前做出准备,预防危害学生安全的事件发生,把这种安全隐患消灭在萌芽中,如有必要,教师可以对正在发生的危害学生安全的事件采取强制或者特殊行为,使学生处于安全的环境中。如果对于学生不听管教,无组织性、纪律性的行为,教师也要采取严格的方式来教育和纠正,用规章制度让学生付出一定的代价,让学生懂得承担责任,慢慢懂得社会规则,从而为学生创造良好的学习环境和班级风气,这样学生才能健康成长,成为社会发展所需要的人。

解决学生之间发生的矛盾也是教师的一个任务。学生之间的矛盾,学生行为的是非,教师有权利与义务去化解,判断学生做事的是非。学生群体朝夕相处,处于团体中的学生之间必然会产生矛盾，在出现复杂的矛盾的时候，如果学生没有进行有效真诚的沟通就容易导致矛盾激化，造成严重的结果。教师要面对双方的各执一词，与进行详尽的分析，查清事实，弄明白事情的前因后果，然后按公平公正的原则提出最后的结论和解决办法。对于行为严重错误的学生要进行思想教育并且根据学校的制度进行处罚。学生成长的过程中相互之间发生矛盾或者犯错误在所难免，但是教师对待这些矛盾和错误有一个正确的解决方式和善后方法就具有很高的艺术性，不仅仅要有权威性也要有技巧性。每个时代发生的事情可能对学生的一生影响深远，对于教师在其中的调节与判断作用的重要性就不言而喻了。

(4)教师形象具有动态性：教师形象不是一成不变的。不同的时代，社会对教师也会有不同的要求，需要教师承担不同的角色，这就决定了教师的形象具有动态性。动态的教师形象是动态的社会需求所产生的表象，社会对人才规格的要求也直接影响了教师形象的变化。教师只有在不同时期找准自己的定位，在每一个角色面前都及时地锻炼自己，改善自己。教师只有把自己定位于社会的需求上才能抓住角色的根本。教师角色也会根据学生要求的变化影响到教师角色的现代适应性，从而需要教师角色的转变。

由于教师的职业特点和自身所应该具有的品质要求都显示了教师特殊的身份形象，在所有身份形象的综合下，教师的社会特征也越发的明显。最终尊重学生主体，实现学生的主体价值，追求自身价值的主体，实现社会发展的最大化是教师职业的最终目标。

较突出的地位价值 /

教师是一种特殊的职业，社会对于教师要求非常高，教师是太阳下最光辉的职业、教师是人类灵魂的工程师，是燃烧自己的蜡烛、是辛勤的园丁。作为教师，承担着为家庭培养下一代，为祖国培养下一代的责任，而在当今社会，独生子女众多，大多数家庭的中心围绕子女，给予很大期望，必然对教师的教育教学有很高的要求，因此教师必须兢兢业业，刻苦钻研教学，认真教导学生，承担着来自社会不同人群给予的社会意义，这与其他职业有着非常明显的不同。因此，教师也表现其非常突出的地位价值。

教师的作用是寻求教育社会功能的最大化，随着生产力的发展，教育规模的扩大，教师作为一种特殊的职业，他们的社会功能日益突出，甚至有"国家的发展靠教育，教育的发展靠教师"的社会期望。教师面向整个社会，服务于整个社会。社会和国家的发展，都把教育放在重要的位置。教师不只代表自己，还主要代表了社会，代表了社会的理想与希望。教师的职责是教书育人，通过培养社会需要的人，通过人才培养使社会功能最大化。可见，教师承担了更多的历史使命，教师的作用越来越具有了社会功能的价值。

教师的社会价值是人的社会价值的组成部分，也就是教师群体中的个体与社会的关系问题。教师的价值主要是通过对社会的贡献来表现的。个人对社会所做的贡献的多少以及承担责任义务的多少，也就表现了教师群体中的个体的社会价值的多少。具体分析来说，教师的社会价值分为外在价值和内在价值。教师的内在价值就是通过教书育人，满足学生的知识需求，满足学生健康发展的愿望。教师的外在价值就是通过教书育人，满足社会发展的需求。

教师的内在价值是以学生为主体，根据社会发展的需要，有目的、有计划地对学生进行教育活动的过程。首先，教授学生先进的科学文化知识，使学生逐渐主动地掌握教材上的知识和前人的经验教训。内化在自我的知识体系内，奠定自我扎实的科研基础，把握先进的科学技术。其次，培养学生形成运用科学知识、科研技术到实践中的能力，将知识融会贯通，为将来在社会上生存奠定基础。再次，指导学生利用所学到的知识，已经形成的能力进行重组思考，创新探索、准确地评判一般社会现象，锻炼思考能力，认知能力等。最后，帮助学生塑造能在社会实践中良好发展的能力，帮助他们了解社会，学会人际交往，树立正确的人生观，价值观。培养他们高尚的道德素质、法律意识等，懂得社会中的人需要有良好的责任感，成为有理想、有道德、有纪律、有知识的"四有"新人。可以说教师的内在价值也就是教师将自己已经内化的知识和能力外化给学生，让学生接受、学习、运用、发展、创新，使知识让学生内化到外化的过程。

教师价值的外在性是具体客观的。第一，代表社会培养适应时代发展要求和社会发展所需要的人才，为社会输送能够促进生产力发展和人类文明进步的新鲜血液。第二，为社会培养能够推动社会主义社会的政治建设、经济建设、文明建设的高素质人才，促进社会的可持续发展与科学社会主义建设。第三，促进构建社会主义和谐社会和世界和平发展。教师对学生的真挚情感，对科学的孜孜以求，对工作的兢兢业业，和对教育事业奉献的精神会对学生产生积极的影响，会促进国民素质的提高。教师对社会问题的正确认识，公平判断，对社会主义事业的积极态度和无限热爱有利于社会的稳定和民族凝聚力的增长。

社会突出的价值表现在这种外在价值与内在价值的很好结合中。教师与学生的关系，在价值表现上是满足学生的全面发展需要，是教师与人发展的必然联系。教师与社会的关系，表现在满足社会发展的需求，是教师与社会发展的必然联系。两者相互依存，互为条件，相互促进，共同发展。内在性是外在性的前提和基础，外在性的实现是实现内在性的前提条件。

教师突出的地位价值不仅表现在他所具有的社会功能的价值，教师在寻求为社会做出贡献的同时，同样要考虑到自己可以为自己做些什么。作为学生的主要引领者，作为国家和社会的强力军，作为有血有肉的生命个体，教师还是自身价值的追求者，他不仅追求社会功能的最大化，还要追求个人功能的最大化。教师要获得生命的最大意义，就是要为社会服务，取得最大的社会工作效果，对学生有用，对社会有价值。对于教师自身而言，如果他不为自身服务，那么也就失去了存在的价值。

教师的自我价值就是指在社会生活和社会职业中，社会对教师个人和自己作为社会存在的意义。人是存在于社会中的人，教师在为人的发展和社会进步做出贡献付出努力后，个人的生存发展与完善也需要应有的满足。社会和学校也要把教师作为主体，满足教师自身的需要。第一，改善物质生活条件。社会和学校需要提供教师生存发展所需要的物质条件。按时、足额发放国家规定的工资、奖金、报酬与福利以及一些其他的优惠条件，使教师的合法权益得到保证。第二，参与民主管理的权利。教师有权利和向国家教育部门，学校教育部门、管理部门等提出自己关于良好建设优秀教学环境管理规定等学校存在的问题的建议，民主参与监督。第三，专业进修深造的需要。教育部门和学校应当满足教师不断更新自己知识水平，提高自身素质和修养的需求与愿望，并采用多种途径和方式来满足这种需要。第四，受到社会的尊重。社会和学校都应该尊重教师，关注教师的人身健康、人格尊严，以调动教师的积极性，这样才能为社会创造最大的价值。

教师在追寻自身价值实现自身价值的时候是工作的内在动力，内化作用的外化表现在教师社会作用的发挥，社会价值的实现，从而使社会价值通过个人价值的追求得到实现。教师的个人价值与社会价值得到很好的结合，教师的突出地位也就表现在培养学生社会功能最大化。

/ 教师必须认知的现代社会生活

改革开放以来,特别是实行市场经济体制以来,尤其是当历史车轮已隆隆驶进21世纪10年代的当下,社会变得十分开放丰富,而且复杂多样。这种复杂性多样化体现为人际交往、婚姻家庭、基本素养、审美保健、升学考试、大学世界、经济法制、社会百态等许许多多内容,令人眼花缭乱、目不暇接。但是,这又是教师必须认知的现代社会,是教师必须具备的社会视野。

/ 人际交往 /

教师作为社会人,必须注重人际交往。当前,城乡盛行"情礼风",令人疲惫难堪;社会冷漠症日益凸显,人情淡漠;婚礼步入俗套,俗不可耐。

呼唤健康文明的人际交往方式
——当代"情礼风"管窥

我国是举世闻名的"礼仪之邦",炎黄子孙一直将人与人之间互助友爱、和睦相处视为美德,亲友间、同事间、邻里间遇有大事小情,无不鼎力相助。但是,近些年来,随着物质生活水平的提高，昔日那种纯朴的人情交流已经升格了，变味了，"人情消费"的怪圈，在广大城乡愈演愈烈，发展成一股"情礼风"，使人们到了谈"礼"色变的地步。

A：形式翻新数额巨大

昔日，人们向谁表示贺喜，一般情况下是到他的家中，如今，被祝贺者几乎无一例外地要到外面的饭店包几桌，环境要好，饭菜要上档次。受到如此招待，前来庆祝者自然不能不掏腰包，而且不能少掏，否则拿不出手。比如，现在参加婚礼，关系最一般的也得随50元，关系再好一些的就得100元，若是至交或近亲，500元、1000元都是正常事。

B：请客缘由五花八门

过去，人们去谁家随礼，都是因为他家有了诸如婚丧嫁娶等大事，大家一般都是知道情况后，自愿参加的。如今，有些人是有由头要请客，没啥大由头也要请客，反正是通知你了，来不来你琢量着办。据不完全统计，目前请客缘由有几十种，比如：儿子结婚请、女儿出嫁请、儿女考上中学请、考上大学请、过生日请、老人亡故请、孩子满月请、乔迁新居请、招工提干请、晋升职称请、涨工资请、出国留学请……还有一些人一些事，不请你也得去，知道了你就得去，比如很要好的同学的同学、同事的同事结婚什么的得送礼，领导的七大姑八大姨有个事什么的得送礼……

C：主客双方心态种种

农夫种"豆"意在得"瓜"——某村有位热心肠的老头子近十里八村，哪一家遇有婚丧嫁娶之事，他总是有请必到、不请自到，总之是场场落不下他，并总要不大不小地"意思"一番。儿女们曾对他的做法持反对意见，但他听了总是一笑了之，依然如故。今年春天，他的小儿子结婚，因为在农村有一句话叫"老儿子娶媳妇大事完毕"，老头子决心大办一场，他列下长长的单子请人前来捧场，大摆酒席待客3天，随礼者七八百人，收财礼一万余元。见此"丰硕成果"，儿女们情不自禁地称赞"老爸，真高！"老头子高就高在，他成功地运用了人们"还人之礼一定要多于受人之礼"的心理。

跟着感觉"送"——某单位医务室的小张生了一对双胞胎，孩子满月时宴请同事们。

刚调到医务室才几个月的小常没接到邀请，关系和小张一般。但是，全室的同事都去了，小常想了一会儿，最后还是去商店买了一套小衣服，加入到了贺喜者的队伍。这就叫随大流，不然会落下个"小抠"的名声，人际关系也不好处了，尽管小常心里并不想加入。

打肿脸充胖子——一位寡居的退休教师李老太太的小女儿出嫁，由于家境困难，她本不想办了，况且是嫁女儿又不是娶媳妇。但是，一想起自己就一双儿女，儿子当年的婚事就没操办，如今女儿出嫁若再不办，实在过意不去，会让外人笑话的。老太太思前想后，最后咬咬牙，将自己多年积攒的3000元钱拿了出来，又向亲戚借了2000元，在一家中档饭店办了12桌酒席，招待亲朋好友一顿了事。

摆阔显富——个体户杨某系包工头，这几年发了财，成了个"款爷"。他的独生儿子虽然学习成绩一般，但高考时不知怎么的来了个超水平发挥，出人意料地进了本科线。杨某是个大老粗，杨家这是第一次出了个大学生，他大喜过望，在宾馆包了一个相当高雅的单间，先宴请儿子所在学校的有关老师和要好同学，后宴请亲朋好友，痛痛快快地畅饮了一番，席间伴随着一句句赞美之词，一个个红包递了上来。尽管花销数千元，但他出手大方，阔气十足，觉得儿子为自己争了光，因而相当自豪，愈发神气起来。

D: 波及面广危害深重

"红包"是城里人发明的，"情礼风"首先在城市流行开来，而且它就像是磁波一样，逐步向四周扩散，现已波及了广大乡村。据中原五省的农业部门抽样调查数据显示：去年，农民的各种人情费用现金支出，平均每户达350元，是十年前的5倍，比1990年增长40%，占当年人均纯收入10%左右。曾几何时，"君子之交淡如水"的传统朴素人情观已被横飞的红包和礼品取代。近年来，"礼轻情薄，礼重情深"等错误观念吞噬着人间纯洁的亲情友爱，农村"情礼风"带来了"人情礼高筑人情债"的严重危机，面朝黄土背朝天的农民齐声哀叹：人情礼，猛于虎！

不仅如此，"情礼风"还吹进了校园、军营、机关等纯净、文明之地，损害了它们原本留在人们心目中的美好印象。时下，一些学生也学会了请客送礼这一套，为了得个好成绩或者当选班干部，竟也出手大方地向有关老师和同学"上礼"，这对青年一代的成长是极为有害的。更严重的是，"情礼风"的盛行，使得某些党员干部主动或被动地掺和进来，诱发了腐败行为，给党的形象抹黑，社会影响相当恶劣。

E：多管齐下狠刹歪风

无法否认，原本正常的人情交往已经形成了一股变了味的"情礼风"。这种歪风席卷城乡，搅乱了人们的正常生活，加重了人们的经济负担和精神负担，甚至影响到下一代的成长，以及党风建设。可以说，它已发展成为一大社会问题，而要刹住这股歪风，必须多管齐下，充分发挥舆论监督作用，强化教育疏导功能，树立健康、文明的人际交往观，提倡自律意识与自觉精神，每个人都要严格地从自我做起，尤其是党员干部要以身示范，起到良好的表率作用。那么，刹住猛于虎的"情礼风"便指日可待了。

人间呼唤真情

——当代"社会冷漠症"透视

中华民族具有五千年的文明史，素以真诚，热诚，乐于助人等传统美德闻名于世。即便是在建国后，国民的物质生活水平还比较低下的二三十年间，上述美德仍然为人们所崇尚，被继承乃至发扬光大。但是近年来，有人将热诚助人、无私奉献者视为"头号傻瓜"，"十足的笨蛋"而加以讥讽。他们面对丑恶无动于衷；面对危难者，熟视无睹，置之不理。社会学家把这种状况称之为"社会冷漠症"。

社会冷漠症的表现种种

纵观形形色色的社会冷漠行为，可以将它们概括为两大类：

第一类——"抑善扬恶"与"麻木不仁"型

素描之一："沉默的羔羊"。比如：在拥挤的公交汽车上，有人无意中看到有个人在偷一乘客的钱包，但他赶紧将视线转到他处，装作什么也没看见，听任小偷盗窃得逞，喜滋滋地下车扬长而去，也听任那乘客在发现失窃后痛哭失声，而毫无愧色，甚至为自己没多事，平安无事窃喜。又如：当一辆长途客车行至一处偏僻路段，几名歹徒拔出凶器，命令所有旅客将手抱在头上，他们逐个搜身，抢夺财物。按理说，只要有一个人挺身而出，断喝一声，就可能令歹徒生畏，或者，只要车上男性公民一致奋起反击，那就足以战胜这几名歹徒了。可全车人无一吭声，任凭歹徒肆虐，甚至有人为保全性命，竟主动配合，亲自取下手上的戒指奉上，然后，目送歹徒们跳车而去。

素描二："匆匆过客"抑或"待价而沽者"。每个人都生活在纷繁的世界里，谁都难免不遇到危难者，请求救助。有人遇到出车祸的事，近前看几眼，看那人是死还是活就行了，及时走人。而有的人一听说是前边出车祸了，快速远离"危险地带"。如遇有人落水，有人是会游泳而硬装不会，在岸上又喊又叫，让别人下水去救。有人面对拼命挣扎，呼喊的落水者，不慌不忙，向岸上的有关人等索要好处，讨价还价，钱不给到不动身，让他满意了，他才不紧不慢地去救人。

第二类——"各人自扫门前雪"型

伴随着城市高层建筑的不断涌现，物质生活愈发富裕起来的都市人之间的情感交流越来越少，人们的孤独感和冷漠感日益增强，突出体现在邻里关系严重淡化上，如今都搬进了不同的高楼之中，一道道防盗门割断了过去的邻里情。他们各自固守自己的小屋，不与外界住来，不但过得好而且过得清静，喜在心头。可是，这种"各人自扫门前雪，莫管他人瓦上霜"的处世哲学是很难被称道的。住在四楼的李某下楼，见二楼门前有人撬锁，他以为是房主人把钥匙忘在屋里了，也没过问，过后才听说二楼被偷了。谁知几天后，李某一家三口从岳母家回来，发现家中被盗一空。敲门问对门的，回答说：中午有个男的指挥几个人往出搬东西，我们以为你的兄弟来帮你搬家呢！

冷漠症的界定与成因

社会冷漠症是一个道德心理学概念，它是指一种人际道德关系上的隔膜和孤独化，以及由此引起的道德行为方式的相互冷淡。它不是一般的情感淡薄，而是人与人之间道德意识沟通的阻塞，道德心理互感的缺乏，道德情感或同情的丧失，以及道德行为上的互不关心，其结果使人在人际之间和社会公共生活领域中变形为一个冷漠无情的道德"局外人"和"陌生者"。

造成社会冷漠症的原因，就第一种类型而言，每个人都具有从众心理，但可悲的是，所有从众行为都有一个明显的痕迹——害怕祸及自身，实行"事不关己，高高挂起"的政策。就第二种类型而言，首先，都市的人们所处的是一个松散的群体，没有许多共同的活动来增加彼此间的情感交流。此外，由于社会生活的复杂，人们愈发注意自我心理设防，唯恐受骗上当，故而不愿与人交往。

根治冷漠症的良方在哪里

时下，社会冷漠症的流行，是与弘扬传统美德，大力推进社会主义精神文明建设的主旋律背道而驰的。它使得人愈发自私、怯弱，正气难扬，丑恶难抑，人际关系更加淡薄，后果十分严重。

对此，全社会都必须予以高度重视，并下大气力，采取切实有效的对策。其中首要的一点，就是对全体公民强化道德教育，改变过去那种只进行空泛的说教而忽略如何实在做人的教育方式，真正提高人们的道德素质和精神境界。其次，要造成一种良好的社会氛围，建立公益奖励制度，并强化社会监督机制，使扬善抑恶之风深入人心。同时，每个公民都要从现在做起，从自我做起，从小事做起，勤助人，讲奉献，形成一种文明向上的社会风气。总之，只要我们共同努力，那么根治冷漠症的日子将指日可待。

婚礼何日走出俗套

爱情，是一个永恒的话题。与之相伴，婚礼也走过了千百年的历程。而当今婚礼，更是五光十色，热闹非凡：长长的车队、西装笔挺的新郎挽着身着婚纱的新娘、装修一新的新房、布置齐备的家具家电、高悬于床头上方墙上的大幅彩色婚纱照、摄影、录像、歌手、乐队、主持人、有关人士宣读结婚证书、新郎新娘"三拜"、交换定情礼物、双方父母或单位领导讲话、喝酒吃菜、点烟、递取红包，等等。总之，日子都是周六或周日、地点都是宾馆饭店，"上台表演"的人物都是主持人、新郎新娘、双方父母、双方所在单位领导，说着千篇一律的夸奖话、吉祥话、祝福话，整个过程均由迎亲、看新房、入席、新人入场、主持人"调兵遣将"、有关人士陆续登台"表演"、宾朋开吃开喝等几个重要步骤组成。东家这样办，西家也这样办，前来贺喜者递罢红包、吃罢酒席后，一个最真切的感受，几乎都是：没留下什么记忆，没多大意思。

如此大众化的大操大办的婚礼，其中存有不少问题隐患：第一，对良辰吉日的选择，存在迷信色彩。不少家长认为儿子娶媳妇、女儿出嫁是件大喜事，关系到孩子的一生，可马虎不得，因此，时常是请自己信赖的"大师"给掐算一番，根据男女双方的年龄、属相和生辰八字，最后给选定一个"黄道吉日"。也有一些青年男女，虽然受过一定的教育。但是，对自己的大喜日子的选择则不无迷信，说什么也要选个逢六或逢八的日子，像"5.18"这样的"公认的吉祥日"则更是难得的"最佳选择"。第二，婚礼大操大办，奢侈浪费惊人。日前，有记者对我市婚礼庆典盲目攀比、浪费惊人的问题作了追踪调查，结果发现，除了婚礼所需的正常消费外，还有几大项消费值得注意。一是婚前拍婚纱照，这已成为青年男女结婚的一项重大内容，仿佛新房的墙上不挂上一个大幅彩色婚纱照相框，新房就失去了很大光彩似的。据悉，拍一套婚纱照最低价格需580元，而七八百元、一千多元甚至二千多元一套的也有。二是搞婚礼车队。如今，无论是什么阶层、什么档次的人，结婚就要有车队，尽管车队的数量不同，彩车的牌子各异，似乎没车队就没面子，没车队就办不了婚礼了。在这种攀比心理的支配下，车队越搞越庞大，婚礼用车的档次越来越高。我市曾规定婚礼用车的最高数量，但时下有不少人的车辆数超标，只是"分散行动"或"拉开距离前进"，所以很难查出来。头车是最讲究的，好一些的用加长林肯或卡迪拉克，中等水平的要奔驰，最差的也弄辆奥迪。三是大摆宴席。地点多选在某宾馆或饭店，而且要有些名气，场地费有些地方达数千元。酒席一桌一般水平的要三四百元，再上些档次的，则需800元。而谁结婚都要请个二三百人，这样，办二三十桌酒席费用就可以计算了。第三，长长的车队穿街而过，斗富逞强，路人见了，常会产生异常心理，败坏了社会风气。而有些人借办婚礼为由，收受彩礼，大敛其财，对腐败行为的发生起到了推波助澜的作用。第四，红火热闹的婚礼，实质上不过是你让我凑了个热闹，我给你个面子来捧场。你请我吃了顿酒席，我为你递上个并不等价的"红包"而已。第五，这样的婚礼对当事人，即新郎新娘而言，也是弊大于利的。它使人贪慕虚荣，盲目攀比，为婚礼投入了大量人力财力物力，费尽了心思，可谓心力交瘁，疲惫不堪。婚礼过后，除了看看结婚现场的照片和录像外，只觉得脑袋里空荡荡的，心里乱乎乎的，感到那一日自己就像个木偶似的被主持人操纵着，在台上傻傻地"表演"着那些通俗的"节目"。

当然，许多新郎新娘原本也想将自己的婚礼设计得形式新颖、格调高雅、内涵丰富、简捷明快、既方便别人，又为自己的人生留下一段最为美好与深刻的回忆。但是，想归想，实际运作起来却相当不容易了。首先，双方父母这一关最难闯过。作为长辈，他们高兴看到儿女们成家立业。他们有一种强烈的责任感、归宿感和荣誉感，说什么也要将儿女的婚事操持得体体面面、气气派派，绝对不能简办，不能比人家差。所以，即便有些青年男女心中有某种新创意，但最终由于父母们的反对而告吹。况且，不少青年男女尚未找到一个十分稳妥而完美的全新的婚礼形式，所以来自诸多方面的主客观因素制约着他们，使他们陷入一种欲进不能、欲罢不忍的两难境地。

其实，结婚是两个人的事，新郎新娘有权为自己的人生大事做出最佳的选择。俗话说，流行的东西未必就是好的。当前，程式化的大操大办的婚礼，已经被证明是落伍了，至少是落入俗套了。青年男女要想使婚礼办得赏心悦目，完全可以摒弃传统习俗的束缚，大胆设计，精心策划，比如：日子可以选在两个人相识或恋爱多少周年的那一天，时间定在晚上，在自己家或某餐饮娱乐场所，将亲朋好友招集到一起，开一个晚会或舞会，如果季节适宜，还可以到公园或郊外郊游。总之，在这样一个有特殊纪念意义的日子里，在温馨的环境中，通过一种简捷的形式，给大家一个惊喜，也给自己的婚礼涂上一层绚丽的光彩，不是更好吗?

中央决议多次指出,要强化社会公德、职业道德和家庭美德教育,建立团结互助和谐的人际关系,倡导艰苦创业、勤俭持家的精神,提高全社会的精神文明建设水平。笔者以为,当代青年应该做社会主义精神文明建设的排头兵,而在自身举办婚礼这一大事上,也应身先示范,移风易俗,克服虚荣、攀比和浮躁心理,厉行节俭,追求文明、科学、向上的生活方式,尽快走出俗套和误区,走向更加广阔的新天地。

/ 婚姻家庭 /

恋爱、婚姻、家庭,是人所必经的。教师在此方面应深入了解当代青年面临的恋爱婚姻难题,富二代子女教育成社会问题,"隔代亲"与儿童成长的利与弊,"家教热"潮起潮落冲击家庭教育。

背负流俗的潇洒
——当代青年婚恋中的几个无奈话题

爱情是一个亘古永存的话题,青年男女因相互爱慕而走到一起,恋爱成熟,谈婚论嫁,成家立业,生儿育女,这是生活的规律。千百年来,人们的婚恋观因时代而异,其具体的表现形式也不断变化。遗憾的是,时下,某些陈腐的观念与社会不良风气一起涌入了当代青年的婚恋生活,且二者相互助阵,摇旗呐喊,兴风作浪,给追求健康、文明的新生活的青年男女们制造了重重障碍,引发了他们的种种无奈……

A:门要当　户要对

在封建社会里,严格的等级制度致使人们特别讲究门第,否则,将为社会所不齿,为家族所不容。因而中国人"门当户对"的思想由来已久、根深蒂固。它虽被批判，但在一些家长的头脑中依然存在。生在高干家庭的芳在读函大时与同学亮相识，并建立了恋爱关系，感情甚好。芳的母亲则认为亮出身贫寒，与自家门不当户不对，因而极力反对。芳苦苦坚持，母亲却以"不活了"相要挟，身为独女的芳万般无奈，含泪与亮分手。紧接着，芳便被母亲硬拉着去见她求人为女儿物色的她十分满意的高干子弟。芳的生活是否幸福，不得而知。

B：硬件须从严

婚姻是以两个人的感情为基础的。当然，其中也不排除对物质生活方面的考虑。但是，如果只注重物质条件，将其放在高于情感之上的位置，则大错特错了。然而，由于商品经济大潮的冲击，某些人的思想被严重侵蚀了，他们将爱情商品化，功利化。惠姑娘聪明漂亮，心地善良，自技校毕业到工厂工作后，与同车间的刚相爱。惠的父亲干了一辈子钳工，中年丧妻，将惠苦心培养大，他一心希望女儿能找到一位有知识，有才干，家境优裕的对象，方可瞑目。当女儿将心事告诉他时，他顿时火冒三丈：你爹当了一辈子工人，难道你也想找个出苦大力的工人，想再过苦日子不成？！你好歹算中专毕业，长得又不错，至少也要找个大学生或者万元户，这样，工资，地位，房子什么的就有望了。你不要昏头，爹全是为你好，赶紧和那小子吹了，不然我打断你的腿！惠望着含辛茹苦将自己拉扯大、困苦不堪的老父亲，她心颤了，妥协退让了，只能心中默念：刚，我对不起你……

C：命相要匹配

本来，男女婚配，只要身体健康，性格和谐，志趣一致，加之以相亲相爱作基础就足够了。但不知从何时起，其间又加进了一个条件，而且是决定性条件——命相是否匹配。那么，命相是种什么东西？谁知道他们是否匹配？办法总是有的：求签卜即可。对于这种荒诞不经的东西，时下仍有众多的人笃信不疑。聪慧的竹活泼开朗、属鸡。几个月前，她结识了一位才华横溢的"白马王子"峰，二人一见钟情。竹的爸爸发现女儿的秘密后，很随意地问了一句：男孩多大啦？竹面带幸福的微笑，脱口答道：大我一岁。"什么？"竹闻声大吃一惊，爸爸声色俱变道："古人说得好，鸡猴不到头！鸡猴不到头！你知道不知道？马上给我断绝关系！"就这样，竹与峰的恋情从此夭折了。玉与龙恋爱一年，现正在商议结婚的事儿。玉的母亲原本就信命，这天她在公园听到有人讲某某小两口的命相克，婚后三个月不到新郎便出车祸死了时，惊了一身冷汗。于是，她拿着玉和龙的生辰八字，找到一个算卦老头给批一批。老头一句"不合"，她就飞奔回家，向玉痛陈利害，软硬兼施，一对有情人就这样被拆散了。

D: 形式要入俗　场面小不了

古时娶亲，一般是由媒人帮着给选个吉日，到时由男方家派人抬着轿子，一路上吹吹打打，将穿着大红袄、带着红盖头的新娘子接回来，然后是"一拜天地，二拜高堂，夫妻对拜，并入洞房"了事。如今娶亲的情景可大不同从前了。女方的家长在男方家将新房、家具、电器等验收合格后，由男方家长召集双方主要成员联席会议，选定个吉利的日子，新郎将身披洁白婚纱、浓妆艳抹的新娘抱下楼后，车队重新启动。刚到新房楼门口，一时间鼓乐齐鸣（因禁止燃放烟花爆竹，不得已改成了乐队），有的则更高级，使用了几十元一筒的"喷彩""新武器"。下一步是直奔举行隆重婚礼和婚宴的高级歌舞餐厅或大酒店、大宾馆，亲朋好友欢聚一堂，举杯畅饮。这是高潮也是结束语。由于几乎人人如此，因而劳民伤财，铺张浪费不说，这形式也愈发俗套。倩与江是思想开放，追求新风尚的一对，他们打算搞个新颖别致的婚礼：时间定在相爱一周年那天，地点定在郊外，到时请亲友去那里游览水光山色之时，选一开阔地，合围而坐，他们向大家宣布两人的新婚典礼开始。人们吃着糖果，谈笑风生，或歌或舞，表达心中的嘱咐，倩的父母一听，气得大骂女儿"发神经"。江的父母都是干部，快退休了，很想将小儿子的婚礼办得风风光光，圆了一大心愿。听江说婚礼简办了，改去郊游，老两口死活不同意，声言"如若不从，则断绝亲子关系！"在双方父母的双重压力下，江与倩的美妙计划化作泡影。

E: 生育与否不由你

达和薇在家都是独生子女，被父母视为掌上明珠。两人都觉得自己年龄还不大，都想趁着年轻多轻轻松松地活两年，同时还可以去进修，多学点知识。因此，他们决定暂不要孩子。一年过去了，急于抱孙子的父母们的脸拉得好长，成天絮叨着。亲友们或出于关心，或出于好奇，也直接地问或间接地打听，更可气的是，他们的邻居总是对其指指点点，窃窃私语。某日，薇下班回家，在大院里隐约听到两个老太太说"看她那样儿，肯定是不会生……"薇受不了了，对着达大哭：发誓不等了，明天就生一个给他们看看。

综上可见，在世纪转换的特殊历史时期，由于多种因素的综合制约，使得当代青年在婚恋问题上面临着诸多的困惑和压力，这既影响了青年们的成长，也有碍于社会风气的好转和精神文明建设的进步。因此，作为青年，首先自己要更加自立自强，同时，家庭和社会都要理解，支持他们，这是解决问题的关键所在。

富有的新贵与贫困的后代

——个体户子女教育忧思录

改革开放以来，一大批个体业户走上了富裕之路。在这群"富有的新贵"一族中，虽说也不乏关心子女学习，注重自我提高，热心社会办学者，但是，仍有许多人重挣钱、轻教育，特别是严重忽视对子女的文化学习和家庭教育，后果堪忧。

刚上小学六年级的明聪，原本成绩中等，但新学期一开始，就感到学习有些吃力。他本想告诉父母，想请他们帮助辅导一下。但是，他很怕遭父母打骂。其实，他也很难在家中见到父母的影子。结果功课越落越远，成绩直线下降。他索性三天两头地旷课，去父母经营的店里帮忙。班主任老师找到家里，刚从南方归来、狠赚了一笔的明聪的父亲情绪特别好，听罢不以为然地说："这年头念那么多书也没啥大用，能认识自己名字，分得出男女，会算个小账就行了。"不久，明聪就退了学，在父母开的店里当上了"少老板"。

纪默的父母在市中心开了一家酒店，每天早出晚归，即便是节假日，一家人也难得一聚。一年来，纪默天天脖子上挂着家门钥匙去上学。放学回来，家中总是"铁将军"把门，冷冷清清的，纪默感到特别孤独、无聊。看电视，打电子游戏机，虽说挺有意思的，但一个人看一个人玩，过一会儿就腻了，烦了。想说说话，可家中连个人影也没有。实在熬不住了，纪默便坐电车跑到父母开的酒店来，可父母总是忙着招待客人，很少有时间和女儿聊聊，很多时候是忙不开就塞上一把钞票，劝女儿早点回家去，便又转到别的房间去了。每每这时，纪默眼中含着委屈的泪，默不作声地走开了。回到家中，她一头扑到床上，痛哭失声。她在日记中写到：亲爱的爸爸妈妈，难道你们不能给女儿一些真正需要的东西吗？我不要钱！我要爸爸妈妈！

林达原来家境贫寒，但他从不伸手向父母要钱，而是一心用功读书，常被评为"三好学生"，是个品学兼优的好孩子。去年，父母倒服装，挣了大钱，便更希望儿子林达将来能出人头地，为他们脸上争些光彩。因此，他们对林达是百依百顺，要啥给啥，宠惯得不得了。家境的富有，父母的宠爱，使林达彻底地变了。他不再认真读书，而是上电影院，去游戏厅，邀一群小哥们儿一起下馆子，拉帮结伙打群仗，学习一塌糊涂。

周洲的智力很一般，成绩在班中居中下游水平。他自己又自暴自弃，不肯吃苦。周洲的爸爸只有小学文化，脾气十分暴躁，如今搞贩运发了财，便将全部希望寄托在儿子身上了。周父曾对着周洲的面说："你爸没啥文化，但却把钱给你挣够了；你爸对你也没别的要求，只希望你好好读书，给老子争口气！"周洲听着爸爸的话，心里直打鼓，吓得不敢抬头。他也曾下决心学习，可由于基础太差而收效甚微，为此没少挨爸爸打。他也曾想对爸爸讲，自己脑袋太笨，真的不想继续读书了，但知道那会招致更严厉的惩罚，因而始终不敢直言。怎么办呢？周洲终于想出了一个既不用费力受苦，又不会挨打受骂的妙计，花钱请同学帮着做作业。试了几次，不但没被爸爸识破，反倒受到了"物质鼓励"。他心中大喜过望，企盼着能继续平安无事下去。

正在读初二的亮亮十分贪玩，不爱学习。亮亮的父亲是个包工头子，几年下来手头就阔绰起来了，且吃喝赌抽等，几乎无所不好。他时常在家中聚众豪赌，遇有"三缺一"时，便将亮亮派上场；兴致高时，还让亮亮替自己"上阵"。久经沙场"磨炼"，亮亮的"水平"越来越高，为此颇受其父"赏识"。父亲的好烟好酒，亮亮也开始偷偷地品尝，并将父母房间里的黄色录像翻出来，和哥们儿姐们儿一起观赏。不久，亮亮就因参与赌博和为争"女朋友"打群架而被学校开除了。

可见，个体户子女教育问题已经发展成为一大社会问题。它关系到一大批孩子能否健康发展，成为社会有用之才。对此，为人父母的个体户当尽快警醒，纠正偏见，提高认识，走出固执（简单粗暴地让孩子按照家长的意志生活）和抛却（只顾赚钱，只知给钱，但对孩子缺少教诲和关爱）的误区，找到一条理智的育人之路，才会促使孩子们健康成长。

"隔代家庭"与儿童成长

"隔代家庭"，就是指那些由祖辈和孙辈共同构成的家庭。作为一种特殊的家庭形态，"隔代家庭"的存在与日益普及，及其与儿童健康成长的关系问题，已经引起了许多从事社会学、心理学和教育学研究的科学工作者的极大关注。

A."隔代家庭"日益增多，渐成都市家庭生活一大时尚

从严格的意义上讲，"隔代家庭"并不是一种新生事物，至少在20世纪90年代之前，它就存在。只不过，那时它的数量还很少，还没有成为一种流行的生活方式。但是，近几年来，在为数众多的大中城市里，许多年轻夫妇出于种种原因，将幼小的孩子送到一方父母那里，于是，当今城市生活中，"隔代家庭"日益增多。究其原因，不外以下几点：一是不少年轻夫妻家庭住房紧张，条件不好，工作繁忙，工资收入又不是很高，出于对孩子成长的关心，不得不将出生刚几个月的孩子送给父母照看。二是时下城市里的离婚率较高，离异者为了再婚的方便，纷纷将判给自己的子女甩给父母照顾。三是一些青年夫妇的事业心很

强，不想因为照顾孩子而影响工作，或者是为了"南下"经商、为了出国深造，将孩子送给父母，成了他们唯一的选择。四是不少祖辈退休在家，身体尚能吃得消，他们高兴于见到又一代人，对孙辈疼爱喜欢得不得了，因而"主动请缨"，勇担重任。

B."隔代亲"利弊共存

"隔代亲"的形成，不仅因为有很亲很近的血缘关系，更因为祖孙之间那种心理上的互依。有社会学家认为，孙辈犹如东升的旭日，祖辈恰似夕阳的余晖，他们之间既有相同性，更有互补性。显而易见，祖孙在一起生活，幼者可受到爱抚，长者可得到欢乐，二者共同填补了中间一代人由于家务和工作繁忙而留下的时间和空间上的空白。再者，由于年龄的关系，父子之间常会在生活观念等问题上因各执己见而产生矛盾和冲突，而祖孙之间则互不设防，更易亲近，相当和睦融洽。具体地讲，"隔代亲"有着如下几大优点：一是对孙辈的成长有利。在祖辈的无微不至的关怀照顾下，孙辈的身体发育、健康成长得到了保障，而且知识广博、经验丰富的祖辈的超前教育，使孙辈的智力得到了很好的开发，为日后成才奠定了良好基础。二是对祖辈有利。有活泼可爱的孙辈在身边，老人会从自己尚能照看又一代人这里，可以解除祖辈的孤寂，使他们从孙辈的成长中获得生命的活力，在与孙辈玩耍游戏之间保持健康向上的心态。三是对子辈有利。子辈若既忙于工作又照顾孩子，大都会手忙脚乱，哪一方面也做不大好，现在将孩子送到老人那里抚养，便彻底消除了后顾之忧，可以专心投入工作了。

尽管"隔代家庭"、"隔代亲"具有如上三大优点，功不可没，但是，唯物辩证法认为，凡事有一利必有一弊。密切关注这一社会问题的有关专家学者从教育学、心理学、社会学、伦理学等诸多角度，结合这一社会现象在现实生活中的一些明显体现，就"隔代家庭"、"隔代亲"对儿童健康成长所带来的弊端进行了广泛而深入的探讨。

诚然，老人对孙辈的关怀是真诚的、细致的，爱是真切的、深刻的。"隔代亲"本是人之常情，上了年纪的人，见了隔辈人分外亲，特别是离开了工作岗位后，更是这样。他们退休前一心一意干工作，对自己的子女未曾仔细地关照过，如今有机会了，在补偿心理的作用下，他们将满腔的爱献给了孙辈。但是，物极必反。爱之过分，就变成了溺爱。同时，老人头脑中的知识都是此前数十年间积累下来的，虽然比较丰富，但是并不新鲜，陈旧者居多，有时代感的新知识较少。此外，老人的性格多半是喜静不喜动，大部分时间是在室内度过，很少到大自然中去活动。

存在于老人身上的缺陷，很容易通过言传身教，在不知不觉之间，对孩子产生某种潜移默化的不良影响。其一，一生的坎坷经历，直系的血缘关系，加之某些复杂心理的综合作用，注定了祖辈对孙辈的偏爱，这种偏爱在很大程度上属于溺爱。溺爱是爱得过分的结果，它会使儿童长期摆脱不了"童稚"心理的制约，阻碍儿童的正常心理发育。曾有有关部门对某小学一年级学生做了抽样调查，将他们分成从托儿所、幼儿园出来的和由爷爷奶奶或姥姥姥爷带大的两个组，进行心理素质比较，结果发现：前者群体意见强、适应能力强，社交圈子大，胆子大，能吃苦，许多事情都能自己动手做，一般的磕碰都不哭，而后者上下学都要由人接送，日常生活中的小事很少会做，缺乏应变能力，不大合群，性格多趋内向，胆小怕事，爱耍脾气和哭闹。之所以如此，原因就在于祖辈将"亲"字泛化为慈爱和娇惯，包办一切，有求必应，致使"隔代亲"加重了孩子的"童稚"心理，延缓了孩子独立意识和独立行为的形成与发展。其二，老人的文化程度普遍偏低，知识面较窄，对事物的认识水平停留在几十年前，而且思想意识陈旧，观念保守，在孙辈的密切接触中造成隔代传播，增加了儿童对新事物、新知识的认识和接受难度。再者，老人喜静懒动，活动范围限在室内。带出来的孩子易内向，怕生，不活泼，不利于孩子的智力发展。其三，父辈对孩子要求严格，看到孩子不良表现立刻加以管束，而老人对孙辈则溺爱有余，管教不足，在看到儿女管教孩子时，总是横加阻拦，从中偏袒。孙辈每逢这时，都以祖辈当挡箭牌，对父辈的管教或当面抵触或阳奉阴违，致使儿童在感情上形成错觉，导致"亲子隔阂"，这不仅不利于儿童的健康成长，而且有碍于家庭和睦。

《中共中央关于加强社会主义精神文明建设若干重要问题的决议》指出，进行社会主义道德建设要开展社会公德、职业道德、家庭美德教育；为了全面加强社会主义道德建设，必须大力倡导社会公德、职业道德和家庭美德。家庭美德被提到社会主义道德建设的三大内容之一的重要地位上来，由此可见其重要性。在家庭美德教育中，首要的内容就是尊老爱幼，这也是中华民族的传统美德。而在当今流行的"隔代家庭"中，祖辈由于自身在知识水平、思想观念等方面的缺乏，致使在抚养孙辈的过程中，其溺爱娇惯，重物质满足轻精神鼓励和品格塑造，使"隔代亲"从某种程度上走进了误区。为此，奉劝那些祖辈们能做些反思，及时校正自己的"教育方针"，不溺爱，不护短，不包办，注意与孩子的父母协调一致，在孩子心目中树立父母的良好形象，同时加强自身学习，更新思想观念，努力用现代知识和现代方式教育孩子，站好最后一班岗。

家庭美德与精神文明

家庭，是构成社会的细胞。家庭稳定和谐与否，关系到全社会的安定团结，家庭风气的好坏，直接影响到全社会的道德风尚。《中共中央关于加强社会主义精神文明建设若干重要问题的决议》明确指出，社会主义道德建设的主要内容是开展社会公德、职业道德、家庭美德教育，在全社会形成团结互助、平等友爱、共同前进的人际关系。全面加强社会主义道德建设，必须大力倡导社会公德，大力倡导职业道德，大力倡导尊老爱幼、男女平等、夫妻和睦、勤俭持家、邻里团结的家庭美德。可见，家庭美德是社会主义精神文明的重要内容，在社会倡导家庭美德是社会主义道德建设的三大重要任务之一。

中华民族是一个有着5000年文明历史的民族，具有吃苦耐劳、真诚善良、热情助人、宽容大度、勤俭质朴等许多优秀的传统美德。千百年的古老文明的文化底蕴。塑造了炎黄子孙的品格，他们在家庭伦理道德方面具有很强的责任心和责任感，注重婚姻的质量和家庭的稳定性，尊敬老人，赡养老人，爱护子女，关心下一代的健康成长，讲究民主平等，互敬互爱，等等。这些家庭美德被继承下来，并被赋予了崭新的时代内容，得到了发扬光大。应该说，如上家庭美德的保持和弘扬，是我国社会健康发展、人民生活幸福安宁的重要保证。

任何一种文化传统的继承，都是既有历史性又有时代性的。家庭美德也不例外。当社会发展到21世纪的今天，可以说，改革开放的进行，市场经济的发展，已经极大地改变，并正在继续改变着我们的经济生活以至社会生活。随之而来的，是生产生活方式的变化，人际交往方式的更新，以及来自不同领域的新的思想观念的涌入。如此这般诸多因素的综合作用，致使时下人们的家庭生活内容、家庭人际关系和家庭伦理道德观念，都处在新与旧、传统与现代的激烈碰撞的转型时期。诚然，随着物质生活水平和精神生活水平的提高，在家庭小型化、计划生育、婚恋自由等已被普遍认可的社会主义市场经济条件下，人们的家庭伦理正在继承优良传统的同时向着更加文明、进步的方向发展。但是，由于享乐主义、极端个人主义等西方资产阶级价值观和男尊女卑、大男子主义等封建腐朽思想的侵蚀，由于一些人擅长扮演"多面孔的人"，在工作单位一副面孔，在家里是另一副面孔，在人前一套，在人后另一套，某些侵犯妇女儿童权益、对家庭成员施以暴力行为、不履行赡养老人的义务甚至虐待老人等因素所造成的负面影响，时常在家庭伦理道德上反映出来，在很大程度上导致了家庭美德建设的异向与滑坡。

其一，在老人赡养问题上。一些已成家立业的子女，淡忘了父母的养育之恩，嫌弃老父老母，对父母的温饱冷暖不闻不问，非但不接父母到家里来住，甚至连赡养费都不愿出，逼得父母伤心落泪，好不心寒。即便是无奈与父母同住，也是将家务和孩子一股脑儿推给父母，父母整日劳作，得到的却不是很多。

其二，在孩子抚养教育问题上。一些年轻的父母，将孩子送到老人那里去，以为孩子在老人身边，各方面都不会出现问题，自己又可以得个轻闲自在。而在教育孩子的方式方法上，他们或者采取"严罚重奖"的方式，简单粗暴，以分数为指针，以棍棒威胁和金钱利诱"双管齐下"，造成孩子与父母之间关系紧张，家庭缺乏轻松和谐的气氛；或者对孩子娇惯溺爱，百依百顺，包办代替，使孩子缺乏独立生活能力。由于轻物质鼓励而缺乏思想品德教育，致使不少孩子从小就养成了爱花钱、贪图享受的坏习惯，思想单纯，品德修养差，心理晚熟。

其三，在家庭问题上。一些"下海"经商，发了大财的人(多半为男性)，家庭观念日益淡薄，以生意太忙为借口，很少回家，根本不顾及妻儿老小的生活、学习和工作，将家当成了旅店，对家里人付出的，只是一些金钱，而责任心和爱心全无。更有甚者，一些人在外面花天酒地、寻花问柳，致使婚姻关系的稳定性下降，夫妻情感轴心发生偏移，家庭解体的比率增高。

其四，在夫妻关系问题上。一些夫妻是"三天一小吵，五天一大闹"。其实，都是为些鸡毛蒜皮的小事。此外，夫妻之间存在着事实上的不平等。如个别男人在外面特别勤快，而回到家中则耍起大男子主义的做派，不大管孩子的学习，不爱做家务，什么事都靠妻子，都推给妻子，致使夫妻失和。

其五，在成家和持家问题上。一些子女(尤其是儿子)私心严重，在成家时就打个人的小算盘，为了组建小家庭，过上富裕的小日子。不惜想尽一切办法，从父母口袋里往外抠钱，贪得无厌，让人看不下眼去。举办婚礼大操大办。居家过日子，大手大脚，爱慕虚荣，不知珍惜财物，不懂得精打细算、勤俭持家，结果造成了大量浪费，养成了不好的习惯，也为家庭的长期和睦埋下了祸根。

其六，在邻里关系问题上。高楼大厦和防盗门，使得城里人的生活范围严重固定。这一客观条件，加之多种防范心理的作用，城市居民的邻里观念不断淡化，关上门过自己的日子，彼此很少来往，互不相求，相不关照。这种日趋封闭的交往心理、日趋冷漠的邻里关系，对双方的生活和心理健康都是有害而无益的，也加剧了人们的社会冷漠症。

中央决议明确指出，加强社会主义精神文明建设，必须努力加强家庭美德建设，在全社会大力弘扬和倡导家庭美德。这是一件利国利民的大事。鉴于当前家庭美德建设中尚存在一些不文明现象的实际，为贯彻落实中央决议精神，全面推进社会主义精神文明建设，以确保每一个家庭生活的和谐、一代青少年身心的健康发展和良好社会风尚的形成并能更上一层楼,首先,各级党委、政府和有关部门要高度重视、大力倡导家庭美德,切不可将家庭问题仅仅看作是个私事而轻视它,应该将它视为倡导社会新风、稳定社会的基础予以足够的重视。其次,根据党中央关于社会主义精神文明建设的总体要求,并根据现阶段家庭伦理道德的现状,以倡导尊老爱幼、男女平等、夫妻和睦、勤俭持家、邻里团结为核心内容,在广大城乡大力开展创建文明家庭活动。最后,工、青、妇等职能部门要以思想教育和法律为武器,对种种不道德的"家务事"敢抓敢管,努力伸张正义,打击歪风邪气。这样,我们家庭美德建设一定会取得丰硕的成果。

/ 审美保健 /

教师是美的化身,教学工作充满辛劳,因此,教师必须多注重审美和保健。教师审美保健应多多借鉴美容忧思,减肥二重性,以免步入女性美的误区;谨防生理"人畜共患病",多方注意心理健康,远离"准毒品"香烟危害,宽松空间拥挤、释放心理重压,从而走向精神健康。

美容忧思录

随着物质文化生活水平的不断提高,人们对自身容貌美、形体美的追求也变得日益强烈。于是美容整形成了人们追求的一种时尚,美丽者希望更美丽,不甚美丽者希望变得美丽,有欠缺者希望得到正常人所拥有的外部条件。与此同时,美容业也应运而生,并蓬勃发展起来。

俗话说:爱美之心,人皆有之。因此,人们去做美容,做整形术,这是无可非议的,况且，现今我国的整形美容外科门类齐全，各种手术基本都可完成，技能已达到国际先进水平。确实，一个成功的美容整形手术不仅可将丑陋变成美丽，使衰老变年轻，还可为面目较好者锦上添花，使人精神上得到慰藉，生活充满欢乐和幸福。诸如，许多年轻人做了双眼皮手术，眼睛变的炯炯有神；好些中老年人做了皱纹眼袋切除术，显得年轻而有活力，不少面容或形体有缺欠者做了整形美容术之后，自然状况得以较大改观，从而走出了自卑抑郁的阴影；一些胸部平坦的妇女通过做隆乳手术，变得丰满俊俏了；还有身体肥胖者，接受了减肥手术，重又苗条起来，等等。

上述实例很多很多，可称其为整形美容之喜，但是，也有一些人刻意，实则盲目地追求美，意欲通过美容整形"旧貌换新颜"，结果是失去了原来的自己，以致成了"非驴非马"，某姑娘本生有一双挺美的标准东方女性的眼睛，但她在看了几部欧美的电视剧后，对其中几个女主角的眼睛美慕得不得了。于是，她拿出自己工作一年积攒下来的私房钱，"壮着胆子走进一家美容院，做西洋人的"欧型眼"手术。最后却被做出了一对"熊猫眼"，求美不成反变丑。她在这一重大打击下，险些精神错乱。一小姐特别爱慕虚荣，想使自己超人地漂亮。美容潮席卷而来，令她欢欣不已，决心不惜多年积蓄倾囊而出，也要将自己的五官来一次"全面彻底的大革命"。跑了好几家整形美容中心，风风火火几个月下来，花尽金钱，也遭了不少罪，耳朵眼扎好了，双眼皮割出来了、眉也纹出来了，唇线也做出来了，胸也高高地隆起来了。而且，这些地方全是照着某某明星的照片仿做的。但是，同单位的人见了她都像看"珍奇动物"似的，不知是因为她"四不像"，还是因她"漂亮得出奇"了。

同时，海潮一样漫上来的整形美容热之中，难免泥沙俱下，鱼目混珠。金钱的诱惑，少数未经严格的专业训练、没有实践经验的一生经常"走穴"去做美容手术；一些技术水平和医疗设备均不达标的医疗单位，也纷纷打起大旗，堂而皇之地设立"美容专科"；那些以盈利为目的的美容院，美发厅等，也在从事化妆等生活美容的同时，"积极"开展跨行业的"高、精、尖"的美容手术。最为严重的是，某些江湖游医趁机打出各种招牌，或借助旅店，或租用医疗所房间，到处张贴广告，胡诌乱吹，滥施整形美容手术。而一些人求美心切，不辨真伪实虚，上当受骗。破财、受罪不说，许多不该发生的异发症和后遗症发生了，因而招致美容不成反毁容的可悲后果，有的甚至还危及生命。某男听说外地来了位"整形大师"，可用象牙材料做隆鼻术，医道高超，遂贸然前往。岂料术后一个鼻部发生溃烂孔洞，待再找那位"大师"，早已人走楼空，不知去向了。但迫不得已到医院取出了隆鼻材料，发现那哪里是什么象牙，不过是一块硬塑料而已，他不无感慨地留下了鼻子上永久的伤疤。一女孩"慕名"到某美容院治疗雀斑。不料刚被涂上"祖传秘方"的特效药不一会儿，她便全身瘫痪，失去知觉，待被送至医院时，早已香消玉殒了。原来，那"祖传秘方"竟是随意配置的"化合物"，她因过敏反应而致死亡。

由此可见，人们若想既得到美的享受，又免遭不必要的痛苦和损失，从自身的角度，首先要正确地看待美，科学地追求美。决不要脱离自我，一味地效仿他人，盲目地追逐明星。要知道人的美不仅仅在外表，主要是在心灵，靠内在气质表现出来，美容术不是万能的，它仅能改变你的外貌，关键的还要靠你强化内在修养，才能真正展示出美。再者，要明白整形美容是一项要求很高的手术，所以开刀不能听信王婆卖瓜式的游医信口雌黄的蛊惑，轻易尝试，以免遗憾终生。做手术也要选择一个设备齐全、条件好的正规医疗单位，并请一位训练有素，经验丰富的整形外科医生亲自执刀，请君谨记。

减肥的喜与忧

近些年来，随着物质生活水平的改善和提高，人们再也不必为营养不良而担忧了，但是，与此同时，却又出现了一个营养过剩的令人烦恼的问题。

目前，西方发达国家的人口肥胖率高达30%，在我国，肥胖者所占的比率也不低，且已呈现出明显的上升势头。据京、津、沪等的部分美容整形科统计，每年住院减肥者达上万人，而到健美中心，气功减肥班的人更是不计其数。由于生活改善、体力劳动减少、体育锻炼缺乏等诸多原因，致使为数众多的人没有到"发福"年龄，便过早地挺起了"将军肚"。举目四望，从幼儿园到大中小学，从工厂、机关到商店里，大街上，随处可见大大小小的胖子。

肥胖，给人们的生活带来了诸多苦恼。比如，在某厂工作的大李年方四十，体重却已近100公斤，一身肥肉，体态臃肿，爬楼走路气喘吁吁，劳作时裤子不知被碰裂过多少次。为此，同事笑他，媳妇骂他，他自己也常对着身子发恨，但却是一脸苦相，无可奈何。某电台一位优秀的女节目主持人，其甜美的声音传进过千家万户，广大听众都想一睹其风姿。可在一次联欢会上，虽出场人员都已安排好了，但她就是迟迟不肯出场。原来，刚刚35岁的她过早地变得腰粗体胖了，她自愧形象不佳，不敢在大庭广众之下露面，以免"破坏"了在听众心目中留下的"美好形象"。这，对她自己和广大听众朋友，都是一个莫大的遗憾。同时，广播电视、报纸杂志也不停地宣传，肥胖可引发高血压、心脏病、糖尿病等症，并致使人短命……

如上这些，确实在触动着人们的神经。而无论怎么说，国人是不以肥胖为美的。他们在摆脱了衣食住行的困扰之后，开始对自我形象愈发注重起来。先生们不再一味地炫耀全身上下的名牌穿戴，女工们也不再一味地追求新潮时装和高级化妆品。对于美，许许多多的男男女女，老老少少有了更高层次的追求：渴望有一个苗条，健美的体形。为了这一目标，人们（包括已发胖者，正在发胖者和尚未发胖者）正做着各种各样的不懈努力。于是，"减肥热"这股浪潮迅速席卷了中华大地，经久不衰。

减肥热的愈演愈烈，减肥大军的不断膨胀，演绎出了一幕幕的减肥悲喜剧。原为纺织工人的张小姐，去某中外合资企业公关部求职。她虽已通过了笔试，但外方经理因对其稍胖的身材略感不满意而犹疑不定。张小姐获悉内情后，马上去参加了一个减肥训练班，硬是很快地把身上多余的那些肉减了下去，终于如愿以偿地成了公司的一位公关小姐。赵姑娘曾是位体态苗条轻盈的舞蹈演员，但结婚生育后，当她再次回到练功房时，才发现自己身体超重了许多。为了心爱的艺术和事业，她下决心减肥。由于基础较好，加之方法得当，一个月下来便大见成效。不久，她便重新登上了舞台。确实，像她们二位这样，根据自身的各方面条件，以顽强的毅力，施用多种切实有效的办法，从而达到减肥目的的，大有人在，这是可喜可贺的。

然而，也有好多人的减肥经历却充满了坎坷和酸楚。王女士身高不足1.60米，体重却达到70余公斤，腰粗如桶。她为自己的形象而懊恼，愤然加入了减肥大军的行列。她先是吃减肥药，可她一吃就腹泻。一个疗程下来，体重倒是减了不少，但她这个人却变得脸色苍白，两腿发软，一走路便两眼发黑，直冒虚汗。她实在挺不住了，只得停药，改喝减肥茶。她刚喝那阵子还真管用，可好景不长，喝到后来，体内对其产生了抗药性，几大杯灌下去，肥未见减，胃口却见好。这样，没过多久，王女士的体重比原来又重了一些！

有的人崇信"生命诚可贵，苗条价更高，"为尽快减肥而孤注一掷，不顾及后果。如步入中年、日渐发福的刘先生特别信奉"人生难得老来瘦"这句话，为了求瘦，竟置自己的年龄、体力及身患心绞痛病于脑后，把"运动"当药看，进行大运动量的长跑。一星期未到，他便累得卧床不起，病情加重为心肌梗塞。另据报载，上海某校女学生为减肥而节食，每天进食量不到人体所需的三分之一，致使体重和体质急剧下降，但仍节食不止，结果引起了神经性厌食症，导致身体营养不良而死亡。

应该说，减肥——减去人身上多余的脂肪，使人变得苗条，挺拔，这是一件大好事。但是，凡是都要讲究个"度"。否则，必将走进误区，导致不良后果。为此，要趋利避害，其一，应首先弄清肥胖的标准。人的体重一般是自身身高减去100再乘以2（公斤），在这个体重的正负10%之内，皆属正常体重。但是，即使这个标准也并不是绝对的。判断人肥胖与否得根据实际情况而定，不能一超重就认为是肥胖了，盲目减肥只会事与愿违。其二，应清楚地认识自己的身体情况，包括年龄，身体素质，健康状况等。在此基础上，对症下药，选择一种或几种科学的减肥方法。时下，气功、吸脂、桑拿、睡觉等各种各样的土的，洋的，别人传授的，自己悟出来的减肥法和减肥术，效果真伪难辨，又因人而异。如节食减肥，并非一般人理解的只要吃得少，自然长得少，从而消耗掉体内的脂肪。科学研究证明，减少正常饮食，减肥速度会愈发缓慢，甚至完全停止。如恢复到原来的饮食量，体重反会增加。节食不得要领的话，还会因营养缺乏而引起其他疾病。其三，应树立打"持久战"的信心，不要轻信盲从。肥胖的医疗需要长期的合理的饮食、适度的运用，再加上科学的用药来"综合治理"，方能见效。当前，一些社会游医利用人们急于减肥的心理，不择手段，号称灵丹妙药坑害市民。一些人则大打广告攻势，什么15分钟快速减肥、什么终身保证不在减肥之类的话，纯属骗人的语言。减肥并不像喝水一样简单，到目前为止尚无一种方法能保证肥胖不再反复。因此，从科学角度而言，减肥不可能速战速决，只有持之以恒，才会收到良好的效果。

当心步入女性美的误区

"爱美之心人皆有之"。追求美，是人与生俱来的自然心理，尤其是女性在这方面表现得更痴心、更执着。本来，这是无可厚非的，但是，有为数不少的女性在追求美的过程中，没能清醒地认识到，真正的美是局部和整体的和谐，是外表形态和内在气质与涵养的统一。她们缺乏必要的美学知识，盲目追求时髦，以为"新、奇、特"就是美，流行就是美。为此，她们偏听偏信，为了追求所谓的美，不惜金钱，甚至不惜拿自己的身心健康与生命做赌注，结果步入了美的误区，后果难料。

A: 为了身段　一心减肥

早在十几年前，国人尚不熟悉"减肥"这一名词。然而，如今生活明显好起来的人们，不再为衣食住行担忧了，变得注重起自我形象的改善了。其中，随着物质生活水平的提高，身体变胖的人不断增多；因此，对美有了更高层次的追求，即希望自己有一个苗条、健美的体型的人，为了避免发胖或遏制继续发胖的势头，纷纷加入到减肥大军之中。减肥大军的主力，便是视苗条为美、万般珍视自己身段的女性。

其实，在减肥大军中，有不少女性并不知道自己应该有多重。许多女性的体重，按比较科学的公式计算根本并没超重多少，甚至低于标准体重。但是，时下的中国女性恐肥日甚一日，把减肥当成一种时尚，仿佛不节食不减肥就不是现代女性了。结果，许多体重稍超标准一点点的女性，为确保苗条而一心减肥；甚至有些体重本不超标的女性或误以为自己超重，或为了愈发苗条、美上加美，也开始减肥。她们减肥的办法，多半是强制节食，或者不惜重金买广告中宣传得神乎其神的减肥药吃。

有关专家指出：言必称减肥的中国女性，并不清楚自己需要减去的只是腰部的赘肉，而不是体重。人的体重一般是自身身高(厘米)减去100再乘以2(公斤)，在这个数字的正负10%之内皆属正常体重。而且，即使是这个标准也不是绝对的。判断人肥胖与否得根据实际情况而定，不能一超重就认为自己肥胖了，盲目减肥只会事与愿违。就是真的需要减肥，也应该清楚自己的身体、年龄、健康状况等，对症下药，选择一两种科学的减肥方法。长期强制性节食，只会导致人营养不良，以自我损害来换取"苗条美"，一些人为此付出了惨痛的代价。到目前为止，尚没有一种特效减肥药，迷信广告宣传，受害的只能是你自己。

B：为了容貌　全力美容

现代科技的进步，使美容这一行业走进了社会生活。天生爱美的女性如获至宝，惊喜万分。许多对自己的五官不很满意的女性尤其是女青年为了弥补自身的某些"缺欠"，将希望全部寄托到美容上。她们慷慨解囊，到大街上随处可见的美容院去，想塑造一个完美的自我。但是，她们之中，真正懂得美容常识的人不多。实际上，美容分为医学美容和生活美容两种。生活美容是用化妆、美发等艺术手段，以营养、理疗等形式，对容貌和形体加以修饰，这在一般美容院都可以完成。而医学美容是运用医疗手段，对缺损、色素斑等影响容貌美的疾病进行修复的病理性美容和以增进外在美感为主的生理性美容，如做双眼皮、隆乳等。这些手术难度大，专业性强，必须在医院由专业医师承担。如果不了解这些，很随意地到街面上的美容院做割双眼皮等手术，很难保证收到满意效果，弄不好会"求美不成反落丑"，这样的例子屡见不鲜。

同时，也有一些女性，本来五官生得蛮不错，但她们总是对自己不满意，渴望精益求精，塑造出一个完美的全新的自我。于是，她们也将目光投向了美容诊所。比如，有一位张小姐，容貌生得相当不错，但她总拿某某电影明星与自己比。特别天真而又爱慕虚荣的她决心将多年积蓄倾囊而出，把自己的五官来一次全面彻底的"大革命"。"功夫不负有心人"，几个月下来，她跑了好多家医院美容外科的专家门诊。虽然钱花得快见底了，皮肉之苦也遭了不少，但毕竟把双眼皮割出来了、眉纹出来了、唇线做出来了。而且，这些地方全是模仿一些明星的照片做出来的。张小姐揽镜自照，尽管觉得有些陌生，但还是满意地笑了，而单位的同事见了她，则都像见到"珍奇动物"似的，议论纷纷。

C: 为了显个性　青睐烟和酒

烟和酒，原本是男性的专利品。但是，时下有不少现代女性有着相当强的好奇心理和反传统精神，她们为了显示自己的个性，拥有一种"阳刚之美"，用实际行动塑造一个"新女性"的"光辉形象"，竟叼起了香烟，端起了酒杯。

出入宾馆饭店，细心的人会发现，现在的酒桌上，少不了女性。她们不仅仅是作陪，而且常常是侠气地劝酒，大口地喝酒，能攻能守，进退自如，"面不改色心不跳"，大有"巾帼不让须眉"之势；她们以出众的酒量，震惊四座，无形中成了桌上的"酒司令"。难怪人们都说：时代不同了，男女都一样。当代女性滴酒不沾者已寥寥无几，能上得场、喝上三五杯者已不在少数。而且，女性不会喝酒则已，会喝就肯定能喝不少，很可能胜过男人的中等酒量，女子擅饮，不知是不是一种进步，一种美？

香烟历来是种既受人诅咒又受人青睐之物。在我国，烟民创造了一个新的"吉尼斯纪录"——吸烟者以每年2%的速度上升的今天，越来越多的女性源源不断地加入"吞云吐雾"的行列，其中绝大多数是妙龄女郎。香烟的烟雾中含有尼古丁、二氧化碳等多种有害物质，长期吸烟可引发肺癌、冠心病、气管炎等多种疾病。女烟民除了处于与男烟民同样的危险境地，还会引起与女性生殖系统以及和妊娠有关的疾病。医学研究证实，女烟民罹患卵巢癌、子宫癌等妇科肿瘤的危险是不吸烟女性的4倍以上，还会殃及下一代。尤其是孕妇吸烟可引起妊娠期出血、羊膜早破等，致使胎儿与新生儿死亡及婴儿猝死综合症的发生；

母亲吸烟,还直接影响孩子的生长和智力的发育,后果相当严重。综上所述,当代女性必须端正思想,澄清认识,只有这样才能追求到真正的美。

"谨防"人畜共患病

近年来,随着物质生活水平的提高,人们对生活情趣也有了更高的追求,有许多家庭开始热衷于饲养狗,猫,鸟等宠物。不可否认,这些惹人喜爱的小动物确实给人的生活带来了不少乐趣,尤其对独居者和老人的生活更是具有特殊的意义。但是,在这些小动物身上带着各种各样的病菌,很容易传染给身边的人,严重地影响人的健康,以致生命。

这种病,在医学上被称为"人畜共患病"。它是指那些由共同病原体引起的人与动物之间相互传播和感染的疾病。到目前为止,世界上已被证实的"人畜共患病"约有200多种,其中比较严重的有89种,在许多国家和地区广泛流行的有鼠疫、狂犬病、血吸虫病等34种。这些疾病大部分发生在经济不发达的发展中国家,但即使在发达国家,也仍有多种病例出现。它们已构成了对公共卫生事业的严重威胁。

其实,"人畜共患病"的发病条件与传染病完全一致,也必须具有传染源,传播途径和易感者三大环节。该种疾病的传染源除了病人外,参与"人畜共患病"传播的动物有家畜、观赏动物及各种野生脊椎动物等。"人畜共患病"的病原体种类繁多、有病毒、细菌、真菌、寄生虫等。动物感染上这些病原体后,会很快地传播给人类,引起发病的途径有空气传播(如结核病),经水传播(如血吸虫病)、虫媒体传播(如鼠疫与乙脑)等。对大多数"人畜共患病"来说,患病的动物往往是隐形感染者,临床表现比较隐匿,不易被发现,于是逐渐成为更加危险的传染源。其中,人们最普遍饲养的狗、猫和鸟是最主要的传染源。因此,人们有必要对它们重新加以认识。

狗作为时下最时髦的宠物,所能引发的疾病是相当惊人的。犬绦虫寄生在狗的小肠内,它是传播包虫病的帮凶;狗也能传播结膜吸吮线虫病,虫体可寄生在小孩眼结膜深处,轻者可引起眼睛发痒,流泪和角膜炎;重者可发生结膜浑浊,甚至影响视力。同时,狗还能传播黑热病,睾吸虫病、肺吸虫病等寄生虫病。此外,人们熟知的狂犬病,就是由被感染了狂犬病病毒的病狗咬伤而引起的。得了狂犬病的人,恐水怕风,对声等刺激异常敏感,稍受刺激便发生喉部肌肉痉挛,流口水,大汗不止,最后可导致进行性的肢体瘫痪而死于呼吸和循环衰竭。

猫抓病和弓形体病是由于养猫引发的疾病。因与猫亲密接触,被猫多次抓伤,被抓的皮肤可出现脓疮,结痂和轻微溃疡,病人发低烧,上肢和颈部的淋巴结肿大疼痛,这就是患猫抓病的症状。弓形体病的病原体是一种弓形体的球虫,它也与养猫有关。得了这种病的人大多数没有什么特殊症状,个别者有四肢无力,肝脾肿大等反映。但是,这种球虫可通过胎盘而危及胎儿,造成先天畸形和智力低下,所以弓形体病对孕妇的危害最大。同时,猫身上还有滴虫卵,经常接触,极易引发滴虫病。

养鸟也有致病的隐患。比如,饲养鸽子可患"鸽子病",因为在鸽子的呼吸道中可寄生一种名叫曲菌的真菌,人吸了这种真菌,可发生支气管炎,出现咳嗽、胸闷、呼吸困难等症。在鸽子的唾液中还含有一种能使人致病的隐球菌,它不但可引发肺炎,而且可引发脑膜炎,出现发烧、头疼、呕吐等症。饲养鹦鹉、金丝鸟等可患"鹦鹉热"。因为在鹦鹉等鸟类的羽毛和粪便中存有一种使人致病的鹦鹉病毒,人们在喂食、清扫鸟粪时,很容易吸入这种病毒,引起高烧、剧烈头疼、咳脓痰,发生肺炎,严重的还导致神经障碍,危及人的生命。

专家指出,狗、猫的弓形体病是一种容易感染人、且具较高传染性的疾病。人一旦接触它们或被它们污染的环境后,就会被感染而引起高烧、早产、流产、视力减退等症。狗、猫、鸟的毛茸茸的体毛很容易藏污纳垢,形成病原微生物和寄生虫生存繁殖的良好条件。跳蚤、臭虫等许多许多吸血类体表寄生虫都深藏在体毛内,极易侵害人类,并成为汗多疾病的传播媒介。犬条虫的虫体会通过粪便污染环境,还会通过饮食进入人体,形成肝包病等。最近,有关科研人员发现饲养宠物可患"莱姆病"。其发病原因是人体受到一种生活在蜱虫体内的螺旋体感染。蜱虫是一种类似于小蜘蛛的虫子,它常寄生在猫、狗、鸟等小动物身上。人一旦受到蜱虫的叮咬，就会染上"莱姆病"。"莱姆病"的临床表现复杂多样，早期可表现为皮肤游走性红斑，以后出现多系统炎症性疾病。该病侵及肺脏时，表现为气喘，乏力；侵及眼睛时，表现为眼色素膜炎；侵及神经系统时，表现为头疼、呕吐；侵及运动系统时，则表现为反复性关节炎。

为防止"人畜共患病"的发生，专家告诫人们：最好不饲养宠物，或少饲养宠物。在饲养前，要对其进行全面检疫，以防患病的宠物进入家门，从而杜绝其传播疾病的隐患。同时，要注意卫生，将宠物隔离置一专用区，经常打扫，并注意消毒处理。饲养宠物者也要注意个人防护，千万不要和宠物过分亲昵，以免被其抓咬或污染了生活环境而传染上疾病。

对健康的深层呼唤

——现代人心理障碍透析

什么是健康？曾几何时，人们普遍毫无疑问地认为，只要是具有强健的体魄，便拥有了健康。但是，随着各种各样的心理疾病的发生，心理疾病患者人数的急剧增加，心理卫生问题逐渐发展成为一个严重的世界性的医学社会问题，引起了世人的重视。因此，联合国卫生组织(WHO)为健康下了一个被人们普遍承认的定义："健康，不但是没有躯体缺陷，还要有完整的生理、心理状态和社会适应能力。"

社会心理学家指出，生活中充满了矛盾和斗争，每个人都可能在某一时刻出现心理的危机。伴随着生产社会化的高度发展，生活方式的改变，社会生活节奏的加快，人际关系的复杂多变，家庭结构的演化和社会竞争的日趋激烈等各种心理应激因素的增加，人们的心理承受能力正面临着严峻的考验：人际交往问题、学习就业问题、恋爱婚姻问题、子女教育问题、家庭纠纷等等，随时都会使我们陷入困惑之中，加之社会生活中诸如金钱诱惑、灯红酒绿、腐化奢靡等现象，如一股强劲的潜流冲击着我们的精神世界，我们往往对此感到忧虑、焦躁、苦闷和愤然。

改革开放浪潮中的当代中国人无疑处于历史上对自身的心理和行为最感困惑的时期。有资料显示，我国目前心理障碍者的发病率占人口总数的10%左右，他们不能正常地工作、学习和生活，其中，有0.01%的人迈向了死亡之门，有0.15%的人走上了犯罪道路，给家庭和社会带来了很大的不幸和不安定因素。

心理障碍，作为一种令人愈加忧虑和不安的因素，已经摆上了社会的重要议事日程。

上篇：表现与根源

典型症状之一——大学生李某在一次文科系联谊晚会上，通过向人打探，知道了外语系女生小A的名字，并深为她的容貌和歌声所吸引、倾倒。他对小A一见钟情，固执地以为这就是自己多年寻觅的知音。于是，私下里狂热地爱上了小A的李某利用一切可以利用的机会去接近她。性格开朗的小A见李某很忠厚、又很有才气，便与他交往起来。但是，当李某提出建立恋爱关系时，小A笑而拒之，说两个人之间尚缺乏了解。李某欲进不能，欲罢不忍，心情糟透了。这天晚饭后，他又去女生楼找小A，远远地望见她与另一个男孩有说有笑，相当亲热地走向冷饮厅。一时间，李某感到头脑发胀，眼前发黑，痛苦地蹲在了路边。他认为小A被人抢走了，自己再也不能走近她了，从此一蹶不振，茶饭不思，不与人说话，晚上噩梦不断、梦呓连连——他患上了抑郁症。

典型症状之二——青年岳某高中毕业后待业在家，尽管高考失利，但他与家人有说有笑，表现得很正常，只是家里来客人时，他便马上退到自己的小屋里，无论怎么叫都不出来。乍始，父母还以为他自卑，怕见生人，便没往心里去。过了一段时间，父母让他拿着报上登的一些公司招工的广告前去应聘，但他无论如何也不去。在父母的逼迫下，某一天他终于鼓起勇气去了一家公司的招工报名处。但是，当主考官叫到李某时，一见那阵势，他顿感心脏狂乱不止，双腿发颤，在众人的嘲笑声中，他跑了出去。从此，李某越发不爱出屋，不敢见生人了。无奈，父母陪着他，到一位已是总经理的老同学那里应聘。本来，人家已经答应，只要条件差不多就可以。但是，李某一进总经理办公室，马上联想起上次的情景，于是，他低着头，答话声小如蚊，又结结巴巴，若不是父母拉着，他还想逃跑——李某患了典型症状之三——娟是家中的独生女，很受宠爱，她中学毕业后来到了一家外商投资的电子元件厂工作。在这里，劳动紧张，娟受不了这份罪，所以常常受罪。更严重的是，娟最后接到厂方通知：再过3个月合同期满后，如果其间工作量达不到定额，厂方将不再续聘合同。由于面临着被炒鱿鱼的危险，娟的神经成天绷得紧紧的，茶饭不思，寝不安席，有时在睡梦中边哭边叫："我要被炒鱿鱼了！"——她患了严重的焦虑症。

典型症状之四——梅出身在一个贫苦的工人家庭，中学尚未毕业的她就进厂当了一名纺织工。后来，她和丈夫一同辞职，凑了一笔钱，办起了一个小厂。由于肯吃苦，加上经营有方，厂子越办越兴旺，几年光景，梅就成了远近闻名的老板娘。过了几十年苦日子，如今发家致富了，梅出手大方，不管什么东西，喜欢的就买回来，尽情享受。由于闲在家中，渐渐地梅对清闲舒适的生活感到腻了，特别无聊。"没钱的时候千方百计想着挣钱，有了钱又觉得自己除钱之外一无所有"，这是梅最真实的感受，而且，久而久之，她常感头晕、气短、浑身不舒服，整夜睡不着觉，说不出生了什么病——梅患了心理荒芜症即空虚症。

综上所述，心理障碍包括抑郁症、恐惧症、疑病症、焦虑症、强迫症、健忘症等多种症状。此外，由心理引起的身体病，如冠心病、高血压、前列腺炎等心身疾病也大量存在，而且，心理障碍严重的，还会发展成为精神病。这些不仅危害患者自身，同时也给家庭和社会带来了不利影响。而心理障碍的产生，不外乎内在的与外在的两个根源。所谓外在根源，是指改革开放大浪的冲击、竞争的激烈、观念的更新等等，改变着人们传统的生活。所谓内在根源，是指某些或心胸狭窄或思想保守等，总之是在变化了的外在客观条件下，落伍了，不适应了，心理承受力不行了，结果使然。

下篇：对策与前景

早在1988年1月，14名志愿者在广州筹办了"培爱防治自杀的中心"，开设了号码为"665787"的咨询电话，免费为心理患者服务。这几位以大学讲师、残疾人、编辑记者开办的第一家咨询电话，给心头笼罩着乌云的人们送去了一丝和煦的阳光。咨询热线从此开遍大江南北，长城内外。众多的科研院所、大学和医院等单位都设立了心理咨询热线、心理咨询中心和心理医疗门诊，报纸、期刊、电视台、电台等新闻媒介也为消除人们的心理障碍做文章，颇具异曲同工之妙。

但是，当前，仍有许多人对心理障碍保健并不重视。比如，北京民办健康学校推出"大型系列百场专家义务报"，尽管这些报告会都是关于青少年成长的心理方面最为关切的问题，而且活动的组织者也免费将入场券送到家长们的手中，但如期前来听报告者只有寥寥数十人。

心理学曾被视为伪科学加以批判，十一届三中全会后得以在一些高校内恢复。我国心理咨询业起步还太晚，要使之真正走上专业化、社会化的轨道，除了必备的场地和设备，更重要的是必须有相当数量的专业医生。我国目前仅5所大学设有心理学专业，每年培养100名毕业生，大多留校任教，供需矛盾非常突出。同时，有关专家还指出，我国心理学尚处于"学院心理学"水平，远没有起到指导社会人群，医治心理疾病的作用。

针对以上突出存在的问题，有识之士明确指出，要切实防治心理疾病，提高全民族的身心素质，必须做好以下几方面的工作。第一，要充分利用新闻媒介，广泛宣传心理保健知识及其重要性，使人们了解它，并将其真正重视起来。第二，要从青少年抓起，将心理卫生的有关常识编成课本向其传授。第三，各种心理咨询热线、咨询中心和心理医诊所要配备好称职人员，坚持经常，热情服务，真正为群众排忧解难。第四，大学的心理学专业急需加强，多为社会输送合格的专门人才，并努力使心理学走出"校园风格"即"学院心理学"水平，走向社会，发挥更大的功效。

拥挤：人类精神健康的大敌

早在20世纪末，世界卫生组织就曾经提出这样一个黑色的预言：21世纪将是心理障碍的时代！由于多种因素的综合作用，许许多多的精神疾病会降临到人们身上，它将取代生理疾患而成为危害人类健康的大敌。在导致精神障碍的诸多因素中,焦虑、抑郁、疑心过重、胡思乱想等都是为人们所熟知的。但是,还有一种因素在为精神疾患发病率的提高推波助澜。它,就是拥挤。

果不其然!进入新世纪,社会心理学家不断发出严正警告:拥挤的空间,嘈杂的环境,加之快节奏的生活,极易使人产生高度紧张,出现头痛、失眠、易怒、乏力等症,甚至引起心理变态,这一系列症状被称为"拥挤综合症"。拥挤可分为两大类:第一类为外在的拥挤,表现为住(家居、办公)、行(行路、旅行)拥挤;这类拥挤,许多人都有感性认识,一定相当熟悉。第二类为内在的拥挤,表现为人心灵的"拥挤"。拥挤带来的不良后果,主要有两个:其一,是刺激过量,即在拥挤的情况下,各种社会性刺激大大增强,当人们处理信息的能力不堪承受来自外部环境的刺激输入速度时,便出现了刺激过量。它使得人应付外界环境的调节机制负担过重,导致人心烦意乱,无所适从,甚至出现医学上所说的"行为崩溃",进而激发精神疾病。其二,是"失去个人自由",即当人们意识到自己做或不做某件事的自由受到限制和威胁时,心理上就会产生对抗、不满和沮丧的情绪。因为人们希望独处或保持互不干扰的心理需要遭到了侵扰,"个人空间气泡"被粉碎了,所以引起了心理焦灼、烦躁、不安,甚至反常行为的出现。

关于行的拥挤,人们都是司空见惯了。比如,上下班挤公共汽车时,步行或骑车经过十字路口、繁华闹市时,感觉特别明显。在这些时间、地点构成的特殊环境中,坐车人挤人、过路车碰车的事数不胜数,原本小事一桩,赔个礼道个歉便平安无事了,但是,由于环境拥挤,使人心生烦躁,结果双方火气都很足,发生吵骂以至大打出手的事屡见不鲜。据报载,在长沙开往上海的208次列车上的一节拥挤不堪的车厢里,3个长途跋涉、心神交瘁的打工仔紧张地交头接耳:"你看,后面那几个人脸色不好,好像要挤过来'灭'我们。""他们要杀我们了,干脆,我们先下手为强!"于是,3人各自抽刀,向身后的人群砍去。结果,造成14人跳车,4人死亡,10人重伤的恶性流血事件。案发后,经杭州市第七人民医院鉴定,行凶的3人当中，2人为衰竭性精神病，1人为感应性精神病，均无责任能力。而乌鲁木齐铁路局向国家铁道部递交的一份材料中也称：在乘长途火车的旅客中，很有可能发生自杀或冲动伤人等危险行为。每年2—4月为客运最紧张的季节，也是"旅行性精神病"最活跃的时期，而且事发地均在硬座车厢中。几年来，在驶往乌市几条铁路的火车乘客中，由突然精神病引起的自杀、伤人事件而死亡、伤残者已逾千人。

关于住得拥挤，对于不少人来讲，更是毫不陌生的了。国外专家对居住环境的研究表明，居住密度与精神障碍的发病率有直接的关系。我国曾于1992年与瑞典合作研究了住房、环境与居民健康问题，也得出了相似的结论。据一家法制杂志刊载，在天津某区，一个两家合住一套单元的公共厨房里，准备上夜班的A急着做饭，可炉灶仍被B占着，A几次催促，而B仍旧慢悠悠地操持着。又过了几分钟，只听A狂叫一声，端起灶上一锅热汤，猛地朝B的脸上泼了过去。A被抓获归案后，经法医诊断，他患上了应激性精神分裂症，属于无刑事责任者。类似的由拥挤而导致的悲剧并不是很多的，但是有关研究结果表明，住房隐私性不足、房间不宽敞和住宅结构不合理，这三大因素与人的精神障碍有着密不可分的关系，尤其明显地体现在女性身上。有关部门曾对某地的土地房产纠纷做过调查，发现市区内人均居住面积不足3平方米的居民的争吵发生率比人均居住面积达8平方米的居民高18%还多。

关于心灵的拥挤，尚不为人熟知。它是指由于社会的急剧变化、人口膨胀、就业竞争的激烈、人际关系的复杂等外部环境的压迫，致使人心理产生严重的失衡，进而导致某种精神疾病。其中，心灵"拥挤"的主要诱因与主要表现，一是因为不能很好地处理家庭内部成员之间(婆媳、妯娌等)、邻里之间、亲友之间，同事之间、以及上下级之间等方面的关系，故而心情郁闷、神经质、易发怒，这种局面若长期得不到缓解，久而久之，便会因此激发精神疾病。二是因为过高地估价自我，过于乐观地估计形势，结果在晋级、评职称、分房子、涨工资时未能如愿以偿，以及因为对金钱的过分渴望与追求，着了魔似的想一夜暴富，结果虽孤注一掷，摸奖券、买彩票却是蚀本而去，空手而还。因为受不了这种强烈刺激，一些人便患了精神恐惧症、精神过敏症等精神疾病，整日叫着"我中头奖了！"就连做梦时都不时念叨着"这回我发财了！"

实事求是地讲，时下，拥挤的旅行环境，拥挤的居住环境，拥挤的社会心态，致使现代人尤其是现代都市人的精神受到来自方方面面的愈发严重的挤压，随时可能诱发精神疾病。一旦染上精神疾患，那不仅是个人的不幸，还为家庭增加了负担，更为严重的是它将可能危害到社会的安宁，必须引起全体公民的高度重视。要避免拥挤给身心健康带来危害，现代都市人应在下列几个主要方面注意。第一，要尽量少去拥挤嘈杂的公共场所"凑热闹"，尤其是那些老人、孕妇、儿童及心脑血管疾病患者，以不去那种场所为宜。如果必须去，最好"速战速决"，不要在那里停留过久。当然，若时间要求不紧，则可选在公共汽车不挤、市面上行人游客不多的时候出门。第二，要掌握一些居室设计方面的知识，学会科学布置，充分利用有限空间，将自己并不十分宽敞的家设计得更精巧些，这样，不仅自己心情舒畅，而且还会顿感空间变大，欣喜便冲淡了因房间狭小而笼罩在心头的阴影。第三，要认清机制转轨、世纪转换的大形势，并努力顺应形势，转变自己的思想和思维，正确认识自我，处理好各种人际关系，安于平淡，淡泊名利，保持良好的心态。第四，在住、行和心灵发生拥挤之时，一定要提醒自己克制自己的情绪，学会沉默和"冷处理"，在不理智行为随时可能发生的十字路口，死死把住关卡，这样，过不了多久，危险期便过去了，你既战胜了拥挤，也战胜了自我。第五，既然拥挤，尤其是行、住方面的拥挤状况，一时尚难有大的改观，而我们成年累月生活在这座城市，要学习、工作，做各种各样的事，拥挤的环境是不可回避的，这些客观条件，逼迫并促使我们寻找科学、积极而有效的新的生存方式，即排遣拥挤。比如，你在长途旅行的列车上，或者挤得满满的公共汽车上，可以与邻近的人说说话，谈一些热门话题、"最新消息"、幽默笑话等都可以。此时，说话并不是目的，你追求的是使自己的心境平和起来，分散拥挤对自身的影响力，免于因又挤又乱的环境产生烦躁感。当然，你若不想开口说话，你也可以作沉思状，回忆自己经历过的那些美好的东西。

或者漫不经心地听身边的人们的谈话，以打发时间，或者你还可以像看电影一样，欣赏路边的招牌、楼房和花草树木。如此这般，在不知不觉之中，你便完成了旅行，而且最大限度地避免了拥挤的危害。

农民离卫生保健还有多远？

改革开放以来，随着物质生活水平的提高，人们的卫生保健意识也在日益增强。越来越多的人开始注重起生命的质量来，而为了实现健康长寿的心愿，他们在生活的各个方面都相当注意卫生条件，以确保身体健康。但是，实事求是地讲，这种进步更明显地体现在城里人身上，而在广大农村、在数亿农民那里，尤其是那些偏僻、贫困、落后的农村，卫生状况、医疗条件依然较差，农民的卫生习惯和保健意识亟待转变和提高。

A. 在城里人的生活中，刷牙漱口是再平常不过的事了。因为他们知道，保护好牙齿，对自己的身体健康十分重要。可是，在农村，时至今日，仍有许多农民视刷牙漱口为多余之事，几年甚至几十年如一日，与牙膏牙刷"绝缘"者，大有人在。有一份调查资料显示：在100户农家中，1993年牙膏消费量为43只，1994年也仅为65只，月户均消费0.14只。于是，乡和村里的供销社内，牙膏牙刷成了滞销品。在许多家庭，孩子都10多岁了，但家长仍不允许其刷牙，说刷牙早了伤牙根，日后会生出别的毛病来。那些读中学的孩子，虽然大多已经开始学着刷牙了，但一旦离开学校，回家务农后，过不了多久，便开始拉长刷牙的时间周期，有的很快就为自己的刷牙历史画上了句号。由于长期不刷牙，满口牙变得又黑又黄，且使得牙病流行。其中，不少人虽不习惯刷牙，却喜欢饭后用火柴棍等物剔牙，结果将牙缝剔得越来越大，长此以往，便造成牙龈出血、溃烂。因此，牙病成了农村发病率很高的疾病，成了危害农民健康的一大流行病。

B. 在城里生活，人们习惯于隔个三五天到浴池去洗个澡，以清洁身体、驱赶疲劳、舒展身心。但是，这在不少农民看来，则是可望而不可即的。据调查，乡村的公共浴池少得可怜，近乎空白。那些整日劳作的农民，尽管常常汗透衣衫，但总是难得洗上一洗。夏日里，有的人实在热得受不了了，便接上一盆水，用毛巾蘸着简单地擦洗几把，或者到村后小河沟中挖个水泡，趁着夜黑人静时，大略地洗一洗。一年四季之中，一次澡不洗者，在农村是不乏其人的。长期不洗澡，生不生病暂且不论，单单那副灰土暴尘的样子和浑身散发出的气味，便够人承受的了。

C. 城里的女性有着良好的工作环境和生活条件，可以享用高级卫生巾，随时可到妇幼保健站或医院检查身体，有效地防治了妇科疾病，而农村的妇女则望尘莫及。因为，她们的文化水平低，不甚懂得妇科保健知识，而且，他们的思想比较保守，就是得了病也羞于启齿，更不敢去看医生。实际上，农村的各个乡镇虽然都设有卫生院，但缺医少药的状况比较严重，未设妇科者众，即便设立了，多半也是形同虚设。农村妇女负担着较繁重的体力劳动，就是在月经期和哺乳期内，他们也得不到很好的休养，而且连最起码的洗澡的条件都很难得到。至于那些必备的卫生巾，高级品她们是难见到难买起的，只能买些质劣价廉的卫生纸使用。据《健康报》透露，我国乡村妇女因不注意卫生而患有各种妇科病的比例，目前还比较高。

D. 农民顶风冒雨，风吹日晒，不停劳作，不大注意饮食和生活规律。在他们的生活中，烟喝酒又是不能缺少的，因为抽烟能解闷，喝酒能解乏。当收工早时，可以坐下来吃个安稳饭，而此刻酒是不能少的，不仅要喝酒，而且"烟酒不分家"，一概是边喝边抽。喝的酒，多半是"老白干"或者"二锅头"之类的烈性高度酒，坐下来就不能少喝，往往是一醉方休。抽的烟，多半是自家产的旱烟或者从小卖店买的廉价的"不带嘴"的烟卷，又辣又呛人。一时间，酒气熏天，烟雾弥漫。当收工晚的时候，在一通狼吞虎咽、大吃大喝，酒足饭饱后，倦意旋即袭来，于是不管三七二十一，倒头便睡。由于生活没有规律，不注意饮食和睡眠的科学与卫生，所以，胃病也成了农村的又一大常发病。更为严重的是，一些男子又抽烟又喝酒，简直上了瘾，一抽就是十支八支，抽得人气管发炎、肺脏受损；一喝就是半斤八两，喝了个"酒精肝"出来。这样的例子不胜枚举，实在是害人不浅。

E. 城里人比较讲究饮食卫生，比如饭前便后洗手等，业已养成了良好的卫生习惯。但许多农民却对此不很习惯，有的还讥笑嘲讽，说他们那么讲卫生，不是照样得病吗？我们老农民可没那么多讲究，整日与泥土打交道，土能养人，不干不净，吃了没病。有了这种意识在头脑中，农民们对日常生活就更加不注意了。时下，在有些山村，村民们仍然饮用露天的大井的水。由于井浅，年久不清淘，孩子们常往井里扔杂物，使得水质变得围瘟，用肉眼就能看到的小虫便有不少，这与国家规定的饮水卫生标准相去甚远。而不少农民又有喜喝生水的习惯，干活干得渴了累了，拿起一舀子凉水咕咚咕咚就喝下去了。有时渴得难捱，山间小溪水，田间沟汊水，找到了就喝。至于吃东西。时常是不管手脏不脏，拿起就吃。夏日里，见到黄瓜、西红柿等物，往往用手撸几下或者往衣襟上擦几把，随后张口就咬，根本不问那些东西是否喷有农药。更有甚者，有些农家病死了鸡、猪、狗之类的禽畜，但却舍不得运到村外埋掉，而是取其上好部位的肉食用。致使"人畜共患病"的发生率大为加重。

F. 不少农民认为，人吃五谷杂粮，哪有不生病的，即把生病当作正常现象，因此对自己的身体状况不甚关心。平地有个头痛脑热的，他们并不放在心上，至多买几片索密痛之类的最为熟悉的退烧止痛药吃。有时身体长期不舒服，他们也很少到乡村卫生院所去，因为他们觉得，那里没有水平高的医生，也没有什么特效药，花钱又不解决问题，还不如自己找个老中医给治。还有些农民，头脑中的封建思想严重，不相信科学，反而迷信于某些"神医"、"大仙"。由于不注意及早防治，错误地以为没啥大问题、慢慢会自然痊愈，加之，或者寻找民间游医，自行用药，或者不惜劳民伤财，请"大仙"给诊治。结果，原来不严重的病情，因为耽误了时间，没能得到有效的治疗，而酿成大病，以至不治者并不鲜见。

综上所述，可以说当前农村的部分地区的卫生保健状况还不够理想，这绝非耸人听闻。造成这种状况的原因是多方面的，其中最主要的是几千年的陈规陋习导致农民的卫生保健意识较差。所以，今后必须通过多种途径向农民大力宣传卫生保健知识，让他们努力学会良好的生活习惯和科学的生活方式。同时，各级卫生防疫部门也要加大工作力度，进一步改善农村的医疗条件和相关的服务设施建设，以提高农民的身体素质和生活质量，为建设社会主义新农村做出应有的贡献。

饮水卫生：一个全球性话题

随着工业化水平的提高，水污染变得越来越严重，城市居民的饮水卫生问题已经发展成为一大社会问题，并且带有全球性。

有一份资料表明，世界上至少有一半以上城市的饮用水不符合标准。我国卫生部最后一次对城镇居民生活用水监测情况的结果是：在调查监测的8500万人中，集中供水者约6600万人，饮用水完全处理的4600万人，部分处理的约1100万人，没有处理的达810多万人。而在8500万人中，饮用二次供水(即高层水箱供水)的人口为900多万，饮用蓄水池供水者1150万。监测还表明，即使经过完全处理的饮用水，合格率也仅为72.26%，部分处理的饮用水合格率为73.49%。由此得出的结论是：被调查的8500万人中有2200多万人(合550多万户家庭)每日饮用卫生指标不合格的饮水，比例超过1/4。

这是科学的调查，绝非耸人听闻。其实，现在的自来水不能直接入口，早已成了城市人的共识。即便是喝开水，也由于含氯太高，而被认为不够科学和卫生。目前，全世界每年要发生腹泻病例约18亿个，差不多每3人中就有1人患病，有300万5岁以下儿童因腹泻而夭折。如果人们饮用的是用氯消毒过的水，那么这种病多数不会发生。氯，在水的净化方面功不可没，但是，如今有人却指出了它的危险性。1974年，科学家在加氯消毒的饮用水中发现了一种被认为会引起基因突变的物质——三氯甲烷，同时还发现几种被认为也有害于人类健康的同类分子。三氯甲烷似乎既不是水中含有的成分，也不是水的污染物。它是在水的净化过程中合成的，构成这种化合物的主要元素是氯。氯属于一种卤素类元素，同类元素还有氟、溴、碘及稀有的砹。卤素的化学性质非常活跃，它们往往黏合在细菌和病毒的外表并起破坏作用。这一特性使它们成为有用的杀菌剂。但它们也会与溶解在水中的碳基化合物相互作用，从而形成三氯甲烷。流行病研究专家指出，三氯甲烷及其相关化合物，即净化水的副产物可能引起结肠癌和膀胱癌。其原因是含氯水经加温时，水中的余氯与有机化合物混合产生的有害的亚硝酸盐，它能使人体中血红蛋白变为亚硝酸盐基血红蛋白，使红血球失去运氧能力，亚硝酸盐进入人体后，经胃酸作用可产生致癌物亚硝。此外。接触氯化物副产物的孕妇，其胎儿患先天性疾病的可能性高于不接触这类物质的孕妇。有关研究还显示，水源不同，净化水所产生的副产物也有很大不同。从湖泊、河流中抽取的水经氯处理后，内含的副产物较高，而在井水中发现的副产物则要少得多。地表水和地下水的这种区别，主要是由于它们的有机物含量不同，地表水所含的有机物要比地下水多得多。美国环保局已制定了关于水质的新法规，要求自来水公司将净化水的副产物三氯甲烷从目前的100微克／升减至80微克／升，并且对以往未加控制的其他几种副产物加以限制，还要求在加氯净化水之前清除指定的一部分有机物。一些环保和消费团体呼吁，减少氯的使用并限制饮用水中副产物的含量已刻不容缓；由于其他卤化物和溴的致癌性可能远远超过三氯甲烷，对之也不容忽视。于是，矿泉水、蒸馏水、净化水等纯净水和各式各样的"净水器"、"纯水器"便应运而生了。

　　在全世界的自来水中，已测出的化学污染物就有2221种之多，分别为致癌物、可疑癌物、促癌物、致突变物。人们渴望喝到干净的水，即水中的余氯、有害的重金属、有机化合物、细菌、色泽等指标符合国家制订的饮用水标准的水。但目前城市自来水厂采用的还是传统的常规净水工艺，不能完全达到这个标准。因此，人们寄希望于净水器。净水器的主要功能是去除自来水中含有的较强致突变性化学物质，去除率可达91.3%。时下国内市场的家用净水器以活性炭材料作为净化剂者居多。1993年，美国一家公司将最新的净水解质——KDF技术引入了中国，促进了净水行业的飞速发展。KDF实际上是铜和锌的合金，它去除城市自来水中的余氯效果相当明显，可达98%。经过KDF过滤的水，细菌指标几乎都是0，它对水中一部分有害的金属如汞、砷、铅的去除率也可达95%以上。如果工艺合理的话，KDF还有很好的效果，即经过KDF过滤后的水含锌有适量增加，长期饮用对人体是有益的。

目前，市场上的有益水种大致可分三类。一类是通过过滤法产生的"净化水"。沙滤水、各种净水器产生的净化、"太空水"都归入这一类。各种净化水的主要区别，在于过滤层的结构。沙滤水只能过滤比细沙粒大的杂质，"太空"的过滤层细密程度几乎能100%地将无限小的细菌和杂质统统阻止通过。另一类是蒸馏水。它在家庭中不能自制，一般家庭如果长期饮用瓶装的上述有益水，经济上的付出是非常昂贵的，偶尔饮用，效果很有限。第三类矿泉水。这种在地层深处的有益水曾受到热烈欢迎，但近几年来随着工农业的发展，地下水也不再如人们想象的那般洁净，而且在采集和装瓶过程中很容易受到污染，因而饮用者已心存戒意。与净化水、蒸馏水、矿泉水相比，经过电脑整水器自制可直接饮用的"离子水"就具备了无可比拟的优点：成本低，无地次污染，洁净无菌等。而且，"离子水"的神奇之处还在于电脑整水器在对自来水过滤净化后，就对净化水进行电解活化处理，重新组合水分子结构、缩小分子，提高水对人体细胞的渗透力和溶解力以及含氧量，能促进新陈代谢，增强人体免疫力。据国外有关资料表明，"离子水"对高血压、糖尿病、肠胃病、结石病等20多种疾病都有疗效。

专家指出，近年来随着生活水平的提高，人们对饮用水的要求越来越高，市场上各种饮用水使人眼花缭乱。其实，各种饮用水都各有利弊，并非越纯越好，越贵越好，消费者应根据各自情况，适当选择。比如，矿泉水原指地下泉眼涌出的水，而现在中国的大多数矿泉水实际上是抽取地下水制成的。优质矿泉水含有对人体有益的多种物质，且无菌，因此它获得了众多消费者的青睐。但是，即使是矿泉水也并非适宜于所有人，不加分析地长期饮用矿泉水，有也会影响健康。因为每种矿泉水的成分不同，对人体的作用也不一样，饮用矿泉水并非对每个人都有益处。矿泉中某些矿质元素对有些疾病的治疗会产生副作用，早期妊娠妇女、肝硬化患者应禁饮各类矿泉水；肾脏病人、心脏病、高血压患者应禁饮含氯化钠和碳酸钠的矿泉水；腹泻者、光线过敏皮肤病患者应禁饮含硫化氢的矿泉水等等。蒸馏水和净化水（包括太空水和纯水）统称纯净水，它们实际上取自自来水。蒸馏水是在蒸馏过程中冷凝而获得的，有些是多次蒸馏后获得的；太空水则是利用反渗透膜，去除水中的其他各种微细物质而获取的。尽管它们的水质是纯净的，纯净水在去除细菌、病毒、污染杂质的同时，也去除了几乎所有的对人体有益的微量元素和无机矿物质，因此纯净水中的总溶解物质的含量几乎为零。这种水具有极强的溶解各种微量元素、化合物、营养物质的能力，当某人大量饮纯净水后，体内的一些人类必需的微量元素、营养物质就迅速溶解在其中，并排出体外，使体内物质失去平衡，在不能及时从外界补充微量元素的和营养物质时就可以致病。可见，纯净水不一定能带来健康，它只应在特殊情况下排泄毒物治疗时饮用，而不宜作为常规饮用水。总之，专家警告，长期饮用纯净水并非理想选择，这如同一个人光细粮不吃粗粮一样，久而久之，营养摄入显失均衡，反而会影响人体健康。

/ 大学世界 /

大学是一个独特的小社会，大学也可以称作一个绚烂世界。在这里，"考研热"如日中天，"近亲繁殖"屡禁不绝，特别是博士研究生考录中暗流不止，"师范热"喜中有忧，大学生交往呈现新走向，不断扩招的研究生生活很无奈，四年大学生活总盘点让人"伤不起"。

考研热：让人欢喜让人忧

随着社会的发展，知识愈发显示出它独到的魅力。尤其是在谋取职业和职位的竞争中，时下已司空见惯的大学本科学历很难引起人的重视了，以硕士研究生学历为代表的高学历越来越受到人们的青睐。在知识重新升值、高学历日趋受人重视的今天，考研热悄然兴起，并一浪高过一浪。这股热潮，已经从高校校园扩展开来，波及到社会上的许多单位，在更广阔的范围内成为人们议论的热门话题。

未来社会是一个高度发展、竞争激烈的现代社会，它需要更多的具有高深知识的人才。因此说，考研热的兴起和经久不衰，是一件可喜可贺的事。它的兴起，标志着在市场经济大潮的席卷下，还有许多人没有被冲昏头脑，依然清醒地认识到：社会要发展，必须有知识作底蕴；一个人要想有大作为，必须有足够的学识作武器。他们为了实现自己的理想，不懈进取，发奋攻读，实在是难能可贵。1995年以来，全国考研人数连破纪录，这一火爆数字令人咋舌。今年，许多院校的研究生报考形势依然看好，继续保持强劲势头。然而，就在这"一片大好"的形势面前，透过这股考研热潮，冷静观察，仔细思考，会发现其中也存在着一些比较严重的问题，有待引起全社会的重视。

A：应届考生"近亲繁殖"

如果把考研人员按考生来源划分的话，大致可分成三大类。其中，最庞大的一族当属高校应届毕业生。目前，在许多单位人员已趋饱和的情况下，大学毕业生要想找到一份好工作已经不很容易了，鉴于分配形势并不乐观，因此不少应届毕业生为了增大资本，立足脚跟，以利再战，便纷纷杀向考研的"战场"，争取暂时退出形势严峻的竞争，将精力转移到这一全新领域，尽力一搏，力争取胜，以图"东山再起"，"重出江湖"。于是，为了确保成功系数，几乎所有的应届考生都将目标集中到本校本系本专业，即搞起了"近亲繁殖"。

其实，他们这样做也是事出有因的。因为在目前的研究生入学考试中，专业课考试没有统一大纲，由招生单位自行命题，这样一来，报考自己母校在专业课考试中就拥有了一定的"得天独厚"的优势；同时，报考母校，不仅对有关教师的出题路数熟悉，而且对这里的人际关系比较清楚，录取时将占有"天时、地利、人和"，相当有利。出于这两方面的考虑，应届考生们很少有冒风险报考外校的，而是步调一致地考成功率更大的本校。从生理学的角度讲，"近亲繁殖"是一种不正常的现象，不利于生物群体的健康生存和发展。它的泛滥和蔓延，会导致群体力量的削弱，甚至退化。同样道理，考研热中的"近亲繁殖"现象也就更显得发人深思。实际上，各高校都有自己的优势和特色，不同风格的学校，学生所受的教育和熏陶也不一样。不同院校之间学生的正常流动，使他接受不同风格的教育，将有助于人才的培养，有助于学科专业的取长补短、健康发展。反之，则只会导致人员思想模式化，甚至僵化，路会越走越窄，后果相当严重。为改变这一状况，改革现有的招生考试制度，如实行专业课统一命题、统一录取、去掉报考本校的"优厚条件"是十分必要的。这需要招生院校从思想上高度重视，并拿出切实的措施和实际行动。

B: 在职者"一心二用"

在职考生仅次于应届考生，已成为考研大军中的第二主力。去年，全国在职人员考研人数再次高涨，创历史最高纪录。今年，从东北师大等高校的统计数字看，在职考生计划较之去年有增无减。为什么会出现这种情况呢？

首先，在职者与应届考生被录取后，因同为国家统招生，地位是平等的，名声是一样的，分配虽原则上国家不包，但想"跳槽"的话是很容易的。同时，更为重要的是，应届考入的研究生的全部生活收入，只有每月160元左右的助学金。靠这笔钱维持生活，显得相当紧张，学习的艰苦可想而知。而大多数在职者都已成家，如果脱产学习，每个月的收入比160元多不了多少，想维持一家人的生活是很难想象的。于是，几乎所有的在职者尤其是家庭与学校同在一地的在职人员纷纷走"边工作边读书"这条半脱产的求学之路。对此，有关部门曾做出规定：在职研究生可以承担比原来少1/3的工作量。但是由于工作量直接与工资挂钩，在学习和工作中、学业和金钱之间，更多的人偏向了后者。他们几近一如既往的坚守工作岗位，而将正规的研究生课程学习不适当地放到了次要位置，时间投入不够，学习态度不认真。在"学习工作两不误"的口号下，一心二用，致使工作上风风火火（因为毕竟还要回学校上课，显得比较忙碌），学业上则马马虎虎。为此，校方对在职人员应严格教育管理，使他们切实保证学习时间，取得名副其实的硕士文凭。

C: "公费生" 逍遥自在

"公费生" 是指那些参加报考学校组织的单独考试, 进录取分数线后由所在单位出资, 方才取得入学资格的人。这是时下相当流行的 "应用型" 人才。毋庸置疑, 从基层单位推荐出一批取得大学本科学历、工作满4年以上的业务素质和政治素质都过关的人员, 使他们通过考试取得入学资格, 攻读研究生学位。所在单位为其出一部分资金, 报考学校负责培养, 从而实现双方受益, 为国家培养人才的目的, 这是一件好事。但问题是, 现在报考 "应用型" 的考生之中, 有不少人业务与政治素质并不强, 但因为单位给出钱, 所以大有一哄而上之势: 条件合格的自然要报考, 即使条件不够的也找各种关系报考。因自己不出钱, 又能很轻松地考取, 此等好事不上白不上。对 "应用型" 研究生的招考, 少数有招生资格的院校将其作为创收的良好途径。报考者享受到单独辅导、单独命题、单独考试、单独录取的优厚待遇, 招生名额相当宽松。只要是肯于出钱, 即使成绩不够, 也可以放宽条件、扩充名额招你进来。我们并不否认报考 "应用型" 研究生的人员中有一部分素质不错, 凭真才实学考取后, 勤奋刻苦, 取得了可喜的成绩。但是, 这其中也有些人素质较差, 通过关系蒙混过关后, 得意洋洋, 懒懒散散。迟到、旷课、早退等已属 "正常", 更有甚者极少到校上课, 学校对他们也无可奈何。双方等于做了一笔 "金钱换文凭" 的买卖。这种现象的存在不仅不利于人才的培养, 而且在社会上造成了不良影响, 应当尽快纠正。

博士研究生招录中的暗流

研究生是国家培养的高层次人才。十一届三中全会后, 全国人大常委会正式通过了《中华人民共和国学位条例》, 恢复在高校和科研院所招收硕士和博士学位研究生。一时间, "考研" 在全国形成了一股热潮。尤其是进入新世纪后, 重新掀起的一轮 "考研热" 更是热浪灼人, 经久不衰。这表明在市场经济条件下, 知识愈发显示出巨大的威力, 越来越多的人认识到了知识的重要性, 并愿为此付出努力, 不懈进取。这是一件可喜可贺的事。

客观地讲，各招生单位对研究生特别是博士研究生的报考、命题、录取等都有一系列的规章制度，把关还是比较严格的，确实将那些品学兼优者选拔出来加以培养，为社会输送了一批批有用之材。但是，由于诸多社会因素的影响，一些学识、政治思想素质不高的考生，也怀着个人目的加入其间，并施展了种种"攻关"手段；一些手中握有命题、评卷、录取大权的教师，在人情、权力、金钱面前放弃原则，致使那些素质较差、动机不端的考生得以蒙混过关，降低了博士研究生队伍的整体水平。如此内外结合，形成的"暗流"所造成的影响是恶劣的，后果是严重的，必须引起高度重视。

暗流之一："情深意长"

近年来，"考博"融入了相当大的情感因素。考取与否，不仅取决于考试成绩，人情也在其中起着不小的作用。在成绩相差不多时，谁与所报院系的"权威人士"关系密切，就会轻松过关。而人生地不熟者，这类幸运则难能降临到头上，甚至连报名都会在个别导师那里遭到婉言拒绝。为获得"参赛权"，更为了多得些"感情分"，一些人便提早与有关导师联络感情。大二的李君在听柯老师的课时，就注意表现自己，与其做倾心长谈，表示自己特别敬佩其学识与为人、立志考研，不成其弟子誓不甘心。于是，他不忘经常请教问题，借此增进了解，加深感情。即便是在毕业后，与老师在地域上相距甚远，也不忘经常问候，以保持联系。如此培养感情，几年如一日，真诚感人。柯尽管心里清楚李的功底一般，但看在长达几年的师生情分上，也不好拒绝。这真可谓"功夫不负有心人"。于是，李君终于胸有成竹地步入了考场。与此相类似的还有一些人学识平平，但也有"考博"，想由此出人头地的愿望，于是，他们避实击虚，采取了"欲擒故纵"的策略。先不对心中想要报考的导师表明心迹，但时时处处注意与其联络感情，为其跑腿，帮其办事，勤勤恳恳，任劳任怨。待彼此情谊已经达到相当程度时，再不经意地对其表白一下自己久来的心愿，结果，多半会得到导师的恩准，而且胜券在握。

暗流之二："近水楼台"

时下，在不少高校之中，若哪个院系有个博士点，那么，这个院系的青年教师便群起报考。"近水楼台先得月"，导师们尽管对有些人在学识或其他方面不满意，但又觉得同在一部门工作，不招有点说不出口，碍于情面，索性招进来吧。因为有这样一个得天独厚的优势，在目前留校生源不景气的情况下，一些表现平平的应届毕业生开始走"曲线救国"之路，即主动请求留校任教，之后，便马上报考本系的博士研究生，文凭到手后又着手"跳槽"。更有甚者，本院系教师或本院系毕业博士生的家属或亲友也凑了上来，尽管他们多半没有正规学历，或专业不对口，但也靠着裙带关系通过"内线"挤了进来，致使"近亲繁殖"、"家天下"的现象十分严重。

暗流之三："打'擦边球'"

有些已走上社会的疏于专业而精于社交的人与某些研究生导师个人关系混得很熟。后者对前者既不十分赏识但又有相求之处，所以，对前者的考博要求既不满口答应又不一口回绝，只是说现在竞争力太强，等等看。实际上，双方等于达成了一项不成文的"君子协定"，即：你我感情到位，等哪年报考人数少时你再报，肯定没问题。但由于上面有这样的规定：连续三年招不上来研究生，该博士点予以撤销。于是，某些"投机"报考者只想混取一纸文凭，便专挑那些冷门专业、那些生源紧张的导师报考，即打"擦边球"。这样，由于选择的余地小，致使一些素质较低的人也因标准放宽而侥幸过关。而那些面临被撤点的导师，一旦遇到有人前来报考，便将其视为"救命恩人"，哪管其素质到底如何，只管打保票，要你没商量。

暗流之四："权钱开道"

目前，由于许多高校为搞创收，不断扩大招收自费研究生和应用型研究生名额，这正中两种人下怀：发了财的"大款"，可以开着宝马，来高校"镀金"；手中握有一定职权的中层以上干部，经"严格考试"被录取，可以轻车简从，由单位出资，由秘书陪同隔三差五地来校上课，或者干脆由秘书代劳"攻读"博士学位。更为严重的是，有些有钱者和有权者的口味高了，他们已不满足于读自费或应用型了，而是也想获取一张统招的"门票"。于是，他们便以金钱和权力作"敲门砖"，通过"俘虏"一些意志薄弱的导师来实现个人目的。

暗流之五："四面出击"

考博成功与否，目前在很大程度上取决于导师的印象如何。一些"有心人"深谙此道，便煞费苦心，与导师"套老乡"；同导师的家人或亲友结交，进而接近导师，取得联系，建立感情；请身份不一般的第三者抛头露面，向导师隆重举荐，等等。同时，鉴于考研命题、评卷、录取往往集中于几人之手甚至导师一人之手，这给了某些投机分子以可乘之机。他们通过种种关系，打探到其中的内幕和机密，或亲自出马或请人出面、向有关老师套取考试范围与重点，请其在评卷时高抬贵手，在录取时竭尽全力、多多关照。由于行动诡秘、关系硬、"工作到位"，因而"后门研究生"不乏其人。

经国务院授权的单位负责招收、培养博士研究生，这是一项光荣而艰巨的任务。把好关、选好才，是招生单位义不容辞的职责。为此，第一，招生单位必须制订一整套严密的制度，遏制"近亲繁殖"，坚决刹住人情风，严格按标准选材，决不宽待。第二，彻底改变命题、评卷、录取权力集中于一人或几人手中的做法，实行集体负责制，以免泄密。尤其在录取这一关键环节上，必须按考试成绩、政治思想素质、科研能力三方面进行综合评定，由招生委员会民主评议，择优录取。第三，强化对有关教师的职业道德素质训练，使其做到严于律己，坚持原则，正确运用权力，彻底堵截"暗流"，真正将品学兼优者选拔进来，而将不学无术的投机者挡于门外，以提高研究生入学质量，为社会培养出合格人才。

"近亲繁殖"：考研热中的一大隐忧

随着时代的发展，知识越发显示出它独特的魅力。尤其是在职业竞争日趋激烈的近几年间，大学本科学历已司空见惯，很难引起人重视了，代之而起的，以硕士研究生为代表的高学历越来越受到用人单位的青睐。于是，考研热悄然兴起，并一浪高过一浪，形成了一股强劲的社会热潮。

1995年以来，全国考研人数连破纪录，这一火爆数字令人咋舌。据不完全统计，许多院校的报考形势依然看好，大有希望突破去年的数字，令人欣喜不已。然而，就在这"一派大好"的形势面前，透过这股热潮，冷静观察，仔细思考，有心人会发现其中也存在着不少比较严重的问题。"近亲繁殖"现象便是其一。

如果将报考研究生的人员按生源划分的话，所有的报考者可以分为两大类：应届考生和在职考生。其中，应届大学毕业生考研积极，一直是近几年来不争的事实。据报道，在有些高校的有些院系的有些毕业班，几乎所有的同学都报考了研究生。因为，他们已经认识到：本科学历已经屡见不鲜了，在许多单位人员已趋饱和的情况下，大学毕业生要想找到一份很热门的职业已经不很容易了。鉴于分配形势的非乐观性，他们中的许多人为增大自身资本，加重自身的砝码，以图先立稳脚跟，待武装好自己以后再战，力保"东山再起"，"重振江湖"，便纷纷"杀"向了考研"战场"，尽力一搏。但为了确保成功系数，几乎所有的应届考生都将目标集中到本校本院系本专业，搞起了考研圈内的"近亲繁殖"。记者在长春几所高校采访正夜以继日地准备复习考研的同学时，大家对"近亲繁殖"现象未加褒贬，但都说"可以理解"，不知是否因为他们"清一色"地报考了"近亲母校"。只有一位报考者，在记者向他询问时，直言相告自己成绩一般，但很想到当初考大学时报的第一志愿——北京某校去感受一下，圆那个梦，因此自己没有报考本校的研究生。尽管考本校比较有把握，而考北京则很难说。不过，考不上也没什么，明年我会再考。在吉林大学图书馆，记者在他人的指点下，见到了一位文科某系的高材生赵君。赵君知道记者的来意后，表情轻松而无奈地说自己原本报考复旦或人大，而且相当有信心。但后来，系里领导多次找我谈话，希望我报考本系的研究生，并应允硕士毕业后直接攻读博士学位，做后备干部，还可以出国深造。就在我开始犹豫时，又从多条渠道获取信息，知道现在许多高校在招收研究生时搞什么"肥水不流外人田"，存在着"亲近疏远"的"乡土政策"，外考的成功可能性大打折扣，基于这两点考虑，我改变了原定计划。这样，尽"胜利在望"，但多少有些遗憾。

应届生是这样，那么在职考生又是怎样的呢？去年，全国在职考研人数创历史最高纪录。这一结果表明，在已经参加工作的在职人员中，有许多人已认识到社会发展需要什么样的人才，已感到自身在知识结构上存在哪些欠缺，总之，他们或出于求知，或为了赶潮流，或为了改变境遇，或出于评职称、提干、分房子等名利方面的考虑，也全部都拾起书本，成了考研大军之中的一员。他们已步入社会多年，更多的人是为了考研而考研，没有了浪漫的幻想，有的是注重现实。因此，求稳，成了他们最大的追求和此举唯一的心愿。为确保成功，他们几乎是毫不思考地报考自己毕业学校的本专业。不少在职考生或亲自登门，与昔日熟悉的老师叙旧；或由熟人穿针引线，拜访所报专业的重要人物。目的都是一个：希望得到指点，套取一些出题范围或其他重要信息，更希望在评卷录取时得到某些关照。

其实，他们如此热火朝天地搞"近亲繁殖"也是事出有因的。目前，在研究生入学考试中，专业课考试没有统一的大纲，由招生单位自行命题，这样一来，报考自己母校在专业课考试中就拥有了一定的"得天独厚"的优势；同时，报考母校，不仅对有关导师的出题路数熟悉，而且对那里的人际关系比较熟悉，录取时将占有"天时、地利、人和"，相当有利。从这两方面着眼，考生们很少有冒风险报考外校的，而是步调一致地报考成功率更大的本校。从生物学的角度讲，"近亲繁殖"是一种不正常的现象，不利于生物群体的健康生存和发展。它的泛滥和蔓延，会导致群体力量的削弱，甚至退化。同一道理，"考研热"中的"近亲繁殖"现象也就更发人深思。实际上，各高校都有自己的优势和特色，不同风格的学校的学生所受的教育和熏陶也不同。各地高校之间学生的正常流动，使他们接受不同风格的教育，将有助于人才的培养，有助于学科专业的取长补短，健康发展。反之，则只会导致人员思想模式化，甚至僵化，路会越走越窄，后果相当严重。对此，东北师大原副校长、博士生导师郑德荣教授认为：校际交流，就像注入了一股新鲜血液，双方受益，值得提倡。故步自封，画地为牢，盲目排外，是不科学的。他希望各高校都能像第一个提出反"近亲繁殖"口号的安徽某大学那样，走出一条充满生机与活力的路子来。

为彻底遏制"近亲繁殖"之风，各高校必须解放思想，从"肥水不流外人田"的框框中走出来，积极开展校际交流，并鼓励本校毕业生破除传统观念，大胆地报考外校。但是，最关键的做法是改革现有的招生考试制度，如试行专业课统一命题统一录取，去掉报考本校的"优越条件"。当然，这需要招生单位提高认识，高度重视，并拿出切实可行的措施，真正将其落实到实际行动之中。

忽如一夜春风来

——"师范院校热"透视

早在1989年8月，长春日报曾刊发过记者在吉林市的高考录取现场采写的题为《师范院校生源紧张素质下降前景堪忧》的报道。当时，4所省属师院文理科共计划招生705人，但理科第一志愿考生只有6人，文科第一志愿考生为零，录取线不得不低于最低分数控制线。

时隔7年，形势大不相同。1996年8月，记者在公主岭市的高考录取现场了解到一个令人欣喜的消息：曾经门庭冷落、生源紧张的师范类院校，如今受到诸多考生的青睐。东北师大等已完成录取任务的院校负责招生的同志一致认为，今年师范院校不仅生源充足，而且考生成绩比往年大有提高，形势喜人。

9月上、中旬，本报记者在长春高校开学之际，来到东北师大、长春师院、长春大学师范学院的新生接待站，对一些前来报到的96级新生及其同行的父母，进行了采访，并与这些院校的有关教师作了较深刻的交谈。结果发现，今年的"师范院校热"，新生在成绩、性别、届数、地域、家庭等方面，明显地表现出如下新特点。

A. 过去，师范院校属于"冷门"，不大吸收人。那些成绩较好的上等生几乎全部报考名牌、重点院校，很少有人会想到师范。只有那些成绩一般的中等生为了避免与上等生同场作无谓的竞争，也为了确保成功率，因此，比较多地报考师范院校。如今，中等生报师范的比例没什么大的变化，但是，优等生自愿报师范的比例则有增长。一位来自山东某县城的地区级三好学生讲，凭成绩，自己完全可以考上一所综合性大学，而且基本上能保证是所重点。但是，我忘不了家乡的贫困落后，我希望自己能够成为一名优秀的教师，为改变家乡面貌出一份力。我是村里考出来的屈指可数的几个大学生之一，父老乡亲们对我的哺育和期盼，令我坚定了从教的信心。

B. 过去，大多数女生都比较喜欢报考师范。这倒不光是因为师范院校竞争力较弱，更主要的是女同学天生性格柔顺、心细、爱与孩子们交往，而且，教师这一职业文明、稳定、高尚、不会经受到风吹雨打，因此，素来为女生所青睐。尤其是师范中的文科专业，更是擅长记忆和形象思维的女生争宠的天下，男生"珍贵"得成了"党代表"。如今，女生从数量上占上风的格局仍然没能改变，但是，男生所占的比例正在上升。一位来自辽宁某市的男生说，父母都是一所专科学校的副教授，自己是班长，成绩中等偏上。我所在的学校中，女教师占绝大多数，而我从父母那里读到一本教育心理学，书里讲单一性别的教师对学生的成长是有副作用的，所以，尽管有人说"好儿郎不当孩子王"，但我还是报考了师范，并希望自己能成为一名出色的男教师。

C. 过去，往届生(即复读生)报考师范的比例相当大。因为师范院校的录取分数线不高，他们忍辱负重地复读，承受着来自经济上、精神上等多方面的压力，拼全力一搏，只要能榜上有名，管它是师范还是什么呢!所以，为了保险，他们格外亲近师范。如今，应届生中报考师范的比例大有提高。一位来自吉林省东部林区的女生很爽快地回答，自己一直是应届生，成绩中等，当时有好多人劝我说，你家经济条件宽裕，你今年就是考不上重点，再复读一年，准能考上，干什么要考个师范?!其实，我应届就能考上大学，何必非得冒那个险，尝尝落榜复读的滋味呢!况且,我觉得上师范没什么不好的。

D. 过去,报考师范的生源并不太好。从地域上看,农村和城镇的考生报考师范的多,而大中城市的考生报考师范的少,报考者也大多是中下等生和复读生。从家庭出身看,工农子弟报考师范的多,而干部家庭、高知家庭子女报考师范的少,报考者也多半是想先拿张文凭、毕业后可以凭借父母的关系轻松地改行。家住城镇和农村的工农子弟对教师有着天然的亲近感,同时也迫于所在学校教学水平的一般化,无力与城里中学的考生同场竞争,因此,在充分考虑到自身所处的主客观条件的基础上,纷纷报考师范院校。如今,师范院校中工农子弟仍占主体,但是,昔日大中城市考生寥寥无几的状况已大有改观。姚同学来自福建一海滨城市,父亲是某局副局长,母亲是某高校副教授,她家境很好,又是独生女,成绩也算不错。她说,我觉得教师的职业比较适合我,我不想靠父母去谋求其他热门职业,我想我不会为自己的选择后悔的。对了,我们班有七八个和我差不多的同学,都报考了师范。

对于新一轮"师范院校热"出现的原因,有关专家认为:第一,随着全社会尊师重教风气的日益浓厚,教师的社会地位在逐步提高。第二,高校招生并轨制度的实行,使众多的中等生活水平及其以下的家庭不得不考虑到经济问题,毕竟国家在收费标准上对师范院校有所倾斜,而且师范生在校期间可以享受较高的奖学金和助学金,这对许多家长考生不无吸引力。第三,在市场经济大潮的冲击下,不少理工科院校毕业生找单位比较成问题,大多数家长和考生研究填报志愿时已经考虑到了这一点,而师范毕业生找工作不成问题,因为教师工资有保证,福利待遇又有提高,工作平稳,生活有保障,所以师范院校的诱惑力正在增强。第四,目前,师范院校的录取分数线仍比重点、综合性大学低,不能否认有一些升学为了确保"出线",在无奈中选择了师范。而且,招生制度改革措施也有意强化师范教育,规定范院校只录取有志于师范志愿的考生,不录取没有师范志愿的考生,这使得不少原本不想报师范或者想用师范"垫兜底"的考生,不得不为了确保成功系数而投身于师范的怀抱。

总之，"师范院校热"的出现是件大喜事。它将许多素质好、有志于教育事业的考生聚集起来了。相信在不久的将来，他们会在平凡的岗位上，为祖国教育事业的腾飞做出重大贡献。这，也是振兴教育、振兴中华的一个希望。

校园里涌动着商潮

——大学生打工利弊谈

今天的高等学府已经不再是昔日人们心目中高深莫测、神秘无比的"象牙塔"了。近些年来，商品经济的大潮席卷神州大地，这商潮以不可阻挡之势穿过高高的围墙，涌进了大学校园。首先受到感染的是那些温文尔雅、遨游书山学海的莘莘学子。他们既无法固守，也不愿固守昔日"孤独的美丽"，有意无意地走进了商海，在大学校园内形成了一道独特的风景线。

打工种类　五花八门

当代大学生不甘寂寞，积极投身商海，以自己的学识、才能和干劲，参与到多种多样的打工生活中。

(一)做家教。大多数大学生能充分地认识到自己的优缺点，于是，他们决定扬长避短，用自己的知识优势，为自己在社会上争得一席之地。这个目标选择，也可以说是他们迈向社会的突破口，就是当家庭教师。近些年来，越来越多的独生子女家长为了孩子的学习，不惜重金聘请家庭教师。年轻而有学识的大学生们顺应这一需要，自然而然地成了家教主力军。其中，学中学的主科即数学、语文、外语、物理、化学等学科的大学生在家教市场上比较抢手。另外，家长们出于对孩子全面培养的需要，开始为孩子请家庭教师教舞蹈、钢琴、画画，因此，音乐、美术系大学生在家教市场上也很受欢迎。据不完全统计，高校大学生尤其是师范大学生有过做家教经历的，所占比例特别高，基本可达90%以上。可见，做家教是大学生们走向商海的第一选择。

(二)当"文字打工族"。这是高校中文史哲专业的大学生的"专利"。所谓"文字打工"，又分以下几种：其一是编书。这主要是由那些文笔功力较强的学生，在赏识自己的一些老师的率领和指导下，参与某部书稿的材料收集及撰写工作。也有一些前几年毕业的"师兄"在与新闻出版部门谈妥了出书计划后，便回到学校，找几位同系或相关学科的功底好、又有过编书经验的"师弟"，拉他们帮自己"干活"。其二是独立作战搞写作。这类人可以称他们为"纯粹的文字爱好者"。他们独来独往，苦心孤诣地从事写作，然后分投到各地的报纸杂志。他们随着稿子见报率的提高，便逐渐成为专栏作者、特约撰稿人，名利双收。

(三)当"小倒"。现在，有不少大学生利用离返校的机会。在学校所在地买些土特产品，带回家乡高价卖，同时，又从家乡带回一些东西回学校卖。有些大学生听说某批发市场的货特别便宜，批出来转手就能挣钱，便跃跃欲试尝试着去做。每逢元旦来临，大学校园内便活跃着一支卖贺卡的学生商贩，他们对自己的同胞搞薄利多销，据说收入可观。

(四)当小工。从事这一工作的大学生多半是家庭比较困难的女孩，工作场所多半是那些歌舞餐厅。在这里当服务员，利用的是课余时间，按钟点计算报酬，工作不累；老板也高兴雇她们，因为工钱不是很高，又可以她们的"大学生"的牌子为自己壮门面。当"女招待"可以说是女生中除当家教之外最热门的工种了。

(五)做兼职。兼职分校内和校外两种。校内的兼职：一般包括做兼职辅导员(主要从高年级的优秀学生中选拔，协助专职辅导员带新生)、兼职行政管理人员(主要是一些学生干部，作为学生代表、参与学校后勤、图书馆、食堂等方面的管理工作)和兼职助教(主要是毕业班的学习成绩优异的学生，或者内定留校、攻读研究生的学生担当此任)。校外兼职，主要指一些有特长的大学生，如外语好、会弹钢琴、会画画、可以到一些地方讲课或搞装潢，一些字正腔圆者还可以到广播电台或电视台客串做节目主持人。等等。

是非利弊　众说纷纭

大学生打工，作为一种社会现象，愈演愈烈，引起了人们的广泛重视。那么，作为国家培养的大学生，他们是否可以打工？各方面的人士说法不一。某高校团委曾做过一次民意测验，发现有过打工经历的学生占总数的3/5还多。参与过打工者认为：我靠本事，靠我的劳动挣钱，这叫"各尽所能，按劳取酬"，有什么不好？没打过工的大学生大多表示：每个人的兴趣、爱好和家庭条件不同，人家去打工，没偷没抢，这没什么不可以的。人各有志嘛。也有些人说：看到他们那充实劲儿，我都挺羡慕的，有机会也想去试试。

作为学生家长，意见也不一致。一位家庭条件很好的女大学生，很想锻炼一下自己，便做了一份家教，可是她的父母知道后，却强烈反对，说咱家又不穷，根本不需要你去挣钱，你的任务就是学习，再说现在有不少人心术不正，一个女孩儿家，去做什么家教？!而另一位家庭条件同样比较优越的男大学生的父母听说儿子在学校图书馆做助管工作，非常高兴，立即写信予以支持，并鼓励儿子珍惜这个机会，好好锻炼锻炼自己，至于挣多少钱那是次的。

作为学校的管理和教育工作者，多数教师表示：如果他们不耽误学习时间，没有荒废学业，我们不反对他们打。相反对于个别家庭生活困难者，我们还以师长和朋友身份为他们介绍家教。但是，大多数老教师和部分学校领导者则坚持认为：学生的天职是学习。在学校期间到校外工，既耽误正常的学习，又容易受社会上不良风气影，致使思想道德滑坡，甚至走上斜路，不能听之任之。

大学生及家长、老师和学校领导者对大学生打工的看法是不尽相同的，意见明显地分为两种。一种认为大学打工有违学生的天职，耽误学习，在经验欠缺时过早地步入社会，难免吃亏上当，或早早地染上了铜臭味，不利大学生的成长，也不利于学校的教育和管理。所以，他持反对态度。另一种认为大学生的主要任务是学习，这不容怀疑的，但是，在不影响正常学习的情况下，参与些勤工俭学性质的打工活动，尤其是那些志专业学习对口或相近的工作，大学生在此过程中学到了知识，提高能力，在经济上又有所得，这是可以理解的，应该支持。因此，他们持赞同态度。

积极引导　正确把握

笔者以为，在对大学生打工的利弊是非下结论前，应先弄清两个问题：第一，大学生打工的类型，从本质上，一种为与所学专业对口或相近的勤工俭学性质的打工，如做家教、在校园内做"三助"(助教、助管、助研)等。可使参与者在学识、能力、经验、经济等方面一并有所收获。另一种为与所学专业相去甚远的纯商业行为，如"小倒"、做小工等。虽说它可以增长阅历、开阔视野，但，真正的收获却是相当有限的。第二，大学生打工的目的，一种主要是为了了解社会、锻炼自我，另一种主要就为了挣钱，表现得急功近利。当然，还有一些出于好奇或者从众心理所致。

大学生打工，作为一种社会现象，无论人们对它或褒或贬，它都是客观存在，否认不了，消灭不了。实事求是地，大学生之所以去打工，原因是复杂的，既不能否认他确有要通过打工锻炼自己、提高自己的良好心愿，也不否认一些家庭生活困难者的无奈和为父母分忧的良苦用心，又不能否认有些大学生为满足自己的诸多消费欲而走此路。在实际打工生活中，无论他们的出发点如何，毕竟多数人还是收获不小的。

综上所述，对大学生打工，不妨采取"不制止、不放任"的态度。首先，学校领导者应该正视大学生打工这一热点问题，实行不强行压制(鼓励勤工俭学性质的打工)，又不放任自流(教育他们端正打工的思想动机，正确引导他们的打工行为)的双向政策。其次，作为学生的家长及辅导员老师等师长，应该积极配合，帮助他们正确认识金钱与知识、校园与社会的关系，争取做到两个不误。最后，也是最重要的，就是那些打工的大学生，应该把握好自己，不可以因打工而本末倒置，荒废学业；要正确认识自己、认识社会，不可以轻狂浮躁，以免上当受骗；要重精神轻物质，自觉抵制诸多不良风气侵蚀。总之，只要学校、家长和学生共同努力，就一定能够使大学生走向新天地，更健康地成长。

像雾像雨又像风

——临近毕业的大学生心态录

斗转星移，四年时光匆匆而过，又一届大学生面临着即将步出大学校园、走向社会大舞台的选择。从某种意义上说，考取大学之后最重要的便是毕业分配了。分配，是一次重大

抉择，它可能决定一个人一生的生活道路和命运。那么，此时此刻，应届大学毕业生们的心态是怎样的呢

A. 悠然型。属于这一类型的毕业生，多半是毕业方向已定，心中早已有谱，且工作单位很令人羡慕的。小李来自黄河岸边一中等城市，系保送生。他在家中是独生子，父母皆是手中握有实权的领导干部。还是在他读大三的时候，家中就为他找好了接收单位。该单位的领导与小李的父亲系中学同学，关系甚密。他知道，那个单位的职工收入颇丰，凭自己重点大学毕业生的头衔，加上父亲的那层关系，在单位的发展前途是很光明的，高兴的话，一两年后也可以出国去"镀镀金"。现在，他每天都是一副悠然自得的样子，盼望着早一天离校，回到他心驰神往的家乡。

B. 意气风发型。属于这一类型的毕业生，多半是品学兼优者。他们刻苦努力，以优异成绩完成了大学学业，并凭借自身的优势，觅得了一个自己相当满意的工作岗位。王君来自山东省一个偏僻、贫困的小山村，但是他勤奋好学，才智过人，且有较强的组织能力。高中时，他就是校学生会主席、地区三好学生。刚入大学，他就被任命为班长，工作积极，班级各项活动都搞得有声有色，而且学习成绩一直名列前茅，多次被评为"三好学生"、"优秀学生干部"，还光荣地入了党。在3月份召开的毕业生供需洽谈会上，北京、上海、大连的多家单位都争着要他。最后，他经过慎重考虑，选择了北京的一家大企业。时下，他正在学习管理方面的知识，满怀信心地为即将从事的职业而"练兵"。

C. 犹疑型。属于这一类型的毕业生，多半是因为父母之命或与恋爱对象的关系等利害关系，而犹豫不定，取舍不明。章女来自江南水乡，是父母的掌上明珠。父母希望她毕业后分回到家乡，并可以为她找到一份合适的工作。但是，章女与家住学校所在城市的一位男同学确立了恋爱关系。男朋友在家也是"独苗儿"，他的父母不同意他跟章女去南方，并声称若章女不留在该市就不许他们处下去。一边是父母的呼唤，一边是个人的感情，章女陷入两难选择之中，至今未能作出决断。

D. 淡漠型。属于这一类型的毕业生，大致可以分为两部分。其中，一部分是已经被指

定留校者,另一部分是已经被录取为研究生者。由于他们的去向早已明朗,所以没有人与他们谈有关分配的事,他们更没有兴趣与别人谈及这种事。

E. 焦灼型。属于这一类型的毕业生,多半是遇有改派或改行等"麻烦",因此,焦躁不安。X君系中师保送生,按照规定,此类学生毕业后必须回原保送单位。X君学业优秀,工作很有魄力,系领导对其很是赏识,按理分个好单位绝对不成问题,但是,X君是保送生,这一条对想留在大城市的X君来说简直就是"死刑判决书"。将情绪稳定下来的X君决心拼争一番,他先是回原保送学校活动,恳请放行。同时,又托人到有关方面找关系,寻得"内线"。X君颇费了一番周折,有了一线生机,但都没能敲定。X君只有苦苦地等待。等其他人都派遣了之后,他好接受"改派"。

F. 听之任之型。属于这一类型的毕业生,多半是既没有什么"门路",各方面表现又平平常常者。他们没有过高的希求,只求平平稳稳地走完大学时代的路程,然后平平安安地回到故土,无论是县城还是小镇,也不管是从教还是从政,都可以,都无所谓。他们安然地过着大学时代的最后一段日子,准备接到派遣证后,马上静静地踏上归途。

纵观大学毕业生的心态,有的是悠然自得,有的是犹疑不定,有的是意气风发,有的是焦灼不安,有的是漠然处之,有的是听天由命,等等,可谓心态各异,把握起来比较复杂。由于不同的心态引出了不同的言行,致使他们容易在临近毕业的最后一段日子里发生违纪和严重的心理障碍等类问题。这就要求我们的教师们积极深入到学生中间,强化对他们的思想政治教育,让他们正确地面对分配,及时消除不良因素,负责地将他们送出校门。同时,毕业生们也要正视分配,圆满地为大学时代画上句号,满怀信心地走向新的生活。

大学生交往新走向

当今的大学城,早已不是昔日的象牙塔了。这里,风景独特,色彩缤纷,俨然一个浓缩了的舞台和社会。围墙早已失去了它天然的屏障作用，以崭新的形象和改革开放了的思想观念武装的天之骄子们的心，已扑扑地飞出了校园融入了外面广阔世界的滚滚洪流之中。尤其交往观的转变与所涌现的交往新走向，足见一斑。

A. 交往观突飞猛进：自在阶段→自为阶段

过去，中华大地全方面改革开放的大潮尚未掀起，大学生所受到的冲击不大，心境平和，尤其"社交"在他心中是很陌生的名词，同时，"大学生也是学生，学生应以学习为天职"的说教还是很管用的，因此，象牙塔内的天之骄子们的社交行为完全靠性格支配，外向者则交往较多些，趋于内向者的交往较少，甚而有许多过独来独往"独行僧"生活的，几乎没人去看什么公关方面的书（也少有这类书），几乎没人追求增长一下自己的社交知识提高一下自己的社交能力（也很少有人想到过）、而且大部分老师和同学都认为：那些天生的社交能力强的或者"分散精力"搞社交的人是"不务正业"，他们看不惯这些，觉得从事社交就是拉关系，接触那么多的人有些不正经，于是好多同学，尤其是学习较好的同学相信"花香自有粉蝶来"，便各立门户，"天马行空，独来独往"起来。总之，那时的交往观念尚处于很封闭很传统的自在阶段。如今的大学城，再也不是昔日的象牙塔了。那里传统封闭的交往观念方式在时代大潮的冲击下，正发生着严重的裂变与转型。目前，大学生中仍固守门户"单打一"者越来越少了，更多的人翻然醒悟，痛切地感到：自己要求生存求发展，"不合群"是行不通的了，况且"姜太公钓鱼"已难保有几个"愿者上钩"了。于是，他们纷纷抛却清高，敞开心扉，变"守株待兔"为积极寻求，封闭的心理被打破，开放的交往观正在形成，由自在阶段走向自为阶段。笔者有一同乡同学李君，曾是个典型的"独行僧"，很少有谁接近地，他很多时候是"无视"他人存在，只管一个人看书学习，出于乡情的我对他的劝说统统无效。而今的李君则大变特变了：主动帮助他人，主动与人交心，又是看《人际交往指南》，又是听公关知识讲座，由满脸"阶级斗争"的"独行僧"变成了笑上眉梢的社交积极分子。

B. 交往目的各有不同：情感型→现实型

昔日大学生的交往是以"合得来"为支点的，较单纯的就是要找几个心心相印、情同手足的挚友。但"人生难得一知己"，能够彼此情趣十分相投的所谓知音并不易得，于是，好多人便会灰心失望起来，社交的动力渐渐减弱了。而今洋溢着现代气息的大学生们，在人际交往中寻求情感寄托仍不失为其一大心愿，他们依然渴望拥有真诚的友谊。他们懂得：人不能没有朋友，尤其是要有几个高质量的与自己"多个脑袋差个姓"，可为自己"两肋插刀"鼎力相助的"铁哥们儿"，而同学之间的友情是未受污染的至真至纯的。为此，他们努力与所有同学保持着友好关系，并时刻注意发现身边志同道合的知己。他们还认识到：当今社会，凡事靠人。没有一定的社会经验，不建立一定的社交网想办成一件事，那简直是不可想象的。与人交往也要紧随时代，"多个朋友多条路"，但那朋友不一定非要称为至交不可。遇到知己固然可喜，倘遇不上就交个一般朋友也不错的。只要是认识了，只要是需要，就都是朋友，都去结交。在同众多朋友的交往中，你的世界会愈发明丽起来。长春某高校团委对全校学生的交友目的做了问卷调查，结果表明：单纯答"情感型"和"现实型"的各20%，而答"综合型"偏向于"现实型"的则高达60%。

C. 交往范围不断扩大：校园→社会

过去大学生的交往就局限在围城内那校园的一亩三分地之中，且又受到年级、系别、籍贯、寝室等条件的种种制约。这种"本土化"的交往因其狭隘性而被今日的大学生所打破了。如今，跨专业、年级、系别的交往早已很平常的了。同校本科生之间、"本专研"之间、全班全寝性的"友好班级"、"友谊寝室"应运而生，集团式的交往方兴未艾。而且同一城市甚而不同城市的各高校间以学生会为代表的校际交往也很频繁。同时，他们相信："近处没有风景"、"外面的世界很精彩"。为使自己早日成熟尽快适应社会，他们很想到围墙外的大千世界里去看一看，改革开放与商品经济大潮的冲击，使得这些稳坐楼堂高阁的学子们再也坐不稳当了。他们一扫往日的清高与羞涩，纷纷走出校园，到不同家庭去做家教，到大小饭店去打小工，到各式公司去应聘兼职，有的往来于商品批发市场与大中小学校园之间，有的还穿梭于股票交易所大厅熙熙攘攘的人流之中，问其为了什么，回答几乎一致；只想实际锻炼一下自己，以寻求合适自己的最佳位置。

D. 交往方式与交往媒体不拘一格、多彩多姿：传统式→现代式，单一化→多元化

原来大学生的交往完全是以学习生活来维系的，而且又大多局限再在"近亲血缘"的狭小圈子内。如今，毫无"血缘"关系的人们之间的交往特别有生命力有吸引力。再者，校园生活日益丰富而多彩，各种舞会、文艺会演与体育比赛，各式讲座与报告会应接不暇。教室，寝室、食堂这"老三样"已被舞场、报告、冷饮厅、外语角等新兴交际场所取代。他们的交往方式也已不再满足于走访住所，书信来往等传统形式了，代之以周末聚会、集体旅游，一同研讨创作、电话问候，广播点歌等等。某师大一男生更为开放，在一本很畅销的杂志上大大方方地刊出了征友启示，想交尽天下志同道合之士。问其结果，答曰：自我感觉非常良好。

E. 交往格局与走向：有喜有忧，众说不一

可以说，当代大学生的交往从内容到形式都发生了重大的质性的转变，形成了一种新的格局。其结果，首先是积极的可喜的一面。即他们普遍地扩大了交际面，增长了知识和见识，提高了社交能力等，这里无须赘述。其次，是消极的让人忧虑的一面。表现之一，是有些同学社交活动过多，处理不好时间与精力的分配，不同程度地影响了学习成绩，甚至个别同学本末倒置，将社交置于学习之上，认为有有质有量的朋友和稳固的关系网就什么都不在话下了。表现之二，是有些同学交际活动频繁，尤其是男同学一交往，几个凑在一起，那烟不能不抽，酒不能不喝，饭店、冷饮厅常进，因此消费很高，有的使劲向父母伸手，有的债台高筑，甚至极个别者为了钱而走上偷盗的邪路。表现之三，是有些同学交往特广，结交的人特复杂，因此受骗上当者不乏其人。如某君小A在社会上认识了许多人，他却将其视为朋友，那些人常请A君下馆子唱卡拉OK，很够意思。不久，其中一位急匆匆来校找到小A，说自己出差急需500元钱让A帮忙，A信了他的话，掏干腰包又向同学挪借总算凑足了交给了那人。谁知那人走后一个月不见踪影，A好不容易找到他索钱，他却一拖再拖，后竟指使一伙人痛打了A一顿，威胁说再要钱则给你放血。小A又气又悔，痛苦不堪。那么，时下大

学生交往的态势，人们众说纷纭，褒贬不一，笔者认为，对此既不能用强力去堵，又不能放任自流，它需要一定的引导，它的今后走向也难以确定，这给我们学校的管理工作者，思想政治工作者又提出了一个新课题。

里面的世界也无奈
——当代研究生生活管窥

研究生，一顶多么光彩照人的花冠！曾几何时，这群作为知识圣殿中骄之又骄的一族，令人敬慕不已，并被罩上了一层神秘的光环。那么如今，当历史的年轮已经碾过了九十年代，尤其是在暴风骤雨般席卷而来的商品经济大潮的冲击下，堪称"知识贵族"，作为一个特殊阶层的他们，又是一种什么样的形象什么样的心态呢？带着这个疑问，笔者走访了本市的几所高校，与一些研究生们以及他们的领导，导师们做了交谈。归来静思，我的心情由听时看时的惊诧、疑惑渐渐转为一种淡淡悲哀与深深的忧虑。正如他们自己所感慨的"里面的世界也无奈"，人们愈发感到：那里，正潜伏着危机！

之一：形象危机

当笔者步入某"师"字牌高等学府大门时，遇一大二的女孩，与之探听研究生的住址等情况。她说，本科生与研究生接触不多，但他们在我们心中的形象是很高大的——不然你看，就在这校园路上来来往往的人流中，我几乎一眼就能分辨出他们。问其为何，回答说讲不清楚，总之不仅仅从高度眼镜，笔挺西装等外在形象，主要是从气质上感受出来的。确实，当我来到研究生楼门前，映入我视野的，尽是些潇潇洒洒有学识的形象。但是，当我刚踏入楼门，便顿生一种压迫感。原来，宽敞的大厅，走廊，横七竖八的自行车塞得满满的，有些地段你须侧身提气，小心翼翼，见缝插针方能勉强通过。我敲响二楼的一个房间，室内空气混浊，光线昏暗。脸盆、鞋子、袜子满地；书、衣服、棋子、扑克牌满床。一群衣冠不整的大硕士们正喷云吐雾，海阔天空地调侃呢！这场景，很易使人联想起电影中输干兜子的赌徒们聚首，抑或是欧洲中世纪没落贵族们"沙龙"聚会的形象。据舍务办的同志讲：许多男研究生宿舍就这样，而且在这里随地吐痰，长明灯，长流水，走廊里摔酒瓶子，满口脏话者，小有人在。研究生处的领导反映说，出于多种考虑，学校对研究生实行松散型管理，这该说是很受照顾了，但有相当一部分研究生组织纪律很差，尝尝招呼不打，一走了之，个儿八月不见踪影。平时一睡睡到日上三竿，饭不吃脸不洗，赤着上身，穿上大裤头，趿拉个拖鞋在楼里来回乱窜，很不注意形象。人前仪表堂堂，人后另副模样，真实形象与学识层次如此不符，令人惊慌。

之二：学术危机

研究生，仍属在校学生，仍应以学习为天职，而且作为高层次人才，更应勤于攻读，才称得上名副其实。但如今，研究生中踏踏实实潜心于学问者，实在太少了。有的书架空空的，说书价太贵，买不起呦！有的书架倒是满满的，但或者五花八门说是为了"开阔视野调剂生活"，或者入架后一翻未翻说没时间去看！有一豪放男士自己供认：一切都是装点门面，给外人看的。不愿主动学习，那导师布置的任务总该没法逃脱了吧——非也。一则可编造理由，言已需慢慢阅读，仔细领会，从而一拖再拖下去。二则目前导师所带研究生数目较多，无法一一照顾周到，若遇责任心不甚强的导师，则更可放纵自己，逍遥自在下去。至于科研，不少人认为那无非就是"东拼西凑成一文"而已。于是，对之不屑一顾。可毕业登记表上科研成果一栏总不好空着啊，那有多没面子。因此，逼到头来，眼珠一转，沾人光，署名人后，赔上一个笑脸，事就成了，多么轻松。或者大着脸找报社、杂志社工作的同学，朋友啦，凭面子，给发点小东西也就得了。自己不读书不搞科研，反取笑真正学子为"大傻瓜"，私下里又四处寻找编书（当然是非专业的通俗的那类）的机会，不费力气，有名又有利，何乐而不为？！作为研究生不务本行去研究，那么到底想做什么呢？

之三：信仰危机

每个人都该有自己的坚定信仰和远大理想，以此为人生目标和生命动力，尤其作为深受高等教育的未来世纪建设者的研究生们。但是，在当今研究生中，真正将先进模范人物树为榜样的少了，转而崇拜自我，唯我独尊。许多研究生甚至学社会科学的研究生对共产主义前途没有明确态度，对追求入党漠然置之。可以说，随着苏东剧变，国际共产主义运动陷入低谷，占一定比例的研究生的内心精神世界里产生了严重的倾斜，加之时下经济大潮的冲击，拜金主义思想的侵袭，更加剧了他们人生政治信仰的淡化与危机。许多人面对攻击与挑战，昏昏然，随波逐流。失去了坚定信仰与远大理想，前进的动力将来自哪里？又将被时代大潮推向何方？

之四：情感危机

当代研究生的年龄大约在22—35岁之间。其中又分为三大类：未婚小龄者（应届生）、未婚中龄者（工作两年以上从基层考入的）、已婚大龄者（在职）。身心的成熟，年龄的鞭促，青春的热情等等，使得他们躁动不安，难耐书斋的寂寞，在通过一年级的外语硬性考试后，急不可耐地纷纷整装、杀向情场。急先锋便是那些年轻热烈、天真浪漫的未婚小龄者。他们凭借自身的优势，向本科生及社会频频出击，但"欲速则不达"，不少人既荒废了学业，又备受情感的煎熬，苦不堪言。其中的在读本科时已确立了恋爱关系的，如今感到自己地位高了，身边又有那么多同档次的异性，出于日后的种种考虑，想斩断情丝另寻知音者有之，但或迫于舆论，又难能采取果断的行动，而那种已有"主儿"的定论一经套上，又严重地影响了其交际，因而陷入了进退维谷的境地。未婚中龄者既没有前者的热情，又苦于社交圈的狭窄，但年龄不饶人，所以也小心翼翼地涉足公共社交场所或木然地被同学朋友拉上看台，但最终能结个果儿的寥寥无几，好不令人伤心。已婚大龄者很是羡慕年轻人的自由与浪漫，但绝大多数只是心里想想而已，只有极少数老兄为了爱无所顾忌，广泛地交朋纳友，与女孩子打得火热。家属来校"内部协商"者有之。最惨的莫过于"女博士"（大龄硕士与博士的统称）了！出于情面，她们择友时要求男方学历一定要不低于自己，但具有相等学历的男性有几人愿意寻找他们心目中既不年轻漂亮又不温柔懂生活的"老学究"做伴侣呢？这种现实，不能不令我们的才女们望"情"兴叹！个人问题已逐步严重地影响到她们的学习与生活，并大有发展成社会性问题之势。

之五：经济危机

研究生中本科应届考上的，工资（助学金）是几百元，够用吗？——回答：肚皮都填不饱。从小学到大学，花费了父母好多钱，本该参加工作了，经济上至少可以独立了，或应该报答报答父母了，可如今又要读书，又要用钱。他们中的很大部分人心里都感到过意不去，所以很少再张口要钱。研究生中在职考研的人，工资发原基本工资的90%，充其量百十多元。他们有妻（夫）有子，如今一个人远走在外，家中只剩下妻子（丈夫）一人，又要工作又要带孩子，生活艰难了，收入减少了，这本来已对不住亲人了，又怎好再开口呢？每月百十块钱，又要吃饭又要穿衣又要买书，如何应付得了！遇有同学朋友结婚，则大伤脑筋了（要知道，一出手至少就要一百元呢！）遇有同学朋友来访，饭店是不敢领的，去食堂多打两个菜吧，口里说：家常便饭，家常便饭，不过，我们学校的伙食在全国高校中排前几名呢！实在让人笑话，可确实没办法啊！生活无着，自想办法：去做家教，帮人编书，为出版社稿校对，到饭店端盘子，给个体户主打下手……甚至有人大声疾呼：我要去卖血！生活待遇如此，如何让他们安心做学问呢？

之六：前途危机

时下，知识并非很是值钱，学历文凭并非很被看好。据悉，近两年一些高校研究生报考人数都不很乐观，个别专业投考人数远低于录取人数，甚至无人报考。大学毕业能找个好单位的都走向社会了，只有那些分配不理想的，以及生活在基层想"跳槽"的，才来走这条"曲线救国"之路。然而，近年来，研究生的分配也并非很乐观。除去经济、法律、外语等少数专业的研究生挺抢手外，许多基础理论专业的研究生少人问津，大有"嫁"不出门之势。昏天黑地地拼，终从那座独木桥上爬将过来，苦行僧似的又熬了三年，盼什么啊？到头来，竟是这样的境遇，怎不让人心伤泪落？！于是，人人自危，可又不能老实等着挨宰，因此，去搞自我推销。自荐信发了几十封，回信者寥寥无几；亲自跑了好多地方人都瘦了一圈，可有不少是连门都不让你进，即便是进得门来，也多半嘴皮子磨薄了，人家还是表示歉意送你出门。回转来，两手空空，前途无亮，悲愤地一拳砸在桌子上：妈的，下辈子有儿子也不让他读这鬼研究生！作为国家花大本钱培养的高层次人才，学成后找不到能发挥其专长令其满意的工作，这势必造成人才浪费，而且会引起连锁反应，后果不堪设想。

我们期待着，研究生教育管理体制能有一个大的改观；我们也期望研究生们奋发向上，活得充实而潇洒！

/ 经济法制 /

经济是社会的主体内容，经济建设是社会发展的中心大局。我们建设的社会主义市场经济本质上是法制经济，健康有序发展。但在现实生活中，仍处于社会主义初级阶段的当今中国，却让人经常看到特殊商品广告"红灯"闪闪，户外野广告"野火烧不尽"，虚假广告骗你没商量，伸向"人保"的黑手不少，眼镜市场违法经营令人震惊等一系列经济与法制相错位的现象。

"红灯"闪闪

——特殊商品广告违法何时了

广告，在改革开放之初尚羞羞答答，偶尔出现于某些新闻媒体之中。但到了90年代中期，广告早已掀开了羞涩的面纱，以铺天盖地之势，充斥于广播、电视、报纸、杂志等各种大众传媒以及街旁、楼顶、车身等人目所及之处。据统计，到1997年底，我国广告营业额已达250亿元左右，现代广告已成为一大重要的经济产业，在这五花八门、花样翻新的广告之中，有一类以药品和食品为代表的与人们关系极为密切的商品广告。因其特殊的地位，故特别的引人注目，对此，有人欢喜，有人憎恨；有人发了大财，有人上了大当。可见，广告，尤其是特殊商品广告还有一个社会价值和道德标准问题。近年来，我国虽然制定了不少有关广告的行政性法规，但还远远不能适应实际的需要；1985年10月27日经全国人大八届十次会议通过，《广告法》正式出台，并于次年2月1日起付诸实施。但是，由于诸多因素所致，目前违法广告特别是特殊商品广告违法现象仍时有发生，如不运用法律武器及时地严加规范，将发展成为一大严重的社会经济问题。

特殊商品广告违法大曝光

违法广告之一：某全国发行量较大的一杂志在封三刊登了一种信箱式广告，数省的数百名患者倾诉他们的病痛之苦，并急切地求医问药。于是，研制成功专治**病的特效药的某某医师亲自出面宣传一番，说该药是用什么什么方法，如何如何研制而成，对**病有独特疗效，可解除患者的病痛。接着，写信求医者之中的几名患者以代表的身份，以身说法，称该药确实有效确实神奇，自己患病多少多少年了未能治愈，如今服了该药仅一个疗程就明显好转，连服三个月后竟全好了，等等。这种广告并不少见，它看似真实、可信，而实际上它违反了《中华人民共和国广告法》第十四条第四款的规定：药品广告不得利用医药科研单位、学术机构或者专家、医生、患者的名义和形象作证明。

违法广告之二：某食品广告宣称，该食品"除具有减肥营养功能外，还可减缓由于肥胖而引发的多种疾患，对中老年高血压，冠心病，糖尿病等肥胖患者最为适宜。"它违反了《食品广告管理办法》关于禁止食品宣传疗效的规定。

违法广告之三：某药品广告称，"8—25岁的男女青少年服用2—4盒，可增高6.5—11厘米，有效率达97.5%，无任何毒副作用，是目前国内唯一治疗身材矮小的良药。"它违反了《广告法》第十四条第一、二款的规定：药品广告不得含有不科学的表示功效的断言或者保证，不得说明治愈率或者有效率。

求财心切——导致违法的根源

当今时代，广告在社会生活中具有无穷的魔力与魅力。因为广告宣传什么，商店里什么卖得就快，生产者和经销者就特赚钱。而作为特殊商品的药品与食品直接关系着人的生命与健康，谁人会不注重？一则特殊商品广告推出去，大把大把的票子就会流进腰包来。这实在是有机可乘、有利可图。一些人（包括部门）抵不住这强有力的诱惑，求财心切，纷纷投向了广告。而他们为了快赚钱，不惜利用广告坑蒙拐骗。作为广告主的一些生产经销企业为推销自己的产品，有意在广告中随意浮夸，结果是本来不怎么样的产品被吹成了最优最有名气的了。作为广告经营者的新闻媒介不仅是广告发布者，其自身担负着广告审查的重任。但是，我国的广告是从媒介中孕育成长起来的，广告收入是支撑新闻媒介生存、发展的最主要的经济支柱。受经济利益这一大体的威慑和左右，媒介在经营和审查广告时则难于依法行事。企业为自身的利益，以重金为诱饵，坚持要求发布含有违法内容的广告，新闻媒介如依法严格把关，则生意不成，成万上千万的广告费也将随之泡汤而飞；出于自身的经济利益及日后的发展，在一般情况下，媒介为留住广告客户，只得舍弃一头——对消费者负责于不顾，为企业大开绿灯。只要肯花钱，就能随心所欲地做广告，这是违法广告屡禁不绝的祸根。

几家欢喜几家愁

药品与食品和人们的生活息息相关，这里有最大的市场，极为有利可图。于是，某些生产和经销这类特殊商品的企业绞尽脑汁，千方百计地在广告上做文章。据国家工商局广告司调查，目前药品，视频广告中存在着如下重大问题：一是利用医生、患者的名义发布药品广告的现象十分突出；二是一些药品广告不仅宣传有效率、治愈率，而且还使用绝对无副作用等保证性语言，诱导人们购买；三是违反科学规律，表明包治百病；四是在广告中采取不公平竞争手段，贬低同类药品，抬高自己；五是食品广告中宣传食品有药物疗效的问题很突出，误导人们将食品当药品服用。

一些广告业户利用消费者特殊的心理，以医生、患者的名义，大肆制造"用户效果型"广告。实际上，即便广告中医患的话都是真的，但每个病人的情况均不相同，疗效也就难于估测了，不可能都达到那样的效果。然而，尽管如此，它仍最易误导消费者。

同时，他们知道消费者都易轻信绝对性、保证性的语言，一听广告说得那么好，便耐不住要试一试。因此，他们明知违反科学规律，但仍使用无任何副作用、包治百病、药到病除等带有欺骗性的语言。总之，他们利用了消费者普遍存在的一些心理，以违法广告故意制造误导，结果是少数违法者赚了黑心钱，而广大的消费者上了大当！花费了不少金钱，非但没有取得什么疗效，相反或耽误了治疗，或损害了身体健康，痛心疾首，捶胸顿足者众。

依法治乱刻不容缓

药品和食品直接关系着人们的身体健康和生命安全，大量的不顾人们生命安危的违法的药品、食品广告充斥，危害极大，必须依法严加整治。第一，在广告审批、出证环节上要依法办事，严格把关。《广告法》规定，药品广告的内容必须以国务院卫生行政部门或者省、自治区、直辖市卫生行政部门批准的说明书为准；食品广告的内容必须符合卫生许可的事项，并不得使用医疗用语或者易与药品混淆的用语。法定的广告审查机关必须对广告内容进行严格的审查，对不符合规定的广告绝不出证放行，将违法广告消灭在萌芽之中，以防其混入社会，危害作乱。第二，在广告的管理、监督方面，要扩充人力，并加大执法力度。目前，全国各大中城市普遍存在着广告监督、执法人员严重不足，检测设备既不完备又较落后的问题。因而导致对广告管理、广告发布后的监测不力，对违法广告的发现和处理很不及时。这种状况必须扭转。第三，处罚要严厉。《广告法》规定，违法发布药品，食品广告的，由广告监督管理机关责令有责任的广告主、广告经营者、广告发布者改正或者停止发布，没收广告费用，并处广告费用1—5倍以下的罚款，情节严重的依法停止其广告业务。违反《广告法》规定，发布虚假广告，欺骗和误导消费者，由广告主依法承担民事责任，广告经营者，广告发布者依法承担连带责任。同时，广告监督管理机关和广告审查机关的工作人员玩忽职守、滥用职权、徇私舞弊的，要给予行政处分；构成犯罪的，将依法追究刑事责任。处罚要从严从重，否则将不足以制止广告违法活动，甚至在客观上产生鼓励违法的副作用。此外，很关键的一点就是要大力宣传《广告法》、《劳动法》以及与其相关的法律、法规，如《消费者权益保护法》、《反不正当竞争法》等。通过切实有效的宣传，使广大公民知法、守法，提高法律意识，增强法制观念，自觉地维护和捍卫法律的尊严。具体而言，消费者在合法权益受到侵害时，要勇敢地拿起法律武器，进行投诉索赔；作为广告业的产销企业，要把力量投到抓产品质量上和文明经销、科学促销上，不可为一己之利，冒犯法律之大不韪，搞不正当竞争，欺骗广大消费者；负有经营和发布广告双重使命的新闻媒体要注重社会效益，有违职责，为违法者开"绿灯"；有关审查、监管部门要忠于职守，严格依法行事，维护消费者合法权益，支持公平、文明的竞争，促进广告业沿着正确的轨道健康、快速地向前发展。

户外"野广告"当斩

改革开放以来，伴随着国民经济的飞速发展，我国的广告业也从小到大，以惊人的速度迅猛发展起来。各生产厂家、经销商为了推销自己的产品，不惜重金，在广播、电视、报纸、杂志等新闻媒体上打出包装精美的广告。而且，他们还利用一切可以利用的条件，在繁华街头，高楼楼顶等显眼处，制作五颜六色的户外广告，以强化促销。

1995年2月1日起施行的《中华人民共和国广告法》，对户外广告的设置，作了明确而严格的规定，利用交通安全设施，交通标志，影响市政公共设施，交通安全设施，交通标志使用的；妨碍生产或者人民生活，损害市容市貌的；国家机关文物保护单位或名胜风景点的建筑控制地带；当地县级以上地方人民政府禁止设置户外广告的区域，均不得设置户外广告。否则，即为违反《广告法》。

尽管如此，目前，仍有不少不法商家和个人，为实现不花钱打广告而盈利的目的，公然违背《广告法》，私自设置不符合规定的户外广告，破坏了城市环境，有损于城市文明建设。举目四望，格式各样的城市户外"野广告"，构成了当今城市的一大怪物，极碍观瞻。

"黑色"广告——它们大多出现在马路转弯处、交叉路口、街道胡同、新村公寓进出口的墙上，字体扭曲、用黑色（个别也有用白、红等颜色）油漆或墨汁涂刷而成，内容五花八门，有电器修理、保姆介绍，照相录像等等。诸如："前行100米饭店旅店"、"院内回收废品"、"楼上婚礼摄像"、"此房出租"、"左拐出售鸡雏"……指示方向的各式大箭头符号赫然醒目。一些围墙拐角处，此类广告云集交错，俨然一幅"向导图"。

"白色"广告——它们大多出现在街头电线杆、电车站点、居民楼门洞、公共厕所等处，16开白纸（也有一些用黄、绿，粉等色彩），黑字，内容绝大多数是治疗各种性病、脚气、痔疮、人工流产等医疗广告，少数为招聘、招工和各类辅导班、培训班的招生广告等。此类以性病为主的广告贴在人流密集、流动量大的一些标杆上，一张连一张，一层粘一层，大煞风景，且多为江湖游医术士及心术不正者的骗人骗财的花招。

"牌幅"广告——顾名思义，它们是以拉横幅或立牌子的形式出现的，如：某繁华路口，高悬于电线之上，以隔道相对的两颗大树拉开一大横幅"XX火锅城春城第一家"，呼呼啦啦，随风抖动，大有压过红绿灯之势。更有甚者，有人竟将写有"出售花圈寿衣"的自制木牌，挂在了路口的路标上面，令人心悸。

"实体"广告——即为了给人以逼真感，而以实物的形式出现的广告。例如：地处十字街头的某清真饭馆为招徕顾客，故意将一只山羊拴在店门前，羊耳边的案板上放着它的同类，一只刚屠宰过的家羊流血的头和四肢。这新则新矣，鲜则鲜矣，只是血水横流，异味呛鼻，污染环境不说，如此场面也实在让人倒胃口了。

如上所列，几种户外"野广告"数量大，分布范围广，严重影响市容市貌，不仅造成国家广告贵、税收的大流失；而且致使很多市民上当受骗，危害深重。这一大"怪"的肆虐，与把我市建成全国卫生城市和现代国际性城市的目标是格格不入的。近年来，国内一些城市已经出台了相应的行政法规，对户外广告严格管理，对设置"野广告"者严惩不贷，成效显著。我们期望着，"野广告"早日破铲除绝迹，还人民一个文明、整洁的生活空间。

斩断伸向"人保"的黑手

中国人民保险公司自成立以来，认真地依法履行其职责，在维护投保群众的生命和财产安全、恢复生产、重建家园等方面发挥了巨大作用，吸引了越来越多的人们参加保险。但是，在这其中，有些人利欲熏心，费尽心机，以身试法，企图钻保险的空子，斗胆伸出黑手，骗取保险金。于是，发生形形色色的保险骗赔案……

——机动车辆保险骗赔

1991年7月，某公司司机尚某驾车与其弟弟到辽宁省盘锦市搞长途贩运。车行至辽宁地界时，尚某不觉倦意袭来。略微懂些驾车门道的弟弟便请求替哥哥开一段，尚某迷迷糊糊地就应允了。毕竟技术不过硬，其弟将车整个开到山沟里。造成车辆报废，损失达6万余元。尚某所在县保险公司接到报案后，立即派城市业务科朱科长带一名业务员连夜赶往辽宁的出事地点。经现场勘察，取得了宝贵第一手资料。肖某称车一直由自己开，是自己所开不慎肇事。然而二人在仔细检查该车车门左内侧时，发现有血肉痕迹，核对肖某和其弟两人的伤处后确认该车肇事时是由肖某的弟弟驾驶的，属于非架。而保险条款规定，非驾驶员开车肇事不属保险责任。于是，二人当场据理拒赔。肖某一见，马上转变态度，忙赔上笑脸，并表示如赔偿6万元损失各分一半。就是说，来至现场的这两位同志隐瞒事实给肖某办了保险赔偿，一句话之劳，转眼间每人即可得到15000元。但他们为了国家利益，拒绝了对方的无理要求，使保险公司避免了损失。

——第三者保险骗赔

某镇一拖拉机肇事，将一群众张某致伤。该拖拉机只投保了第三者险。但车主称张是在行路时被撞致伤，要求保险公司负责给张以赔偿。保险公司火速派检查科张科长赴现场。经调查，确认张系从车上不慎掉下去致伤，不属于第三者责任，应予拒赔。而伤者张某与调查人员张科长既是同乡又是堂兄弟，于是出面求情。说这不就哥哥一句话吗，事成之后给你3000元好处费，被张科长严词拒绝，为公司挽回了8000多元的不应有损失。

——人身保险骗赔

1992年1月，外县居民王某的母亲一文没话，乘坐亲属包开的小客去长春。途中客车发生事故，王母受伤身亡。事后，王某向保险公司索赔5000元保险费。保险公司同交通、医务部门联合检查该车所有乘客的车票时，发现车上共售出16张票，而车上共17名乘客，只死者一人身上无票据。保险公司根据保险条例关于"乘车人必须持当次有效车票为保险依据"的规定，做出拒赔决定。王某不服，二者发生纠纷，诉至法院。最后是保险公司胜诉，王某骗赔未能成功。

——住院医疗保险骗赔

某煤矿有一个职工李某受伤住院后，不是立即向保险公司报案，而是利用自己参加保险的机会，为其他受伤而没有参加保险的人员报销医药费。同时，让亲友利用自己的姓名、床位住院治疗，尔后，他才回到医院，向保险公司报案，要其赔偿所有费用。怎么才能骗赔成功呢？李某深谙世事，很快想出了主意，那就是与医院的有关人员"结盟"。当他首先表示了要"挂床"等意图，并暗示一定不会亏待谁，于是，马上就有心照不宣者（某些医务人员），与其一拍即合。你用我开的证明骗国家的钱，我则借机向你兜售药品，多开药，卖营养品，开私药赚你的钱，既自愿又公平。这样，由于医患内外勾结，百般钻保险的空子，一个普通伤员的"医疗费"往往高达四五千元之多。根据群众反映及保险公司自己掌握的情况，公司为了减少损失，便同医务部门协商，及时查抄医疗费处方、收款存根，并聘请多个有医疗经验的医校毕业人员进行跟踪追查，一个一个地过筛子。通过对医院内部这关键一环的严格查处，从而减少了住院医疗保险骗赔现象的发生。

——家庭财产保险骗赔

1993年初，某县造纸厂一女工陈某到保险公司报案，称位于镇内的自有房屋被烧毁，事先已经居民委代办投保了！万元保险，要求公司予以赔偿。公司立即派出工作人员携带陈某的保险单前往现场，经勘察确认：火灾现场的三间土瓦房被烧毁，但是保险单上明明写着投保的是三间砖瓦房。于是，疑点出现了。据一些知情群众证实，她和前夫离婚后，陈一直住在砖房中，其前夫住在土房中以做豆腐为生。经查阅二人所持离婚证明，也写明三间砖瓦房归陈所有。在群众反映、保险单和离婚协议三证俱在的情况下，保险公司对陈某索赔一案以标的不符为由做出了拒赔的决定。陈某对此不服，并于半年后提出申诉，县法院开庭审理了这场赔付纠纷案。出乎意料的是，在陈某出具的有镇司法部门签批的裁决书与离婚协议中的房产归属权恰恰相反。县法院根据法律文书的认定，以保险合同成立为由，判决保险公司赔偿陈某火灾损失及其上访申诉费用。为了及时纠正这一错案，保险公司专门成立了侦办小组。他们首先取得了县政府和县司法局的同意，在查阅陈某与丈夫离婚协议卷宗时发现，原判决为三间砖房归陈某，三间土房归其丈夫。这就证明陈某在法庭上出具的判决书是伪造的无疑。狐狸的尾巴终于露出来了。原来，在火灾发生后，陈某和前夫串通一气，利用夫妻离异的机会，拉拢亲属，大肆制造伪证，并把在镇法律事务所任所长的章某拉下水，使其利用职务之便，私改法律文书，篡改房产归属权，为其申诉获胜伪造了重要的"法律依据"。在掌握了确凿证据后，县保险公司向市中级人民法院提出上诉。中院经过调查取证，翔实地掌握了案件的发生经过后，改判县保险公司获胜，并由被上诉人陈某承担一切经济责任。这样，一个普通女工与司法人员合谋，企图以法律手段制假骗赔，虽然制造了一起轰动一时的"骗赔胜诉案"，但是保险公司经过专案侦查，终于赢得了依法制假拒赔斗争的胜利，避免了这起万元大案给国家带来的重大损失。

由于金钱的诱惑，某些投保者使出了种种手段，造假骗陪。它一旦成功，不仅会给保险信誉造成较坏的影响，同时也给国家造成较严重的损失，使不法之徒的气焰更为嚣张，人民保险的服务宗旨完全颠倒，后果将十分严重。为防止保险骗赔案尤其是"骗赔胜诉案"的再度发生，彻底斩断伸向"人保"的黑手，以维护人民保险的严肃性、公正性，必须努力做好以下几项工作：第一，要强化对广大公民的普法教育，大力宣传有关人民保险的法律、法规，以增强其法治意识，避免违法行为。第二，医药、司法等与人民保险密切相关的单位和部门，要加强对其所属员工的法制教育和职业道德教育，切实做到依法司职，不谋私利，严格把关，不给不法者以任何可乘之机。第三，从事保险代办业务的工作人员队伍建设有待进一步加强。他们是保险战线的排头兵，其素质、水平如何，将直接关系着保险事业的发展前途。为此，首先要强化其业务能力，提高其办案水平，将骗赔者的阴谋消灭在初始阶段。同时，还要强化和提高工作人员的思想素质与政治觉悟，在侦办过程中，要时刻牢记"人民保险为人民"的宗旨，以高度的事业心和责任感耐心细致、不畏艰难险阻地开展侦破工作。切忌玩忽职守，放弃原则，以权谋私，确保保险队伍纯洁性，为共和国的保险大厦把住关，站好岗。这也是我们从上述案例中所得到的深刻启示。

"心灵之窗"的忧虑与渴望
——当前眼镜市场"近视现象"透视

俗话说，眼睛是心灵的窗口。作为"心灵之窗"，人们无不对眼睛格外关爱。但是，近些年来，由于诸多因素的影响，人群中视力减弱者较之过去大大提高了。据有关部门统计，目前我国眼球屈光不正者约有4.8亿，其中矫正视力而配戴眼镜者约有3亿。最新调查资料表明，我国中小学校的近视学生已达5000万人，视力不良率为36.9%，近视率为33.6%，并呈继续上升趋势，大中城市的在校学生约有1/3佩戴近视眼镜。

眼镜需求量的激增，调动了眼镜业的飞速发展，于是，在短短的时间内，各式各样的眼镜商店遍布街头巷尾，眼镜市场火爆异常。但是，由于眼镜经销等方面的人员的"近视行为"，致使劣质眼镜充斥市场，严重地危害了广大消费者的利益，危害了人们尤其是青少年一代的身心健康，亟待引起全社会的关注。

一哄而上"近视"百出

对于3亿多人的近视大军来说，若按每3年眼镜更换一次计算的话，每年眼镜需求量为1亿副左右；若以每副眼镜200元计算，200亿元的收入能给本小利厚的眼镜业带来多少利润，不言自明。这巨大的市场和巨额利润，吸引了众多的人纷纷投向这一行业，五光十色的眼镜专卖店、眼镜柜台等遍及市面。受利益驱使，不少人根本不顾及医学上严格规定的测视距离，弄个狭小的空间便开张营业。许多南方沿海一带的个体和乡镇企业采购质量低劣的眼镜镜片、镜架再无质量保证体系，不具备制作的条件下组装成品眼镜，并通过一些眼镜专业市场和商品集散地销往各地，通过批发商之手，这些毫无质量保证的眼镜也堂而皇之地进入了大大小小的眼镜商店；更为严重的是，一些厂家生产的验光仪器和眼镜检测仪超期检定和不经检定的特别普遍，均被判为不合格产品，但也通过多种渠道流入了眼镜店，用这种仪器配制出来的眼镜质量如何，可想而知。受利益的驱使，许多眼镜商店挂出了"电脑验光，立等可取"的招牌。其实，配装眼镜不是简单的镜片和镜架组合，配制一副合格的成品眼镜需要电脑验光仪、镜边粗磨机、焦变器等多种高质量的仪器设备和配制技术作保障，经过反复验光和磨配镜片等多道工序。受利益的驱使，大多数眼镜店的技术水平低，人员素质差。许多店的"验光师"仅有小学或初中文化，对眼睛的生理结构和屈光系统的性能一无所知，只是一味地依赖电脑。甚至有些店的前台服务员兼"验光师"，对光学、医学知识不甚了解，却穿着白大褂，对顾客热情招待，试镜时只会一味地说："好，好，戴上很漂亮。"在他们看来，眼镜真正合不合适，只不过就是戴上漂亮不漂亮。与这些心理上的"近视"者相比，那些生理上的近视者也存在着某些非生理性的缺欠，如：对眼睛的生理知识了解不足；图省时、省钱而到一些小店配镜，不知先去医院对眼睛做一全面检查后，再到信誉好的大商店验光配镜等等。

几家欢喜几家愁

据报载，国有技术监督部门曾对全国十大城市的验光配镜市场进行了一次质量检查，发现，即使在对眼镜市场管理较好的上海市，眼镜合格率也仅有29%；在京、沪等地的52家企业抽查了52种装成眼镜的样品，合格率才有34%，而在"眼镜专业市场"抽查，合格率竟为零。毫不夸张地说，现在的眼镜市场，劣质品充斥，合格品沙里淘金。据知情人士透露，非法进货是造成劣质眼镜充斥市场的主要原因。通过批发商的多方活动，那些生产"三无"眼镜制品的厂家的货出手了，很快又运到了各地，以种种优惠条件为诱饵，批给了眼镜经销商；这样，他们三方都获取了高额利润，塞满了自己的腰包，皆大欢喜。

但是，最受苦受害的则是那些近视眼患者。佩戴劣质眼镜，轻者会引起头晕、耳鸣、恶心等不适症状；严重会造成视力急剧下降。据医师介绍，眼镜没有配好，轻则不能达到矫正视力的目的，重则加重病情，甚至会导致失明。在这些近视患者中占大多数的是中小学生，尤受其害。他们由于用眼过量，迫切需要配戴一副合适的眼镜，以方便学习和生活，但是，他们戴上的眼镜多为劣质产品，结果非但未能达到预期目的，反而加剧了视力的下降。不少人不但不"遭二遍罪"，再去配副度数更高的眼镜，并心有余悸，生怕再次受骗。确实，没有人敢对此做出保证。假如眼镜市场不及时地彻底地整顿，不将劣质眼镜干净利落地清除掉，那么，它很可能对青少年一代带来严重的毁眼结果，从而危害他们一生，危及一代人的健康成长。眼镜经销商为了赚钱，采购质劣价廉的产品，并粗制滥造，几分钟之内就配制出一副眼镜卖出去，赚取了大量昧心钱，严重地损害了眼镜市场的声誉。广大消费者提心吊胆，忧心忡忡，渴望花钱配到一副质量过关的眼镜，找回明亮的世界。因此，多方人士呼吁，劣质眼镜已同假烟假酒一样，成为危害人民群众健康的一大公害，完善眼镜生产、销售和检测的法制体系刻不容缓。

"光明"在哪里

劣质眼镜不但不能扫除患者视力上的障碍，而且使患者身受其害，花钱买罪遭。劣质眼镜对眼睛的危害已远远超过了近视本身，对于这一点，越来越多的人有了认识。严格地讲，眼镜主要是用来治疗屈光不正的一种近乎医疗器械的医疗保健用品，它的质量优劣直接影响人体健康。目前，世界上许多国家把眼镜视作药品，由卫生部门管理，对眼镜的生产、销售都有严格的规定和检查标准。而在我国眼镜一直被当作普通商品摆上柜台。生产、销售分别归轻工、商业部门管理，基本没有卫生部门的参与；不论是什么人，只要他能按规定办照、交税，都能开个眼镜店，而无人也无相应法规去认定他的从业资格、技术水平等等。由纯属商业性质的眼镜店验光配镜，既不做必要的病理检查，操作人员也很少受过专业培训，这与科学的标准相去甚远。在发达国家，验光师要经过7年的专业学习，配镜师也要培训两三年，考核合格才能上岗。没有经过医学培训并经国家有关部门认定资格的人不允许进行验光配镜，验光配镜必须在眼科医生的指导、监督下方可进行。有关专家呼吁：不能把眼镜当一般商品进行买卖，而应该当成纠正视力的一种医疗手段，应尽快制定相关法规，建立验光配镜人员持证上岗制度和考核验收制度，使验光配镜这一特殊行业早日法规化、医疗化。

除此之外，有关职能部门要强化管理、监督机制，严把质量关，将隐患彻底消除掉，并加强对从业人员的职业道德教育。同时，作为患者在需配戴眼镜时，首先要去正规医院验光，然后再去正规眼镜店配镜，发现假冒伪劣产品及时投诉，以保护自己的合法权益。

｜社会百态｜

大千世界，无奇不有。社会就是一个万花筒，几乎无所不包。尤其是一些负面的东西，比如伸向外地人的黑手多多，城乡封建迷信与愚昧消费并行，丧葬活动中异象丛生，算命现象大行其道，交通安全文明令人目眩且无奈。

城乡愚昧消费盛行

随着人们物质生活水平的提高，整个社会的精神文明显著进步。但是，近些年来，在某些城镇乡村封建迷信死灰复燃，愈演愈烈。为数不少的人在解决了温饱问题，及至有了钱之后，不思提高自己的物质和精神生活水准，而是去建寺庙、敬鬼神、卜吉凶、看风水、大操大办红白喜事……导致愚昧消费盛行。

滥建寺庙，现已成为我国农村许多地区的一大"景观"。据记载，河北滦平县80%以上的村都有新建的各种小庙；辽宁省仅最近一年未经上级有关部门批准，擅自新建的寺庙就有48座；宁夏引黄灌区边缘，也冒出了许多土地庙、娘娘庙。这些"不花国家一分钱"的新建旧式建筑，全是农民的血汗钱筑成，一般农户自愿出资，每逢特定的日子，十里八村的农民将妻抱子，扶老携幼，像赶大集一样云集于寺庙，毫不犹豫地掏着腰包。

祭祀、病痛、建房、选坟地等请风水先生，烧香拜佛，甚至请巫婆神汉跳大神之风在城乡，尤其是乡村愈乱愈厉害。亲人故去，要请神巫超度亡灵；为家族老祖宗找安息的坟茔地，要请风水先生给选定一块"风水宝地"；建房乃家中大事，关及日后的诸多问题，要请位通晓天文地理的"高人"瞧瞧，好好掐算掐算；生了病，不科学地分析原因，不到医院找医生诊治，而是认为"冲撞"了哪路神仙，不惜重金，虔诚地请远近有名的"大师"作法降妖，驱邪治病。这部分人的迷信观念，养肥了一批不劳而获的神巫，他们活跃在广大城乡，无本万利，旱涝保收。就有那么多人特别地信这个，又见此业有利可图，便不让孩子上学读书，而将其送到某"大仙"那儿学徒，交上一笔昂贵的学费后喜滋滋而去。

算命卜卦，已成为时下城里人的一大热衷。按理说，具有较高文化水平的城镇居民不该迷信这一套，可现实生活中偏偏有很大一批人就信这个，当然也有一部分人是出于好奇，花几块钱不当回事，权作调剂一下生活，解解闷儿。于是，街头巷尾，算卦先生随处可见。尤其是在站前、广场等人流较为密集之地，相面，看手相，批八字等各种各样的为人算命卜卦者男男女女，老老少少，工农商学兵，各色人等无所不有。这其中，占一定比例的竟属青少年，他们在考学、求职、做买卖、谈朋友之前，乐于到此慷慨解囊一把，虔诚地听听"卜帝"的旨意。再者，问卦者之中为父母的也不少。年长的父母是自己来，为儿女批生辰八字，看做什么能升官发财，与哪种条件的人恋爱结婚能幸福长久。年轻的父母则领着孩子来，不谙世事的他们大睁着双眼，聆听着"瞎子爷爷"或"大神奶奶"的具有独特韵律的"哼唱"，看看爸妈打躬作揖地向上递钱。

丧事大操大办之风，在城乡颇为盛行。在前不久结束的人代会上，一些代表历数了近年来城市丧葬活动中的诸多怪事：搭灵棚，摆贡品，披麻戴孝，请乐队鼓手，打灵头幡，撒钱，设酒席，摔丧盆，烧纸牛纸马……据调查，长春市1995年时有花圈制售店293家，位于城区影响市容,有碍观瞻;丧事中的废弃物、焚烧物严重污染市容环境,日出动近6000辆的出殡时的长龙车队严重影响交通秩序。该市殡葬部门透露,全市年死亡34000人左右,日死亡100人左右,丧家为死者摆放的花圈少则十几个,多则几十个甚至上百个,每个低档的50元,高档的200元。每位死者仅平均烧花圈一项费用达三四百元,全市每年烧掉花圈约18.5万个,年浪费1200万元,每天有3万元在火焰中化为灰烬。花圈的大量购买,也使丧家所在单位的公款消费额上升,某些人靠丧事中饱了私囊。而且,农村实行的是火化后土葬。一副棺材少的千元,贵的可达三四千元,据估算,一地农村年死亡24000人左右的话,则土葬占地近30000亩,消耗优质木材1000多立方米。每逢春节,清明节等特殊日子,农贸市场上各类烧纸,"鬼钞"等摆摊出售,购买者络绎不绝。入夜,城内大街小巷,路旁胡同口,随处可见一堆堆燃烧着的烧纸和送给鬼神"食用"的祭品;在乡村的十字路口,山头之上,深沟之内,更是火光点点。这些,不仅浪费了大量钱财,严重污染了环境,更是诱发火灾的一大隐患。

封建迷信和愚昧消费对人无益可言,花冤枉钱,办愚蠢事,并残酷地绞杀着社会的文明与进步,已成为当今一大社会公害。对此,各级党委和政府予以了重视,许多城市都颁布了殡葬管理条例,对封建迷信和愚昧消费的蔓延起到了一定的遏制作用。但是,管理稍一松动,它便回潮,大有"野火烧不尽,春风吹又生"之势。如何引导人们树立起正确的科学的人生观价值观,科学的合理的消费,帮助其止愚致智,切实提高生活质量,这是摆在全社会面前的一项紧迫而严肃的重大课题。

"欺生"现象面面观

当今社会,交通发达,人们南来北往,一派繁华景象。然而,就在这片繁荣之中,却夹杂一种不和谐音——"欺生"现象时有发生。

在改革开放的大好形势下,一些心术不正,急于发财的人却想出了一条"捷径",将心思放在外地来客身上。因为外地人初来乍到，且独自一人行动者居多，在当地又没有熟人，对交通，物价等不甚明了，停留期短，很少有人为了一些钱而报警，去费周折，去搭时间，都觉得不值得，常常不了了之，吃个哑巴亏自认倒霉。又因为外地人多不是回头客，所以得宰就宰，得骗就骗，得吓唬就吓唬，在这种邪恶心理的驱使下，某些不法商贩，店主等，瞪大眼睛，寻觅着"猎物"，制造了一起起狠宰外来客，欺诈外乡人的"欺生"事件。

秤杆子撅人——从郑州来东北开会的方先生下火车后，觉得口渴，便来到站前一水果摊前。他见到摊上有一堆指甲大小的红红的东西，头脑中立时想到那可能是东北的特产山里红。于是，他试探着去问，摊主先是一怔，但马上换上笑脸道："这是我们东北的特产，你们那里吃不到的，先生多买些吧，保证够秤，价格嘛，卖别人12块1斤，你买少合两块。"这么一说，他立时决定买1斤。花了10元钱，是不是当了冤大头不说，他总觉得手中轻飘飘地，不像是够秤的样子。好容易在几十米处借到称一称，刚刚350克，回去论理，那摊主眼睛一瞪道："怎么着？外地佬，你偷着吃了又回来找后账，你安心败坏我名誉，和哥们儿过不去是不是？！"说着，撸胳膊就要动手。文弱的方先生哪见过这阵势，在路人的劝阻下，只好作罢。

出租车绕圈跑——张某第二次来到西北某城，他在站前打了一辆"的士"，准备去"××宾馆"。在车上，司机热情地主动与他搭话，问他是否初次来这里？对我们这座城市印象如何？直率的张某如实作答，说自己是第二次来，并说上次来去匆忙，这次想先到曾住过的"××宾馆"休整一天。改日再好好游览一下这座文化古城，两个人又随便聊了好一会儿，不知不觉中，那个司机已经沿着一条胡同兜了两个圈子了。张某这时不经意地看了一下表，他忽然觉得有些不对。一样的路途，上次只需七八分钟时间就到了，这次怎么十五分钟都过了还没到呢？于是，他便问司机，这到底是怎么回事？你是不是在绕着圈跑啊？司机一听这话，马上"正色"道：先生不要这么说话嘛！你是几年前来过，可这里发展多快你知道吗？你上次走的路如今只能逢双行，今天不逢双，我只能绕行嘛！没办法呀！"张某无奈，只好交了两倍于上次的车费，下车后，他向人询问逢双逢单行车规定的真伪，方知上当。

床费不等于住宿费——大学生李某不远千里，来东北看望高中同学。不巧，同学没在，无奈，李某只好另找住处。人生地不熟的，他转悠了几个小时，才在偏僻城区的一条小胡同里找了一个价钱比较便宜的个体小旅店。这店里虽又小又脏，但还很正规的。店主要李某交证件。李某交了学生证，店主又要身份证，李某说忘带了，那店主边看着学生证边说："没身份证按规定我们是不能接待住宿的。现在天也快黑了，看着你远道而来的份儿上，暂留你住一晚吧。"李某千恩万谢后，被服务员带到了一间昏暗的小屋。第二天结账时，李某傻了，好半天，他才惊恐地问店主，价格表上不是写着床费30元吗？怎么成了80远了呢？店主半闭着眼睛，懒洋洋地说："不错，床铺是30元，可是，你只住了床了吗？你洗漱的水费。屋子里的电费、暖气费、电视机磨损费，这些都白用了吗？告诉你，你证件不全我没给你再加价就算照顾你啦！快交钱吧！"李某苦苦请求，店主握着她的学生证不放，并扬言不交钱就不放你走，让派出所把你抓走。李某求助无援，又恨又怕，万般无奈，只好如数交了钱，凄惨惨地踏上了归途。

一碗面条十块钱——田小姐从农村来到省城，准备找份保姆之类的工作，她在站前呆了一上午，饥肠辘辘，她找到路边一家小吃店，价钱没问就要了一碗热汤面。吃过后，她递给老板两元钱。老板是个二十几岁的愣头青，见状阴阳怪气地说："小村姑，就拿两块钱，你拿哥哥当三岁孩子哄啊！"田小姐提高声音问：那你说，一碗面多少钱？"十块！来，村姑，快交钱！"老板拉长声调，对着她喊，这时，店里面的几个小伙计也围拢来，把田小姐夹在中间，跟着起哄。田小姐哪受得了这些，从兜里摸出十元钱，愤怒地含泪冲了出去。

留下过路钱——隆冬腊月的一天傍晚，一辆江西某厂的解放牌汽车某国道上由西向东飞速行驶。在行至东风乡杜家屯附近时，突然，一辆摩托车从后面赶上，停到汽车前面。司机紧急刹车，厉声喝问，那骑车人把车停到路中间，让那司机边辩解边掏出驾驶证说：

"我是某省某厂的，到八方市去送货，各种手续都齐全。"骑车人连头盔也不摘，自称他是上面派的"稽查巡视员"，对外来车辆实行追加收费。无奈，驾驶证握在他手里，司机无法脱身，为争时间赶路，只好交上100元钱。那人接过钱，连发票也没给（鬼知道他是干什么的）。骑上摩托车就跑了，汽车司机大声呼喊，那人总算将驾驶证给他扔到了十几米之外的路边，逃之夭夭了。

施淫威，强买强卖——一老农担着两筐鸡蛋来到城里的一个繁华的市场中，他边选着落脚的地方，边询问着其他卖鸡蛋人价格。因为他早听说过，乡下人到城里卖东西，市场上就有那么一伙人，一件"猎物"出现，便一哄而上，压低价，强买了去，然后转手高价卖出。他们是一群人，连哄带唬，你卖不卖都得卖，否则，他们不是把你的东西摔坏，就是施淫威，想打想骂，或者围着你不散，让你做不成买卖。此老农留了个心眼，探听到了价格，又把鸡蛋盖的严严的，以为万事大吉了。可是就在他刚一放下蛋筐之时，不知从哪里冒出四个愣头青式的小青年，将蛋筐围住，伸手就拿，边拿边说：老头儿，你的鸡蛋真大，我们哥几个包了。"老农怕吃亏，忙说："包也行，但价钱不能少，别人卖4角2分钱一个，我这至少要卖4角一个。"几个人一听，大吵大嚷道："什么？！你老头儿忽悠我们呢？这鸡蛋什么价我们比你清楚，别人都卖3角7分，我们全包，你本应再便宜些，看在你挺大年纪的分子上，我们哥几个发善心，也给你3角7分。"他们边说着，手边不停地向自己的兜里拣。老农阻止不及，几个人不顾老农的哀求，扔下那点钱就走。望着手中的钱和两个空筐，老农痛苦地摇头叹气，险些一屁股坐到地上。

综上所述，欺负外地人的事儿五花八门，屡见不鲜。它的危害是深重的，影响是恶劣的，必须杜绝。当然，这一方面需要全体公民提高道德素质和守法意识，另一方面需要公安、工商等执法部门强化对公民的教育和管理，尤其是要对个体商贩进行文明经商教育，对违反规章者，严厉惩处。至于这样，才会彻底斩断那双黑手，净化商业空气，给外地人留下一个美好的印象，我们才会早日跨入文明城市的行列。

呼唤文明节俭

——丧葬活动的异象管窥

物质文明建设是精神文明建设的基础，但有时物质文明的进步与精神文明的进步并不是同步，甚至存在着某种程度上的背离。比如，在丧葬问题上，尽管党和政府一贯强调要遵照文明，节俭的原则办事，但是，近几年来，某些生活富裕起来了的城乡居民遇有亲人亡故，则我行我素，大操大办丧事，期间，封建迷信，愚昧消费，不正之风混杂，交相呼应，并驾而行，一时成风，而大有蔓延之势，令人警觉。

纵观时下的丧葬活动，其中的异象大体体现在如下几个方面。其一是搭灵棚，摆花圈。在乡村，每家的院子都很宽敞，因此，某些人家在有亲人亡故时，便在院中或房前屋后搭设灵棚。有的看病人实在是没什么康复的希望了，为避免到时候措手不及，便提前动工。灵棚内还摆上一盘盘面食和水果，供上香案，由死者的直系亲属轮流昼夜守灵。有的在死者出殡后，仍不收拾摊子，一如既往地按程序办事，说是"亡者的灵魂还未散，尚未离开家门，我们必须尽孝到底"。这样，摊子时常是要等死者故去"三期"或"五期"后方才收场。而在城里有的人家遇有丧事，也要搭灵棚。位置只能选在楼前的狭小地带或路对面。棚内点着长明灯守灵，一旦遇上个"七不出八不葬"的日子，或者为了等哪个人从远方往回赶的话，这守灵日期就难说要等上多少天了。到了夜晚，灵棚内灯光昏暗，棚子两侧排放着一个个花圈，一条条挽联，白花花一片中呼呼啦啦响个不停，过往行人无不心悸。其二是乱建坟地。有人的腰包鼓了，便考虑起"后路"，想起了"一件大事"。即：请会看风水的"先生"给相看相看，帮着选块"风水宝地"做祖上的坟地。也有人或生意蚀本或家无子嗣，为求财求子，便去请"风水先生"亲自相看自家的祖坟，问埋的是不是不正。"先生"自然知道其费此周折的心思，无不顺其心意大发一番感慨。得到"先生"的指点后，要做的就是选个"黄道吉日"迁祖坟。这等事关家族兴衰，子孙后代前程的大事，是听不得别人任何善意的劝阻的。其三是"隆重"发丧。一是摆车队，少则三五辆，多至十几辆，而且用车要上档次的。二是雇一支乐队或一群"喇叭匠"，在城里是出殡时吹吹打打一路，直至棺木封土为止。三是披麻戴孝，摔丧盆，打灵头幡，沿路撒纸钱，每过一座桥头必压上一沓纸钱，以此"为亡者开道，送亡者入天堂"。其四是烧纸、烧花圈。据统计，丧家为死者摆放的花圈少则十几个，多则几十个甚至上百个，每个抵挡的50元，高档的200元。殡葬部门透露，平均每位死者仅烧花圈一项费用就达三四百元，全市每年烧掉花圈18.5万个，年浪费1200万元，每天有3万元在火焰中化为灰烬。其五是设酒席。如此，办丧事的规矩也变了，开始摆酒席，而且要到有一定档次的饭店，以答谢众位的关爱。而到场者更是慷慨解囊，聊表心意。其六是谋求土葬。政府曾规定：城市居民亡故后必须实行火葬，乡村居民亡故后必先火化后土葬（回族公民除外）。但是，个别城市居民在老人亡故后，说是"父（母）"命难违，便到乡下投亲靠友，找人帮忙，想把老人的骨灰盒装棺埋葬。而有些乡村老人还是老脑筋，坚决不同意火葬，其子女在他们亡故后谨记老人遗嘱，于是，为掩人耳目，着实折腾了一番，实则偷偷将死去的老人土葬了。据统计，一个地级市年均土葬占地近3000亩，消耗优质木材1000多立方米。

综上所述的丧葬活动中的种种异象，其危害深重，影响恶劣。这种现象之所以长期存在，其原因不外乎四点。第一，在不少人的头脑中，还存在有多种封建迷信思想和腐朽的天命孝道观念。第二，许多人的攀比思想严重，即使在办丧事时，也要赶超别人，以此为自己争得面子，显示自己的"实力"和对老人的忠孝之心。第三，一些人尤其是小有职权者，贪心重，只想敛财，即便是遇上父母亡故这等不幸之事，也不忘趁着办丧事之机，大捞一笔。第四，宣传、管理的力度不够，执法不严。尽管有明文规定，坚决制止出殡摆车队，但仍有些出丧车队招摇过市，畅通无阻；尽管有明文规定，任何单位和个人不得生产、销售花圈，冥币，纸牛，纸马，纸人，纸冰箱，纸彩电等封建迷信的丧葬品，但是，那些花圈店仍旧营业，且生意红火，冥币也依然被摆上摊子，公开出售。

可见，要大力推进社会主义精神文明建设，早日建成全国文明城市，我们还必须下更大的力气，努力抓好殡葬管理工作。首先，要对全体公民进行文明消费和正确的孝道观念等方面的教育，帮助他们摆脱愚昧，提高思想觉悟，争当弘扬新风的楷模。其次，要强化对殡葬制度改革的宣传力度，使其扎根于每一位城乡居民的心中，并认真做好个别人思想政治工作，以一个人带动一批人，将"攀比"意识引向正确的轨道。最后，民政、工商、公安、卫生、民族、宗教、城建、土地等有关部门应当各负其责，并搞好综合治理，强化管理力度，严格执法，常抓不懈。

科学的悖论

——算命现象透视

改革开放以来，人们的物质生活发生了历史性的变化，社会主义精神文明建设也取得了重大成就。但是，物质生活的改善有时与精神文明的进步并不是同步前进的。时下，作为封建迷信活动之一的算命现象在基本绝迹了几十年后，又死灰复燃，并大有绵延之势。

A：占卜者——队伍复杂，花样翻新

过去的为人算命者，大多是眼睛瞎或有其他残疾的老头子、老太太，他们生在贫困而偏僻的山村，大字不识几个者众。如今，这支队伍在人数大增，但多半已将"根据地"由乡村迁往城市；城内的某些无业人员，生活困难者无所事事，见此行当既不需投本钱又不费什么气力，于是纷纷转向到这一行。目前，算命业的队伍日显庞大，人员的性别比例，文化层次，年龄等项指标都与过去大相径庭了。其中，有工人也有农民，有有工作的也有无业的，有在职的也有离退休的，有专业的有业余的，有家在本市的"坐地户"也有家住他乡的"游击队员"，有白字先生也有文化不浅的，有男性也有女的，有年老的也有年轻的，各不相同。

他们可通过看相、抽帖、批生辰八字等，给人测疾病、占卜吉凶、看财运官运……总之，一句话：只要你来问我，那么，你的生老病死，祖宗八代，什么都能给你算出来，而且你有什么"坎儿"，他还可以设法帮你"平"了。这些都是那些在街头巷尾招揽业务的"一线"算命者做的。比他们"水平"高些的同行一般不经常到市面上去，因为时不时地就有人前来，邀请他为其家看看坟茔地，或者盖房子时给瞧瞧风水什么的。再有"道行"更高的被称作"大仙"的人，则成年累月足不出户，但仍有许多善男信女们慕名而来，求医驱病、求子延后、求富贵、求平安……除此之外，近来又推出了一种新的方法，即利用计算机以现代科学工具算命。比如，有人租用大商场的一角，向过往者展示"诸葛亮推命法计算机软件"，神乎其神的。其实，软件中编排的无非是那些激励的套话，再加上血型、生命节律之类的内容而已。

B：求卜者——男女老幼，心态各异

占卜者的队伍之所以不断"壮大"，是因为有为数众多的人热衷于算命，相当崇信这一套。纵观求卜者的队伍，可说是男男女女、老老少少的不同年龄段的人都有，他们来自方方面面，怀着不同的心态前来问卜。

刚刚大学毕业，分配到某科研所工作的张君，自诩为"坚强的唯物主义战士"、"真正的无神论者"，多少年来一直对算命不感兴趣。不料，当他陪着新结识的女友逛街时却对广场中的算命摊产生了兴趣。她不仅自己算了一卦，而且非拉着他也尝试一把。无可奈何的张君拗不过便挺好奇地坐下了。一卦下来，张君不无欣喜，他觉得"老先生"说得又顺耳又实在。

相貌俏丽的夏小姐大专毕业，且家庭条件相当优越，在单位工作也干得十分出色。可是，她却有不少麻烦心事："软件"和"硬件"都很达标的她，在个人问题上却很不如意，好几个她挺满意的男士不是没瞧上她就是处了一段旋即告吹，这是其一；再者，工作突出的她，在评先进、评职称时却坎坷得很，心绪难平。出于种种原因，她不想和任何人谈这些，而是走向了算命摊，将满腹心事倾诉给了那位面目慈祥的"老大妈"。此后，夏小姐时不时就来这里，因为每来一次她的心情就能好上许多。

当然，有些无所事事、精神空虚的人，整日游游逛逛，大事做不来、小事又不愿做，心愿难遂，满腹牢骚，因而常常光顾算命摊，想看看自己哪天能来个"穷人大翻身"。再有就是小跑到她熟识的算命先生那里，结论是：M君是火命，N女是水命，切不可结合。尽管N女又哭又闹，但母亲坚决反对女儿继续与N君相处，并以自杀相逼，痴情的N女只得含泪斩断了与M君的恋情。

C:铲除迷信，任重道远

算命这一迷信活动的死灰复燃并不是偶然的，它有着深刻的社会历史原因。迷信、愚昧落后和科学、文明、进步是根本对立的。它腐蚀人的思想，败坏社会风气，妨碍城市交通，影响市容市貌，危害不浅。时下，算命活动屡禁不止，且愈演愈烈，已经发展成为一大社会问题，这是社会主义精神文明建设所不能允许的，必须高度认知，采取有效措施，下大力气坚决予以根除。

首先，要对全体国民进行科普宣传和唯物主义、无神论教育，以提高他们的科学文化素质和思想觉悟，早日摆脱愚昧无知的束缚，尽快走向文明进步的新天地。其次，要从青少年抓起，学校教育中要强化提倡科学反对封建迷信方面的教育内容，努力造就出一代"四有"新人，促使他们健康地成长。再次，新闻出版，广播电视等宣传媒体要治理整顿，对有关迷信的书刊等要彻底销毁，以净化文化市场，给人们提供健康向上的精神食粮。最后，交通、工商等有关职能部门要通力合作，搞好综合治理，对封建迷信活动严格查禁，严厉打击，只要措施得力，又坚持经常，积极开展宣传教育工作，对违反者毫不手软地惩处，那么在不久的将来，我们就一定能够将其彻底铲除。

警惕赌博综合征

据考证，赌博始于春秋战国时代。它延续了几千年，社会主义新中国成立后，党和政府命令禁赌，成效显著。但是时下，建国后几近绝迹的赌博又死灰复燃，且愈演愈烈。它在地域上已遍及大江南北，城市乡村，充斥于单位、家庭及公共场所；参加者有工、农、商、学、兵，普及到男男女女和老中青少幼各个年龄段，赌具多种多样，已从麻将、纸牌、骰子发展到电子游艺机；赌资越来越大。现钞、股票、金银首饰、高档家具等都被当作赌注押上。仅去年全国公安机关就查获赌博案件37万余起，查处参赌违法犯罪人员147万余人。赌博，已猖獗到了极其严重的程度。

本来，作为一种娱乐方式，"筑长城"，打扑克等，只要适时适地，是有益于身心健康和智力锻炼的。但如把金钱灌注其中，凡玩必赌，便是有百害而无一利了。

赌博也会像吸毒、吸烟一样成瘾。有的人天性好赌，以此为业；有的人则是被"拉郎配"，而一次尝到甜头，便兴趣倍增，久而久之就上了瘾。因此，有人给赌徒画像道：双目圆睁、牙关紧闭、双手痉挛、全身哆嗦、出气不匀、心脏乱跳、狂喜难禁、涕泪滂沱；玩忽职守、旷工废业、废寝忘食、日以继夜；搜箱索柜、东挪西借、债台高筑、不思悔过；同仁不齿、亲朋侧目、子散妻离，身败名裂。总之，赌博不仅损害人的身心健康，而且因赌场失败导致倾家荡产、杀人越货，负债自尽，妻离子散的悲剧屡见不鲜。同时，它还严重地污染了社会风气，直接危及社会治安的稳定。可见，赌博这一"恶魔"已成一种社会瘟疫，一大社会公害。

其一，赌博者想赢怕输的心理使之机体处于高度紧张状态，大量消耗了体内能量。

赢了钱激动、狂喜；输了钱颓废、沮丧，易打乱机体平衡机制，瓦解自身防线，损害内脏器官，导致中风心肌梗塞等病症。据报道，心理持续高度紧张者，高血压患病率比一般人高4倍，因心血管病死亡的危险性是正常人的2倍。而且，持续的紧张心理还会降低机体对病毒细菌的抵抗能力、降低机体对癌细胞的识别和围歼效应。通宵达旦地玩而不止，很容易诱发高度血压、心脏病的老年人的旧疾，甚至造成猝死。1988年奥运会前，跳高新秀胡某在一次"麻将夜战"中反败为胜，大笑不止导致心血管破裂而死。二十几天前，九台市一位60多岁、身患高血压等症的李姓老太太在牌桌上连熬了几夜，突感头昏胸闷，刚退下不久便命归黄泉。

其二，赌博者一旦上瘾，便会有班不上或心不在焉，影响工作、生产、甚至导致事故发生。

下班后又勾魂般地直奔"据点"，半夜不归或几日不归，置家庭、妻儿老小不顾，同时多会使自己辛辛苦苦挣来的血汗钱输个精光，为筹资捞本，常向人借债或偷拿家中财物，从而导致夫妻不和，感情破裂以致离婚。据有关部门的调查结果表明，目前，我市因赌博导致离婚的比率有上升的趋势。

其三，有一方嗜赌而致夫妻不和睦及至家庭破裂，必会使子女的身心受到伤害，或性格孤僻或生活无着，或失学或流浪街头。

若夫妻二人均爱玩，不顾家，孩子的学习，生活和成长都会出现问题。若他们再将"麻友"带回家中，连喊带叫，又抽烟喝酒，整夜挑灯"奋战"，噪音、烟酒、"长明灯"会导致孩子失眠，视力下降，肺与气管发生疾病，学习成绩下降，身心健康受损。更为严重的是，孩子常生活在这种环境中，会因被熏染而慢慢学坏。或偷父母的钱出去打游戏机，买好烟买好吃的，或纠集一伙同类的小哥们而模仿大人聚赌。有些孩子家长在某些时候还似炫耀似的鼓励孩子上场作自己的替手。殊不知，这一切都在毒害着孩子，为其走上歪路埋下了祸根。

其四，赌博场设在单位，家庭和某些公共场所，严重地败坏了党和政府的形象，污染家庭小环境和社会风气。

由于某些职业赌棍在桌上耍花招，一些不带赌资或身无半文的无赖输钱不给或借钱不还等原因，赌场因打架斗殴、伤人杀人事件屡屡出现。因续赌无资，急红眼、丧失理智，四处盗窃，拦路抢劫、入室杀人越货者不乏其例。据市有关部门的负责人反映，因聚赌豪赌而引发的诸如此类的违法犯罪案件一年竟达数百起，严重地扰乱了社会治安和人民生命财产的安全。

以上，由赌博所引发的综合征之害，昭然若揭。有关职能部门要依法进行综合治理，大力开展舆论宣传和思想教育工作，引导广大群众积极投身于健康、向上的文化娱乐活动之中，赌博——这种沿袭久远的社会痼疾必将会被铲除。

呼唤秩序安全文明
——关于交通安全的话题

交通是城市的"动脉"，其畅通有序与否，直接影响经济发展、社会安定和人民生命财产安全，反映一个城市的整体形象和市民的文化素质。应该承认，近几年来，在各级党委和政府的高度重视下，在交通部门的努力和其他有关职能部门的积极配合下，城市的交通状况有了很大改观。但是，由于诸多因素的制约，在市内的某些路段仍然存在着秩序混乱、交通阻塞的现象，成为妨碍社会发展和危害人民群众生命财产安全的一大公害。城市交通，业已作为一大社会问题被提上重要议事日程，它在急切地呼唤着秩序、安全和文明。

A: 管窥交通

假如将时间选在早晚上下班前后，将地点选在某些繁华路段，尤其是十字路口，映入眼帘的是四面八方的车流和人流，伴着吼叫声、熙攘声，如老牛一般向前挪动着，一齐向路口涌来。其间，有闯红灯的，有逆行的，有串道的，有见空就钻的……车挨车，人挤人，车人相间，交通警察的哨声和喊声早已被喧嚣的嘈杂声所淹没。面对违章者，交警不能视而不见，而一旦上前盘查，往往由于违章车辆停在路中间又造成新的更大的阻塞，因此，他们只能是根据情况，尽力疏通。这样，由于力所不能及，十字路口在上下班的高峰期秩序混乱、交通阻塞的现象经常出现。

在城市交通中，各种车辆表现如何呢？谈到市内交通工具，首当其冲的便是"小公共"。车主在金钱的诱惑下，不管何地，也不管车里有多挤，见有人招手就停车，有客就拉，于是，有人下车，也便随叫随停了，致使不按站点停车的现象相当严重。由于乱停乱站，致使其他车辆和路上的行人时常被吓出一身冷汗，妨碍了交通的正常运行。此外，"小公共"为了抢生意，互相抢行，你超我，我追你，互不相让，不仅苦了车内的旅客，摇得人东倒西歪，前拥后撞，而且造成险象环生，酿成车祸的事时常发生。

出租车也有一支庞大的队伍。它们与"小公共"一样，随叫随停，走街串巷，说不上什么时候就停下了，也不知什么时候就冲出来了，所以，给其他车辆和行人带来的危害在所难免。尤其到了晚上，出租车生意到了黄金时间，因此，为了多拉几次客多挣钱，闯红灯便成了平常事，所以事故频发。

再者，人力车也是路面上的一主。它在下坡时驶得飞快，咣咣当当地响，特别震人；时而突然踩刹闸，响声刺耳且吓人，一路呼啸着从你身边驶过。而在上坡时，它又慢吞吞，如果遇有狭窄路段，则身后的人或车都只能耐着性子静候它在前边一步一步地挪行。

还有，自行车作为市民最普遍的交通工具已经司空见惯了，自行车族敢与所有机动车辆相抗衡。他们倚仗人多势众，在任何路段都敢横冲直撞，如入无人之境。据路口的交通协管员讲，遇有红灯，尽管又摇旗子又吹哨，但仍有一些骑车者视而不见、听而不闻，一往直前，喊也不回。那些停下来的人，也根本不遵循"车不压线"的规则，大言不惭地将车子骑过线，并快速向前滑行，不一会儿就滑到了十字路口的中间，基本上不看红灯是否变化，也不看侧面机动车在飞速行驶，目不斜视，有空就想钻到路对面。由于骑车者闯红灯，或骑逆道，或骑车带人等原因，阻碍交通的事比比皆是，而由此造成事故的，占所有事故的80%。

行人，在城市交通中也充当了一个不很光彩的角色。不少行人为了图方便、少走几步路，根本不走过街人行道，简直就是想从哪儿过路就从哪儿过，对机动车和自行车瞅都不瞅，悠然穿行，毫不顾及身后刺耳的刹车声。还有的行人行至路口红灯处，趁自行车等停行之际，抢上一步，直奔路口，瞧空子就穿过去，一点都不耽误自己的事，至于误不误其他人的事，那他就不管了。难怪汽车司机说：真是时代不同了，现在的行人最厉害，既不怕汽车，也不怕自行车，更不怕警察。

B：问题的根源

首先，人多车多路少是产生交通诸问题的客观因素。以长春市为例，目前，市内各类车辆总数已超过10万辆，而且每年以15%的幅度递增。但是，长春市的公路容量是按三四十万城市人口设计的，而现在市区人口已激增至300万人左右，公路容量从建国初期至今40多年间，增幅仅为3%左右。而且，就是如此有限的路面，有时还被一些不法建筑所侵占，被一些商贩摆摊做买卖占去了一部分，某些司机还将车长时间停在交警看不到的路上不动。这些人为因素，更加剧了路与车与人的矛盾，致使交通阻塞严重，交通事故不断。一份长春地区1995年4月份交通事故调查表显示：事故48起、死亡35人、受伤20人，直接经济损失29万多元。

其次，广大市民尤其是司乘人员的技术水平和法律素质、道德素质差，是产生交通诸问题的主观因素。多少年来，"右侧通行"、"红灯停、绿灯行"、"一慢二看三通过"交通规则从孩童时代便开始灌输，但时至今日，仍有许人一走到大街上、便一心只图个人方便，将交通规则置之脑后，于是，闯红灯、随意穿马路、跳护路栏杆等等不遵守交通法规的不文明行为便出现了，这不仅是对自己不负责任，更危害到他人，损害了整个社会的秩序和文明。

纵观数量巨大、种类庞杂的车辆，其本身内在的隐患且不讲，就是一眼便可查到的问题也是不少，如缺少倒车镜、转向灯，灯光、制动、转向不良、无保险杠等等。加之于车辆的激增，一些司机的驾驶和维修技术较差，但在利益的诱惑下，急匆匆地上岗，所以违章者、肇事者众。据长春市交警支队对驾驶员的调查表明：有30%的人不懂交通法规，有很大一部分人有章不循，违章后不服管，肇事逃逸者高达15%。车辆性能较差，驾驶员的技术水平和法规素质、文明素质较低，是交通问题迟迟不能根本好转的最重要的内容之一。

实际上，由司机和行人构成的市民群体，其文明行车、行路的素质较差，又体现在如下几个方面：一是秩序意识差。出门赶路，谁都想早点到，若想都不耽误，就必须共同遵守交通规则，每个人只图自己方便，根本不考虑别人，势必欲速而不达。比如，开汽车的怕骑自行车的，骑自行车的又怕走路的，这是完全违背交通法规精神的。秩序更无从谈起了。二是自律意识差。日本的车多，但路上少有交警，他们主要是靠驾驶员和行人自觉遵守交通法规的意识来维系交通秩序的。我们则不同，在交警下班后，晚上司机闯红灯者数不胜数。三是互助意识差。公共汽车途中因故抛锚至路中央，需要大家推一把时，众人下车或袖手旁观或一哄而散，听任其"卧"在道上影响人车通行。四是礼让意识差。原来的"礼让三先"、"宁停三分不争一秒"的观念，如今在许多司机那里走了调，他们是争道抢行，互不相让，场面可谓惊险。五是发生事故双方互相指责谩骂，行人动辄围观，造成人为的交通阻塞。

C：解决的对策

首先，要向全体市民强化交通法规和交通安全的宣传和教育。在公路建设不可能近期内取得重大进展的情况下，人的主观能动性将起到至关重要的作用，所以广播、电视等新闻媒体要加强宣传，学校要强化对青少年的教育，各部门要通力合作，在社会上造成一种人人遵守交通法规的强大声势。其次，要对驾驶员进行全面培训，提高其技术水平，增长其法律意识和文明意识，做到文明行车，确保交通安全。最后，管理者要秉公执法，对违章者严厉处罚，决不姑息宽容。相信经过不懈努力，市民素质会不断提高，管理水平也会更加到位，城市交通定会向着秩序、安全、文明的目标迈进。

/ 教师群体的社会缺失与社会不适

/ 教师群体的标志性社会缺失 /

面对如此开放复杂的社会,思想单纯观念保守、教条呆板拘谨内向、社交狭窄生活内容单调、爱好不广特长不特、自由时空有限、办事能量不大、经济实力不强、综合素质下降、整体形象不佳、能力跟进不力等内在因素制约,成为教师的标志性社会缺失。

社会学指出,人的社会性是人的社会化的产物。所谓社会化是指作为个体的生物人的成长成为社会人,并逐步适应社会生活的过程,成为合格社会成员的过程。社会化包括两方面含义:一方面是个人接受社会经验的影响,内化社会的行为准则,掌握社会生活知识技能;另一方面是个人积极参与社会生活,介入社会环境、参与社会关系,再现社会经验。[1]然而教师这个特殊群体却因为一些外在与内在的因素而出现了社会性缺失。

思想观念相对单纯保守 /

教师思想主要内容有教师热爱祖国,关心社会主义建设。我国知识分子历来就有

---

[1] 郭彦宇.论教师的人际交往能力[J].辽宁教育研究.2004.(5)

爱国主义的优良传统。现阶段我国的知识分子已经是工人阶级的一部分,是国家的主人,同时,教师具有较高的文化水平,他们有强烈的主人翁意识和历史使命感。主要表现为他们具有坚定的共产主义信念、强烈的爱党爱国之情以及勇于坚持真理、自觉传播马列主义推动社会进步等。这种政治素养对教师素质起着决定性作用,对学校的教书育人工作起着决定性作用。

教师的这一思想特点,会促使他们自觉学习党的路线、方针、政策,主动认识社会主义建设,用马克思列宁主义、毛泽东思想、邓小平理论、"三个代表"思想、科学发展观来调整自己的思想,规范自己的行为,使自己的思想行为适应改革开放的浪潮,适应社会主义事业的发展。人民教师是我国社会主义建设大军中一部分有觉悟、有文化的成员,他们用自己的思想、品德、才智,直接从事培养接班人的工作,因此,他们应该树立远大的共产主义理想,坚定的共产主义信念,具备这一点,可以通过每一个教学环节去对学生施加这种影响和教育,用共产主义理想之光去照亮学生的人生之路、奋斗之路,用人类最先进思想和优秀文化成果武装学生,建立起科学理论体系和知识结构,这是教师思想政治素质的重要内容,也是完成教书育人工作的首要条件。[1]

忠诚党的教育事业,具有奉献精神。教师是一种需要奉献精神的职业。广大人民教师热爱教育事业,甘于为祖国默默奉献,乐于为祖国的教育事业奉献自己最大的精力和能力,为培养出能够建设社会主义人才而不断努力。教师被比喻为"蜡烛",燃烧自己,照亮别人;教师被比喻为"春蚕",用"春蚕到死丝方尽"的奉献精神承载了教育的大业;教师甘为人梯,用自己的肩膀支撑起祖国未来青年攀登的新高度。正是教师这一单纯为国家,为社会,为教育事业奉献的精神才有了我国现代教育事业的蓬勃发展。

然而教师思想仍然存在一些问题,教师关心国家大事,但是有时候对待问题会产生片面、模糊的想法,不能对国家大事形成正确的观点和看法;也有一些教师受社会

[1] 郑贞勤.谈教师的思想政治素质与教书育人[J].党史博采.2006,(12)

上不良风气的影响，不注重自身思想道德的培养，片面地强调个人价值，过分地看重个人的名利，滋生个人主义思想。对于这种情况，就需要对教师深入进行党的基本路线教育，进行思想道德建设，同时运用马克思主义立场、观点和方法指导自己，树立正确的集体主义价值观，正确看待个人利益与集体利益的关系，把个人发展与集体发展联系一起，在满足集体利益的前提下，实现个人利益。

虽然新的教育改革已经实行了一段时间，但是一些教师仍然不愿意改变传统教学观念，因此束缚了自己的思想。还有一些教师不能很好地适应教育改革以来的变化。再加上教师生活单一独立，人际交往圈子狭小等因素，每天重复单一的相对枯燥的工作内容，所以思想也相对于外界丰富、复杂、开放的思想保守一些。一些教师害怕解放自己的思想，怕犯错误，怕出毛病，怕领导责怪，同事嘲笑。即使对学校建设和教学有很好的建议也不敢提出。还有的教师主观上不愿意解放思想。认为解放思想是国家教育部门及领导的事，自己只要稳妥地按照领导指示办事就可以了。可是在现代社会改革中，一切事物都是变化发展的。人们的思想受外界影响也会发生变化，我们的教学观念、思想也应该开始改变。一个教师教学思想的保守，学生就不能站在主动的位置，缺失对新鲜事物的探索积极性，怎能具备主动获取知识的能力。而且思想保守对改进教学方法有一定的桎梏，不利于学生接受先进的教育教学理念。所以教师要解放思想，改变传统的思想观念，多学习，多钻研，走出去，引进来，开拓进取，与时俱进。解放思想就是"在马克思主义指导下打破习惯势力和主观偏见的束缚，研究新情况，建立新体制，解决新问题。"具体来说，一是"敢想"：教师要解放自己的思想首先就是乐于思考，敢于改革。思考是成功的前提，只有一个人善于思考，敢于在已有的经验基础上，思考新的方法，调整思维方式，才能掌握新形势下的教学技巧，总结出创新性的工作经验、工作思路，满足学生和新时期的教育工作要求。二是"敢做"：教师工作是要将理论转化为实践。一个优秀的教师，必须有敢于实践，勇于创新的精神。新课改理念已经深入人心，教师要适应时代的发展, 主动接受挑战, 勇于探索, 成为敢想敢做的新时代优秀教师。三是"敢于转变": 教师要顺应形势的发展, 转变观念。传统的教学方式和教学观念已经不能适应当今时代的变化, 也束缚了教师和学生的发展。新形势的发展要求教育观念必须改革, 教育方法也必须改革, 如果要解放思想必须首先转变自己的观念, 勇于改革、勇于创新。

教条呆板拘谨内向 /

进入21世纪, 中国政府把教育摆在优先发展的战略地位, 提出了"科教兴国"的战略方针, 不断深化教育体制改革, 加强素质教育, 坚持把普及9年制义务教育和扫除青壮年文盲作为教育工作的重中之重。"尽管新教学改革在如火如荼地进行, 素质教育喊了很多年。可是现代教育仍然存在弊端。很多学校还是在实行着应试教育。教师教学形式应该是开放式的, 课堂气氛生动活泼, 师生互动热烈。学生乐于思考, 积极探索。教学形式和方法应该是灵活多变的, 师生情感也应该是轻松愉快的。然而, 现实的教学就是很多学校为了升学率而使学生以考试为中心, 以考分为目标。这样的形式导致出现试卷教学的特点, 特别是初三和高三的学生, 教师每周每月都有考试, 平时还有很多测验, 教师拿着卷子讲课, 学生以做题为学习。对于被禁锢了的知识, 教师也只能牵强附会, 自圆其说。教师的教学形式也开始单调呆板, 拘谨内向。双方的教学过程是纯粹的传授知识与传授考试经验的过程, 师生感情也受到了严重的禁锢。不仅如此, 连教师的言谈举止, 甚至教师的日常表情, 都因为受到工作的影响而教条呆板起来。

社交圈狭窄生活内容单调 /

教师所处的环境是相对封闭的, 由于对学生管理的要求, 有的学校实行"坐班制", 更有甚者要求教师与学生同住宿舍以便于管理, 那么教师的工作环境除了教室就是办公室和家庭，对外界交往接触的机会少。教师的工作非常单一，生活也非常单调，教师除了上课，就是备课，批改作业，批改卷子，督促学生完成学习任务，然后回家休息。这样他们缺乏与社会沟通的机会和能力，久而久之，教师就会出现社会性缺失。

教师交往的人比较固定，主要就是学生、家长、同事、领导及其他教育工作者。他们与外界的联系很少，特别是中小学教师交往范围存在一定局限性，而很多班主任大部分时间和精力都放在班级内即教学管理，大千社会往往与围墙内的他们处于相对隔离状态。教师与教师交往的特点主要有地缘和业缘交往，志缘群体与趣缘群体交往。中小学教师之间的交往主要表现在担任相同学科的教师之间的交往和相同年级教师之间的交往。即业缘和地缘的交往。因为，中小学的办公室一般都是按照学科或者是按照年级而分配。同一年级的教师和担任同一学科的教师之间更容易产生沟通，接触得会更紧密。同时担任相同学科的教师之间会因为教学内容与方式相近而专业交往频繁，因此形成他们在学校同一年级和担任同一学科为媒介的业缘关系。教师作为知识分子，与人交往时，较多地注重志向与兴趣，由此而组成自己的志缘群体和趣缘群体，而相对忽视与志向、兴趣不一致的人的交往。教师在交往的时候愿以有共同语言、志同道合的人为伴。这种对于更注重精神交流的群体虽然能显示出一个人的思想境界与人生格调，但是教师在追求思想境界提高的同时也失去了许多与外界交流的机会，形成了封闭的社交圈。没有与广大的人群交往，必然丧失了很多信息的来源，对于他人的生活领域、性格特点，习惯趣味、知识能力都没有很好的了解，从而就更失去了共同语言，能够在一起交流的话题越来越少，久而久之，教师则开始发出"知己难求"的感慨，从而造成教师交往方面能力的缺失。

由于多种原因，现职教师参与社会公共活动的几率小，体验欠丰富。记得以前有一个民间流传甚广的题为"十等人"的顺口溜，把教师称为第九等人，说什么"九等人是教员，山珍海味认不全。"这虽有些夸张，但也确实指出了教师的社会视野、业余生活等方面的尴尬与无奈。教师社交圈狭小和生活内容单调的这方面社会缺失给教师身心带来不好的影响，久而久之，教师的封闭状态不但不能对教学有任何提高，而且也容易封闭了自己的意识，所以教师要提高教师的人际交往能力。教师们要建立良好的人际关系，就必须做到以下三点：第一，教师之间应该加强交流，互相听课，增进交往，共同进行教学研究活动，沟通信息，取长补短。第二，教师之间要谦虚谨慎，互相学习。第三，教师之间要互相尊重。[1]郭瞻宇认为，教师工作的特点决定了教师的人际交往与一般人的人际交往既有共同之处，也存在差异。因此，教师要做好教育教学工作，可以从关注、关心、倾听、了解、理解、尊重等多个方面锻炼和提高自己的人际交往能力。[2]尤为重要的是，要有走出小天地、走向社会大舞台的愿望、胆量、自信，敢于面对挫折，勇于经受锻炼，善于总结经验教训，才能不断提高自己的社会交往能力。

爱好不广特长不特

爱好是指人对于对某项活动有浓厚兴趣并积极参加，认真练习，经常参与，时间长了可能成为生活的习惯。特长就是指在某个领域或技术方面，有着独特的见解和解决手段，一般人很难达到的。成就这个特长的可能是因为工作，生活的需要而逐渐练成的，也可以是因为爱好或喜欢。爱好不一定具有专业性。教书是事业而不仅是工作，教学外，培养一些兴趣爱好，形成特长也是对于教学工作非常有利的，更有利于提升教师素养。教师可以练习书法，练习写作，练习演讲，练习画画，练习电脑操作等等有益身心健康的爱好。这些也会在无形当中给自己的教学活动带来好处。比如，良好的爱好会帮助教师充分利用时间，怡情养性，提升自己的品味，完善自己的修养，也可以影响学生，不仅向学校和社会展示自己，也可以向学生展示自己，成为有个性、有特点的教师，这样会给学生带来深层次的印象，树立威信。教师有兴趣爱好或者是特长也

[1] 徐林合.教师的人际关系种种[J].新疆石油教育学院学报.2001,(1)

[2] 郭彦宇.论教师的人际交往能力[J].辽宁教育研究.2004,(5)

可以在校园文化建设中展示自己，校园活动丰富多彩，校园文化气息浓烈，人际关系交往和谐。教师有自己的爱好特长，既有利于自身的身心健康，还可以影响他人，可以在学生面前形成榜样精神，还可以同领导和同事产生更多的交流话题，何乐而不为？

常言道："亲其师，方能信其道。"说的是学生只有亲近和尊重他的老师，才能更好地接受老师的教育。如何让学生亲近老师，对老师而言，除了专业素养、职业道德素养之外，还有一个不容忽视的素养，那就是特长。教师特长可以在一定程度上融洽师生关系，塑造自我形象，激励学生积极性，从而课堂教学效率高，教学效果更佳。

何谓教师特长？"教师特长是指在教育教学过程中，教师所特别擅长的可以辅助提高教学效果的某种技能或技艺。"教师特长从职业性质来划分，可分为专业类特长与非专业特长。专业特长，顾名思义就是指可以在学习上为学生提供直接帮助或在教学过程中能起到改善教学氛围和提高学习效果的特长类型，比如朗诵、写作、知识等自己学科方面有特别的优势。非专业特长比如体育、唱歌、下棋等等。

其实，每个老师都是有特长的。教师所从事的专业就是教师的特长。很多老师在教学活动中都有自己的特色与优势。有的老师语言流畅清晰，有的老师思维严谨灵活；有的老师亲切幽默，有的老师亦庄亦谐；有的老师语调抑扬顿挫、情感真挚，有的老师板书优美工整、布局合理；有的老师博古通今，有的老师才华横溢。老师在教学过程当中，要充分展示这样的特长。在教学活动中，教师的特长会在无形当中对学生形成暗示，使学生开始模仿。老师所展示出的这些特长，学生都会当作自己成长的方向。但是，不可否认，专业课有时候是比较枯燥的，而有时候吸引学生学习专业课兴趣的往往是这些专业课之外的东西。

当然，精深的专业素养是最重要的，这是专业老师的立身之本。然而，发展专业素养和发展特长素养是不矛盾的。并且不但是不矛盾的，而且是相互促进的。爱因斯坦是一个伟大的科学家，爱因斯坦也是一个优秀的小提琴演奏家，这个特长和他的科学研究一点都不冲突，反而，拉小提琴成为他在繁重的科学研究时调节身心的一项重要活动。教师工作内容相对来说比较单一枯燥，交往范围相对狭小，教师要使自己的生活丰富多彩就要培养自己的爱好和特长，在生活中展现不同的自我。我们在专业之外，也要为自己创造条件，发展自己的特长，用心热爱自己的生活，做一个生活的多面手，做一个有魅力吸引人的人。

因为具备了高深的专业素养和高尚的职业道德素养，是成为一个合格老师的前提，但是教师只有高尚的职业道德素养和高深的专业素养是不足以在自己的教学活动中形成自己的特色和个性的。此时，教师特长可以帮助他在教育教学过程中绚丽多彩，教师特长作为教学辅助，不仅帮助教师完成教学计划，同时也可以带动整个课堂的积极性，并可以使教师自身获得满足。

教师特长所具有的作用：一是引导性作用。教师特长，比如有良好的书法水平，有敏捷的思维能力，有活跃的运动细胞，有优秀的朗读技巧，有较高的音乐素养等等都会让学生对教师产生崇拜倾慕的感情。这样学生就会在教师的特长暗示中对该教师的所教学科产生兴趣，这种兴趣会激发学生对学习的渴望并为之努力。学生由于对教师的倾慕，从而对自己感兴趣的教师特长进行模仿与学习。教师可以根据不同学生的特点帮助他们在自己爱好特长中，更好地发挥自己的优势与长处，因材施教，善于引导。同时教师的这类特长还会间接影响学生对于相关特长方面的热爱，比如一个教师的表达能力特别强，那么学生也有意或无意地锻炼自己的表达能力，表达能力又要通过自己的语言表达能力或者肢体表达能力来锻炼，进而可能对于表演方面产生兴趣，教师要很好地引导这种兴趣与特长的方向，为学生的成长成才起到启蒙和开发的作用。二是辅助性作用。教师教学风格的形成，基本的模式就是以一定的理论为指导，形成一定的风格。教师从自己的个性特点着手，逐渐形成自己的教学个性，形成自己鲜明的教学风格。所以，教师特长对于教师本身的教育教学活动会有一定的辅助作用。教师也会因为自己的爱好特长不仅在教学方面，而且在品格方面得到同学和老师的认可。三是教育作用。思想教育是多方面的，教师的特长本身也可以给学生带来隐性的一些教育作用。学生通过感受到教师特长的魅力和教师本身的魅力，会激发自己学习的动力。教师的特长也可能会和学生本身的爱好相同或相近，这样更增加了师生交往和交流的机会和话题，教师更可以借此加强对学生的意志性教育，在与学生共同努力的前提下，坚持自己的爱好与特长，进而引申到学生的学习生活，人生道路上的选择与坚持上。

教师在展示自己特长的时候也要注意，不能让特长喧宾夺主，特长是教师在教育教学过程中起辅助性作用的。一堂课内教师如果要运用自己的特长就一定要有限度，有节制，要以教学内容为主，同时要合理安排自己的特长，如果运用到课堂中来。切不可自由发挥。如若喧宾夺主肯定会适得其反。同时自己的特长如何融入到教学中，融入的过程有可能会发生的问题，还有学生会在课堂中怎样表现都要很好地把握。如果不能起到激励作用，那样只能是浪费精力。另外，教师具备教学特长的潜质，不等于一定会成为教师的教学风格，这需要经历一个漫长艰苦的教学理想的追求过程。

爱好与特长是教师创造性地完成教育和教学工作的重要心理品质之一。这种爱好与特长不仅促使教师接近和了解学生，研究学生心理发展和学习规律，并寻求更有效的教育方式和方法，而且促使他们积极地钻研专业知识，研究教育课题，更新知识，思考新的教育方法，以形成自己的教学特色。所以教师的爱好与特长要很好地把握与坚持，也要融洽地运用到自己的教学当中。

自由时空有限 /

自由是人生来就有的权利，是人类价值的最高和集中体现，也是人们在追求生命本真的过程中一种内在的力量。[1]教师是社会中的个体，也是基于人作为主体与社会中的各种主体构成主体与主体的关系。作为主体的人，生活在现在多层次、多领域的错综复杂的社会关系中。自由也就表现在各个方面。自由是生命的内在要求，在教学活动中，教师是引领者、示范者，教师只有自身有了充分的自由，才能更好地发展生命，学生才有可能在教师的指引下发展自己。教师的自由，主要包括生命自由、精神自由和社会自由。

第一，教师的生命自由。生命对于人类生存来说是最根本的，而作为人存在的根本，自由又是一种最基本，最不可缺少的品质。教师必须要有生命的自由，否则社会的民主法制将变得毫无意义。然而这种根本的自由权利在实际的现实生活中却有些尴尬。实际的生活工作中，教师承受着来自各个方面的压力和束缚，缺少个体的自由，或者说是自由时空有限。教师的自由应该具有独自、自主、超越的特点。这样自由意义才变得鲜明、生动。教师只有在生活和工作中没有外力的阻碍和强制时，他才是自由的。教师的生命自由有三个层次，第一个层次就是教师追求稳定的个体生命。教师在追求生活与工作时是以稳定为基础的。稳定目标是初级的，也是最低层次。教师要在工作中追求零失误，追求最稳定的教学状态，那么在工作中就会顾虑很多，被束缚手脚，成为"带着铁链跳舞的人"。在这种状态下，教师就不是真正自由的。第二个层次是教师在有了稳定的工作状态后会追求下一个目标，向更高的层次努力。教师开始追求更高层次的自由。然而在教师自身的思想水平和实际工作中理论与实践相结合的能力缺乏，教育教管部门、学校教管部门的阻碍，还有教师自身素质的标准不够的情况下，教师个体要得到完全的自由是不太可能的。第三个层次，教师追求自由的过程中，经历了最初的稳定的阶段，积累了丰富的工作经验，开始独立成为一个具有丰富经验的，思想独立的教育者。在追求第二层次自由的过程中，教师会由于自身和外在因素的制约

---

[1] 宫顺升.教师自由的遮蔽与重现[J].教育科学论坛.2009，(3)

而在这个过程中走得比较艰难，但是教师在这个过程中，教学工作的熟练程度和工作经验进一步丰富，教师在这个时期锻炼与成长的效果是最明显的。之后教师开始追求了第三个层次的自由，也就是个体生命自由的安全。教师在这个阶段是不能满足自身过去遵循旧有的教育理论与教育观点，开始在实践的教育教学活动中，不断地开发自己的理念与方法，并把这种自由表现在课堂教学中，我们在现实的社会中也可以看到，越是经验丰富的，有自己独自的并且优秀的教育理念的教师受到的思想束缚是越少的，生命自由也达到了非常高的层次。

第二，教师的精神自由。要做一个自由的人，必须要有自由意识，只有具有精神自由的人，才能具有创造性和追求真理的主动性。精神自由是人类追求自由的最终目标。但是人与人是有差距的，教师追求的精神自由的程度也是不同的。由于个人素质自身条件的先天因素和周围社会环境、家庭环境的外在因素的影响，人们在知识水平和能力水平方面都有差异，那么对外在的认识和自我发展方面也会出现差异，这样造成了个体追求的精神自由的层次高低不同，教师能够追求得到的自由度也是有差异的。教师精神自由的内涵也可以理解为教师的个性自由。教师的精神自由主要表现在专业发展的自由和实现自我的自由。"人的自我实现是人的生命的一种内在规定性，人的生命的发展就是不断地自我否定和超越，从一个个实然状态走向应然状态。在此过程中，人的个性——现实的个人在活动中表现出来的特异性，不断地表现出其自主性、能动性和独创性特点。通过自己的意识把自己的内在本性的需要反映出来，形成意志，并在自己的活动中将这一意志加以贯彻和实现。"[1]这就使得人的生命获得了真正的发展，即实现了个性自由。追求精神自由不是主体精神对外部世界的全部改造，也不是主体精神与其他主体精神的本质区别，而是教师主体在对自己固有内在本性的承认和认可的基础上，对其转化为精神上的超越和追求。教师精神自由主要体现在以下

133

[1] 陈小鸿.论人的自由全面发展[M].北京：人民出版社，2004.

两个方面。首先，追求精神自由。表现在人包括认知能力和实践能力等各方面能力从低到高，从片面到全面，从小到大的提高与拓展。教师的自由表现在教师各方面能力的提高与拓展，具体表现在教师的专业领域。教师专业发展是教师的专业素质不断增长的过程，是教师专业结构不断完善不断丰富的过程。作为一名教师，在立志成为一名教师的同时就要认识到教师职业的特殊性与重要性。为成为一名优秀的教育工作者而不断追求，在自己的内在固有本性基础上，开发挖掘自身的潜力，提高自身方面素质，使自己走向成熟。"使教育教学充分展现自我的生命，让他把自己的个性、价值观、态度融于教学过程中，使教育教学成为生命的创造"。[1]要想从一个新手成长为一名成熟的教师，就应在语言表达能力、课堂管理能力、处理教材的能力、处理突发事件的能力、科研能力、人际沟通能力、自我反思能力等方面进行不断地训练。其次，这里教师的精神自由主要包括思想、文化、情感、自尊等方面的需求。教师精神自由就是要不断地向更高层次的精神高度不断提升，不断否定自己，肯定自己，超越自己。表现在教师不能只把教育教学只当作一种生命需要，还要体现自己的生命价值。把它看成是另外一种自我生命成长的过程。教师是一种既崇高又富有创造性的职业，但是现今出现了一些教师对教育规律盲从、墨守成规、故步自封、止步不前的状态，这都是教学个性不鲜明和教学艺术不成熟的表现。教师在追求精神价值的同时，也就是将自己个性特点，教育观念，审美修养贯彻到教学的过程中，形成鲜明的教学风格，实现鲜明的教师个性特点，气质与审美修养等。这个过程表明了教师独特的教学风格，在教育教学活动中呈现出游刃有余的自由的状态。

第三，教师的社会自由。教师的精神自由是对教师遭受到的强制与不合理的束缚的挑战。但是教师是个体生命，是存在社会中的人，没有人可以脱离于集体独立存在于社会中，教师必须接受社会的规则制度的约束。教师所追求的自由不应该只存在于

[1] 冯建军.论教师生命发展的策略[J].当代教育科学.2006, (10)

自身。狭隘的追求自由会使教师脱离于社会，教师的自由应该上升到社会的高度。这是人更高层次生命的追求。社会自由，是人在社会领域中的自由，是人们按照自己在社会关系体系中所处的地位和权利，在不妨碍他人的地位和权利的条件下，能够按照自己的意志和愿望自主行动，从而实现自己利益的状态。教师的社会自由是人与人之间在特定的关系中的平等交往。教育中，教师的社会自由主要表现在教师与领导、教师与教师、教师与学生的关系中。在教师与领导的交往中，教师应该有对领导拒绝的权利。事实上，很多教师对于领导分配的额外任务不满意，但是又惧于领导权威，不好拒绝。其次，教师自由还表现在不能很好地在领导面前表达自己的建议和思想，领导也很少采纳。教师也是学校的主体，但是在这方面主体地位的缺乏也给教师追求自由本身带来了很大的束缚。在教师与教师的关系中，教师要表现与同事之间的相互信任和交流，组成教育的共同体，同时，教师有与谁交往、与谁合作的自由，教师之间应该相互学习、交流和合作，为了学生的发展而共同努力。在教师与学生的关系中，教师处于引领的地位，在教学中处于权威的位置，但是这种权威不是学生对于教师一味的服从。教师要在与学生彼此信任，互相学习，共同进步的前提下保持自己的"权威性"，以形成一种互相平等的，教师用自己博爱的胸怀和优秀的教学能力塑造起来的新型的权威。然而，在与学生交往的过程中，教师的自由也是有限的。教师与学生的交流内容，交流的时间与空间，交流的形式都必须在一定的社会规范之内。

诚然，教师作为一个自然人，他们和其他人一样享有充分生命自由和精神自由。同时，他们还享有社会自由，但此项自由是有一定限制的自由。特别是教师作为特殊从业者，他们活动的空间区域基本就是家庭—学校的"两点一线"，正常情况下不可能也不允许经常涉足社会场所，出现在其他社会场合的机会比较少，活动空间确确实实很狭小；他们很晚下班很早上班，大部分时间都在学校在课堂上，即便节假日也很少能得到大段时间的休整，其自由支配的时间十分有限。因此，教师在一定程度上讲并不是

"自由人"。

办事能量不大

"能量"比喻人显示出来的活动能力,它可以创造出无穷的物质需求和精神需求。由于教师职业的特点,还有当前教师社会缺失的一些其他表现。如教师思想单纯观念保守,教师交往范围有限,经济实力不强,综合素质下降的内部因素,还有社会压力大,教育要求程度高等的外部因素,造成了教师办事能量不大的又一社会性缺失的表现。在社会对教育质量要求不断提高和教育水平不断发展的今天,提升教师办事能量,才能更适应社会发展,更游刃有余地应对教育难题,才能在完善自我修养方面有所提升,自己的生存质量也有所提升。增加办事能量就要提高办事能力。首先,必须提高自身素质,老子曾经说过自胜者强。提高自身素质,是提高办事能力的必经之路。自身素质疲于提高,奢谈办事能力,无异于缘木求鱼;其次要充分认识自己,古希腊哲学家苏格拉底说:要认识你自己。人要认清自身的局限,对自己做出正确的判断,有"自知之明"。但是更重要的是发现自己的潜能,挖掘自己的能力,不断创造新的成就,完成新的创举;第三,提高办事能力要多了解对方,"知己知彼,百战不殆"。我们不仅要了解自己,还要了解我们的交往对象,了解对方性格、身份、兴趣,然后做事才能有的放矢,事半功倍;第四,了解办事的通用规则,现实生活中,我们会遇到不同的人,不同的事,和不同的场合。作为教师也要在这些复杂的环境中有必要掌握一些办事技巧,这样办事能量才会有所提升。

经济实力不强

当一个人最终选择以教师为职业的时候,一般会倾向将人类的精神世界和人们的精神生活看得较重。但随着现代社会的发展,教师需要投入的精力越来越多,时间越来越多。教师更遵循着"万般皆下品，唯有读书高"的古训，对自己要求越来越高。精神境界及人生观、价值观越来越崇高。同时在面对着外部经济压力的时候，教师职业就略显尴尬。由于存在于社会主义市场经济的浪潮中，社会中的大多数职业都是功利性的职业，而教师被赋予职业性的性质是崇高和具有奉献精神的。但是在没有良好的机制来保证教师的社会地位的前提下，落在教师身上的外部经济压力就是深入灵魂的。

教师是社会上普通的一员，近年来待遇虽然在一定程度上有所提高，但多数生活并不富裕，仍有一定的经济压力。工资的高低常常被人们视为社会地位高低的一种标准，教师的经济地位是其社会地位的基础和标志，没有高收入无法使教师的地位真正提升。虽然说我们国家已经提出了一些政策和提案，但是要解决中小学教师工资待遇水平低的问题还需要加大力度。对于拖欠教师工资的问题，也有学者指出，需要建立和完善教职工工资保障机制；逐级建立责任追究制度；同时县级政府要采取积极措施，将教职工工资全额纳入本级财政预算，不留缺口；中央和省下达的工资性转移支付资金，各市不得留用，全部拨付到县，以确保教职工工资发放。[1]

教师的工作时间大多超过8小时，学生的增加对于教师的工作量来说越来越大，然而社会却对教师的期望值越来越高，而教师的工资水平却没有提高，在北京、天津、青岛等地调查，五分之三的教师感觉"薪水太低"，还有一部分教师表示如果有其他赚钱的工作，愿意转行，巨大的工作量与薪资水平不能平衡，教师群体的社会缺失可见一斑。

很久以来，人们常常把"穷"字与教师职业联系在一起，似乎安贫乐教是教师们的心态和义务，可是教师随着社会的发展仍然"乐教"却不"安贫"。随着社会物质财富的越来越丰富，人们整体生活水平上升，每个人有追求丰裕生活的权利，党和国家对

---

[1] 陈永明.现代教师论[M].上海:上海教育出版社,1999.

教育事业越来越重视，也更加注重教师生活水平。因此教师更有理由去追求更好的生活状态。

1994年1月1日颁布的《中华人民共和国教师法》规定："教师的平均工资水平应当不低于或者高于国家公务员的平均工资水平，并逐步提高"。《国家中长期教育改革与发展规划纲要（2010-2020年）》再次重申，"依法保证教师平均工资水平不低于或者高于国家公务员的平均工资水平，并逐步提高。"然而事实上，近年来，教师的工资虽有一定程度的提高，但仍低于国家公务员的水平，其差距还将进一步扩大。所以国家要进一步出台政策，提高教师的经济待遇。教师职业具有一定的特殊性，这种特殊性要求教师要全身心地投入到教育事业中，而教师的劳动所得报酬是影响教师这种投入的一个重要因素。学校管理科学化就要充分发挥学校里面的物力、人力、财力的有利条件，实现社会赋予的任务和学校的教育目标。学校对教育管理就要善于调动和发挥教师的积极性，教师积极性是教师心理动力系统的表现，是全面贯彻党和国家的教育方针，努力为我国现代化建设培养合格人才的主观能动性。当前，教师的积极性主要体现在以下方面：一是有热爱祖国、热爱教育事业、热爱学生、尊重学生家长的政治觉悟和浓厚感情；二是有敬业、乐业、勤业的精神；三是提高业务水平和教学能力的强烈愿望；四是有锐意改革创新的勇气。[1]由此可见，提高教师积极性的意义是十分重大的。如果教师的待遇水平一直得不到改善，那么长久以来教师教育的工作积极性也会受到影响。有些学校认为给教师人文关怀和精神鼓励，经常思想沟通就可以激励教师，这种想法是片面的，自欺欺人的。教师的经济待遇得到教师的认可才可以安心工作，有积极性，教师的队伍才具有稳定性，整个学校才有凝聚力。教师的经济待遇还会引发教师道德问题。因为教师职业的特殊性，教师是"人类灵魂的工程师"、"太阳底下最光辉的职业"、"蜡烛"、"园丁"等等。社会对教师赋予了如此多的社会

---

[1] 王秀杰.调动教师积极性刍议[J].天津教育，1994，(1)

称谓，我们也看到教师的社会地位慢慢提高，也慢慢被人们所尊重，逐渐形成良好的社会风气。但是很多教师对于长期疲惫大工作量，长久以来的精神压力却没有在待遇上应有的回报，部分教师的道德逐渐出现了滑坡的趋势，责任心匮乏，以教谋私，敷衍冷淡。我们应该清醒地看到，教师中存在的很多师德问题是与教师受到的待遇有关系的。由于教师待遇长期没有受到保证，教师会在心里产生消极情绪，把这种消极情绪带入工作中，教育结果所受到的影响是必然的。更有教师利用职务之便，以教谋私，变相收费。对于这种教师道德问题的解决办法，一方面，我们要在教师中大力开展教师职业道德教育，灌输奉献精神教育。另一方面，经济基础决定上层建筑，要必须切实提高教师经济待遇，提高教师生活水平，让教师没有后顾之忧，投身教育事业。

为此提高教师经济收入，提高教师的经济地位的方法有：(1)国家要依法治教，加大对教师工资的投入。《教育法》中明确规定"教师的平均工资水平应当不低于当地公务员的平均工资水平"，但是教育法规并没有起到应有的作用，教育法规是对教育事业管理的准则和规范，政府必须依法行政。《关于义务教育学校实施绩效工资指导意见的通知》明确规定：绩效工资分为基础性和奖励性两部分。基础性绩效工资主要体现地区经济发展水平、物价水平、岗位职责等因素，占绩效工资总量的70%，具体项目和标准由县级以上人民政府人事、财政、教育部门确定，一般按月发放。为了提高教师的经济水平，提高教师社会地位，政府必须依法办事，严格遵守执行《教育法》、《义务教育法》，为提高教师经济收入做出应有的努力。(2)制定合理的教师薪酬体系，完善教师激励机制。科学合理的教师薪酬体系要具有公平性，第一是在《教育法》中，教师与公务员之间待遇的可比性，第二是教师内部不同群体的公平性，第三是教师所付出的劳动和所获得的报酬之间的等价性，同时根据市场经济水平和社会发展阶段，教师的薪资水平合理变动，合理提高。同时对于有特殊贡献的教师予以特殊的薪酬，调动教师的积极性，以更大的热情投入教育教学活动中。对于不同教师岗位，不同系列的教师的薪资水平要有所区分，按岗取酬，合理留有差距，这样保持良好的竞争机制，利于教师奋发努力，脱颖而出。对教师进行激励的同时要注意方法，首先应该注意教师的物质方面的激励，教师也是普通的人，教师首先必须要维持自己基本的生存状态，继而向自己的理想与自我实现满足。物质不仅维护的是自身生存的必要条件，也是工作的前提基础，所以政府有必要提高教师的物质基础，提高教师的经济待遇，满足教师日益增长的物质文化需求，调动教师积极性。在满足物质文化需求的同时，也要对教师进行精神激励，这样可以弥补单纯物质激励的缺失，使激励体制更加完善。(3) 完善学校内部考核制度，制定科学合理的绩效工资制度。《中华人民共和国义务教育法》和事业单位工作人员收入分配制度改革的有关规定，为切实做好义务教育学校实施绩效工资工作，结合义务教育学校实际情况，提出以下指导意见：首先，绩效工资分为基础性和奖励性两部分。基础性绩效工资主要体现地区经济发展水平、物价水平、岗位职责等因素，占绩效工资总量的70%，具体项目和标准由县级以上人民政府人事、财政、教育部门确定，一般按月发放。奖励性绩效工资主要体现工作量和实际贡献等因素，在考核的基础上，由学校确定分配方式和办法。根据实际情况，在绩效工资中设立班主任津贴、岗位津贴、农村学校教师补贴、超课时津贴、教育教学成果奖励等项目。其次，充分发挥绩效工资分配的激励导向作用。教育部门要制定绩效考核办法，加强对学校内部考核的指导。学校要完善内部考核制度，根据教师、管理、工勤技能等岗位的不同特点，实行分类考核。根据考核结果，在分配中坚持多劳多得，优绩优酬，重点向一线教师、骨干教师和做出突出成绩的其他工作人员倾斜。但应该注意的是不能过分扩大绩效工资发放的差距，要体现公平性，又要有激励性，从而调动全体教师工作的热情和工作的积极性，促进教育事业的发展。最后改革编制管理制度，促进师资均衡配置。目前，中小学教师编制的问题紧缺，中小学教师资源配置不合理，教师资源紧缺，却难以调入新的编制，为了教学的正常进行，学校不得不临时聘用代课教师，而代课教师不能入编，甚至有临时代课却在最后被辞退的现象发生。代课教师的经济待遇与有正式编制的教师差距很大，教师之间的不平等待遇也使得教师队伍不稳定。因此要合理配置教师资源，切实解决教师入编比较难的问题。

"全社会要弘扬尊师重教的良好风尚。一个国家有没有前途，很大程度上取决于这个国家重视不重视教育；一个国家重视不重视教育，首先要看教师的社会地位。要注意提高教师特别是中小学教师的待遇。从今年起，在国家财政比较困难的情况下，按教师平均工资水平不低于当地公务员平均工资水平的原则，实行义务教育阶段教师绩效工资制度。中央财政今年已准备120亿，全国计算大概是370亿。这不是简单的涨工资，应该把薪酬待遇和个人工作成效密切挂钩。这是对教师辛勤劳动的尊重。我们要继续发扬中华民族尊师重教的优良传统，不断提高教师的政治地位、社会地位和生活待遇，把广大教师的积极性、主动性、创造性更好地发挥出来。各级政府都要满腔热忱地支持和关心教育工作，积极改善教师的工作和生活条件，吸引和鼓励高素质人才从事教育事业，尤其是到基层、农村和边疆地区任教。中小学教师非常重要，有些国家让最优秀的人教小学。要像尊重大学教授一样尊重中小学教师。要大力宣传教育战线的先进事迹，特别是终身从事中小学教育事业的典型，营造良好的舆论氛围，让尊师重教蔚然成风，让教师成为全社会最受人尊敬、最值得羡慕的职业。"这是温家宝在2009年关于《教育不适应社会发展，应大胆改革办学体制》的一段讲话，从这里我们可以看到国家对于改善教师待遇的关心与决心，我们有理由相信，未来教师的经济地位和社会地位都会提高，让教师群体在国家政策和社会关心的前提下健康成长。

整体形象不佳 /

"教师是太阳底下最光辉的职业"，但是什么样的教师才是名副其实的，最光荣的，那么就关乎教师形象的问题。教师形象，是一定时期和一定环境下，社会公众对于教师的外观形象和内在素质的印象、看法、认知的综合体系。"百年大计，教育为本，教育大计，教师为本。"教师是人类灵魂工程师，教师职业的特殊性要求教师在生活和教学等场合，随时随地都得注重自己的社会公众形象。关于"教师形象"的理解主要有两种：一种是对教师角色素质、能力和仪表行为特征进行理想化描绘，来设计理想的教师形象。教师形象的另一种理解，是对教师职业的社会职能、使命和价值要求作进一步的强化、提升。[1]

从对教师角色素质、能力和仪表行为特征的形象描述，这里的教师形象包括外在形象与内在形象，只有内外形象都相对优秀又有机结合的教师才是受人爱戴的。如果只看教师的长相而不重视教师的言谈举止和内在素质，那么是非常肤浅的。教师形象应该是教师举手投足都显示出很好的修养和素质。教师形象，就是教师在教学过程中，能够影响学生心理活动、影响学生情感上变化的内在精神与外在表现。教师形象是教师素质的重要体现，包括教师气质、服饰、言谈举止等外在形象，也包括教师的道德品格、学识水平、性格品质等内在形象。外在形象是内在形象的表现形式，内在形象是外在形象的深刻内涵。外在形象的良好表现形式与内在形象的优秀存在的完美统一就构成了良好的教师形象。形象是学生对待教师一个直观的感受，教师的穿着打扮是教师外在形象和精神风貌最直接的体现，对学生的学习和生活有着很大的引导暗示作用。因此，教师形象的好坏，直接影响到学生成长过程中的自我表现形式与发展形式。每个教师都应该注重自身的形象，并且在教育教学活动中不断地改善自己，完善自己，提高自己。教师形象主要有以下几个内容：仪表与风度。学生喜欢有着美好的外形形象的教师，爱美之心，人皆有之，美好的事物，美好的心灵会引起人们的喜欢。教师得体的着装，合适的发式，良好的妆容，饱满的精神，亲切的目光等会对学生的心理有强烈的感应作用。因此，教师的言谈举止，衣着神态都是教师形象的表

[1] 陈永明.现代教师论[M].上海：上海教育出版社，1999.

现，同时也影响着学生对教师的评价。学生喜欢的教师要做到衣着得体，干净美观，行为举止文明端正，自然优雅，潇洒从容。然而随着社会的发展，教师的社会性逐渐出现了缺失，十年如一日的教学生活、常年奔走于教室与办公室之间，写教案，批改作业，班级建设，批改卷子，写教师评语等等枯燥单一的教学内容以及固定的交往对象使得教师失去了以往的热情，尽管社会地位有一定提升，可是经济水平仍旧不高，长此以往，个别教师开始不修边幅，衣着不整，精神萎靡，甚至冷若冰霜，令学生感到反感厌恶。并且教师开始逐渐产生了自由散漫，无心教学的状态，这样的教师形象对学生的影响是非常不利的，无助甚至毁坏了教师自我形象以及自我素质的塑造。学生喜欢的教师形象还有尊重和理解学生。现在一部分教师不能做到理解学生，站在他们的角度换位思考，不尊重关爱学生。对学生说话，课堂作业没有带来，与他人发生冲突，迟到的问题要具体情况具体分析，不能以偏概全，全部否定。教师要尊重和理解学生，不伤害学生自尊心，公平公正地对待学生，有耐心，有爱心，不轻易发脾气。相反，脾气暴躁，严厉，讽刺挖苦学生的教师不容易得到学生的喜欢。教师对待不同学习成绩的同学要公平对待，特别对待差生不能大声责骂，挖苦讽刺，甚至冷漠，不闻不问。教师是学生成长中非常重要的榜样角色，教师要尊重并且时常给予帮助，这样才能得到学生的尊重。再次，引导学生个性的教师，每个学生有每个学生的个性，个体差异的存在是必然的现象，教师对待学生不能千篇一律，因材施教。把握学生的个体差异，有针对性的培养。沉稳、执着、含蓄地引导学生，调整学生的个性，使学生进入更佳的状态。根据一些研究上看，学生普遍喜欢的是平易近人，性格开朗，讲课幽默风趣、生动，有年轻心态的教师。学生希望和教师打成一片，成为朋友，讨厌自以为是、没有水准，严肃苛刻，偏向学生的教师。

从对教师职业的社会职能、使命和价值要求作进一步的强化、提升层面上看，教师形象还包括教师品行形象：这是教师职业道德的一个重要道德规范，也是塑造教师良好形象的一个重要保证。"师者，传道、授业、解惑者也。"教师除了要向学生传授知识，还要以自己高尚的道德品质和崇高的精神境界来影响、教育学生，并且后者更重要。著名教育家叶圣陶先生指出："教育工作者的全部工作就是为人师表。"因此，教师要学生有什么样的品格或者今后达到什么样的品格，自己首先就应该具备什么样的品格和素质。学生一定程度上是教师的一面镜子，教师可以从学生的言谈举止和道德情操方面看到自己的一面。中小学时期是一个孩子从未知开始成长的过程，这期间是他们模仿性最强，可塑性最强的时候。人生观，价值观开始逐渐树立。在这样一个关键时期，教师必须要以身作则，必须要以自己优秀的道德品格去教育每个孩子，感化每个孩子，影响每个孩子，那么在潜移默化中，孩子才可以健康成长，孩子良好的形象才可以树立起来。这一切要求教师言行举止都要严格要求自己，用自己的模范品行和高尚人格来影响学生。表里如一，说到做到，不能在学生面前说一套，自己在背后做一套。真正高尚的道德修养是完整的修养，是自觉的修养。

学识与思想形象：《学记》指出："记问之学，不足以为人师。"意识是说，杂乱的记忆一些东西，这样的学问是不足以担负起教师的重任。当面对学生的一个问题不能对答如流，当面对学生的一个疑问，不能手到擒来，哑口无言，只有招架之力，这样的教师在学生心目中是毫无地位的，学生也不会对教师有求知的欲望和崇拜的心情，没有好奇心和求知欲，学生又何谈成长与发展？学识渊博，思想深邃的品质是塑造教师良好形象的核心。一位教师只有具有渊博的知识，深厚思想，又有教学能力的教师才会赢得学生的信服与尊重。由于科学技术的飞速发展，使人类社会进入了知识爆炸的时代，知识更新的速度越来越快，很多教师对于此种变化难以适应，不能跟上时代的发展，知识更新很慢，更有甚者故步自封，止步不前。教师不能抱着这种消极的态度来面对飞速发展的社会，应该认清形势，不断地学习，学习；不断地汲取知识，更新知识；不断地充实自己。更要常常思考，不能因为单纯的追求知识的速度而忘记了思想的质量。只有这样，学识渊博，思想深邃的教师形象才会在学生心目中根深蒂固。

奉献精神形象：教师是"园丁"，教师是"蜡烛"，教师是"春蚕"。一切的赞词似乎都把教师奉为奉献的角色。教师的职业是高尚的也是辛苦的，教师是人类灵魂的工程师。教师的职业特点具有复杂性、艰巨性、示范性和创造新。这些特点决定了教师要具备的是奉献精神和社会责任感。社会交给教师教书育人的任务和学生成长对教师的要求，都给教师这种责任感增加了重量。但是随着商品经济的发展，人们的价值观发生变化，"拜金主义""享乐主义"的风气有所抬头。由于教师的经济水平较低，导致社会地位不高，在这种情况下，一部分教师产生不满情绪，产生怠倦情绪，不安心教学和放弃教师职业的教师也大有人在。对于这种情况，除了国家和社会需要出台一些政策，解决当前问题外，教师自身也要很好地认识到自己职业的价值。教师是伟大的，即使生活水平不是最高的，但是在教育学生的过程中是幸福的，也应该自豪的。乐于奉献，甘为人梯也正是教师最值得人们尊重的地方。

教师形象是在教学过程中形成的，也是在教学的过程中不断完善与提高的。即使当前有教师整体形象不佳的个别现象存在，但是教师要做的是正确地认识自己，正确地认知自己的价值，不断提高自己的科学水平，坚持自己的职业素养，不断维护、完善、提高自己的形象。

综合素质有所下降 /

新课改之后，教师实践起来会有一定的难度，新课改的理念能否顺利进行，关键也是教师素质能否适应新课改的要求。教师的教育水平、教学方式、教育观念的更新与转变、自我道德修养是否能更符合经济时代社会对教育的要求。现今的教师广博的基础知识、深厚的专业知识，良好的精神素养，完备的心理素质等对于教育学生非常重要。然而一些教师的基本素质仍旧不高，甚至下降。"振兴民族的希望在教育，振兴教育的希望在教师"。在世界科学技术迅猛发展，综合国力竞争日益激烈的时代背景下，在我国改革开放和中国社会主义建设的浪潮中，教育革新是国家现代化发展最重要的一环，同时教师素质高低决定学生素质，是影响教育质量的直接因素，是教育结果的关键。因此，强化教师素质是时代发展的要求。教师素质，就是教师在教育教学活动中表现出来的，决定其教育效果，教学效果，是对学生身心发展有显著影响的心理品质的总和。作为教师应该具备的基本素质有：良好的身体素质，有稳定的心理素质，有优秀的教师技能，有对教育事业的无限热爱，有为教育事业献身的精神，有高尚的道德情操，有科学的管理方法和较高的教育水平，有高尚廉洁的品质等基本素质。我们主要对以下几点教师素质进行具体讨论。

身体素质：包括教师身体器官与精神状况。教师身体器官健康在教师基本素质中起着基础性作用，精力充沛，肢体灵活，口齿清晰，听觉敏锐是一种比较良好的状态。教师的精神状况对教育活动的影响是非常明晰的。教师情绪低落，没有积极的态度根本不可能给学生带来良好的情绪带动。只有教师以积极的态度与学生互动，以激情饱满的态度去影响学生，学生的乐观与热情的情绪才能表现出来，乐于学习，积极参加课堂活动。

教师的心理素质包括认知能力、记忆能力、逻辑思维能力。教师的认知能力首先就表现在教师要有深刻的洞察能力，在现代素质教育的过程中，教师在教学过程的进程里要把握在自己的教学理念下学生的个性化表现和具体活动，全面细致地观察和了解。教师设定的教学情境或是教学内容是根据学生的性格发展的特点和外在表现来完成的。一个对学生洞察能力不强，对外界刺激不敏感的教师是无法良好展开教学的。良好的记忆能力。教学的信息量多少在一定程度上反映出课堂教学是否生动丰富。教师在进行教学活动前，一定要仔细备课，将课堂的知识点和流程了然如胸；教师在准备一个知识点的同时，往往要准备相关知识点的信息材料，可以是故事、现象、理论结果等等。总之只有拥有能够为知识点具体陈述的材料，才能使知识点形象、具体地表述清楚，这些信息也是教师要在课堂之前熟悉的。教师如果照本宣科地只讲教材上的内容，那么课堂一定会死气沉沉。作为优秀的教师，良好的记忆能力是必不可少的。逻辑思维能力：教师要在知识点与知识点之间用自己良好的逻辑思维能力连贯起来，要在讲到具体事物的同时运用自己的形象思维将其具体化、丰富化、生动化。这样学生学到的不仅仅是一堂课上的知识，并且在严谨、形象的学术氛围里产生身临其境的感受。教师应该具有较高的心理成熟度、较强的心理承受能力、较稳定的心理状态和较强的自我调适能力。保持健康的心理，必须调整自己的思维方式，以一种平和的心态面对环境的变化。要努力克服不良情绪的困扰，在不断提高知识素养的基础上，培养自信乐观、豁达开朗的健康心理，提高自我评价、自我调控的能力。只有这样才能充分发掘自己的潜能，发挥自己的才干，促进学生的健康成长，提高教育教学的整体效益。

教师的基本素质中，教师还要具有特定的专业知识，只有具备一定专业的知识水准，教师才有可能进行教学。教师是知识的传播者。教师要为学生传递的首先由需要传递本学科的知识，还有学科以外的科学文化知识。在这个过程中也就还需要教育者有自己特有的教育学科知识。首先，普通文化知识。教师要尽可能地掌握人文、社会、自然科学三个领域的知识。这是提升人的基本素质所必要的三个方面的知识。这是保证教师能力、德性等素质不可或缺的前提。对于自我来说，学会这些是教师的精神生活和基本知识的基础。对于学生来说，这是满足学生好奇心，激发学生兴趣和保证课堂顺利进行的前提。其次，学科文化知识。教师除了具备基本的知识素养外，要对自己所教授的学科基本理论、观念、观点、知识体系有非常熟练的把握，并且在传授的过程中使用的方法和培养这学科的精神要有明晰的意识。也就是关于具体学科的科学文化，科学方法和科学精神。最后，教育学科知识。教育学科从浅入深看，首先就是能够掌握对于教育学科的本质认识，包括教育目的、教育原则、理论、一般方法等。然后对于教育理论新动向的把握和对教育学科基本精神的领悟。最后对于教育基本理论具体化和情景化的认识。

教师道德上：师德，即教师的职业道德，是教师在长期的教育实践活动中形成的比较稳定的思想观念、行为规范和品质的综合。是一定社会对教师职业行为提出的基本道德概括。思想道德主要是处理个人与集体还有与他人关系的行为准备。教师职业思想道德就是处理教师与教育中人与对待教育事业的知识体系和态度。主要有：

(1) 教师对待事业的态度，敬岗爱业，认真负责是主要精神。(2) 教师处理与学生的关系。教育关心，诲人不倦是核心。教师处理与同事的关系，团结有爱、协调互助是主要方面。教师处理与家长关系是相互尊重、廉洁从教。大多数教师思想政治觉悟比较高，敬业、爱岗、奉献、关爱学生、关心教育，有较高的道德修养和素质。但是近三十年来社会转型不仅对其他职业产生影响，同时教师的道德修养，思想素质也存在着一些问题：首先，缺乏坚定的政治信念。德才兼备，是教师应该达到的基本道德素质。但是有些教师不能很好地坚持我国的政治方向，对于政治，他们缺乏敏感度、政治素质不高，思想境界不够，甚至在课堂上散布与我国社会主义事业相违背的政治信条，这样势必对学生的政治修养产生影响，缺乏对社会主义事业信心。让他们觉得一切都是"假、大、空"。其次，教师缺乏事业心，职业素质不够。教师最大的贡献就是在追求自身价值的同时实现社会化的最大化，有些教师能够踏踏实实研究教学，努力奋斗，为教育事业做出贡献，可是也有一部分教师过分追求自身价值，以自我为中心，重视个人利益，忽视集体利益，多索取，少奉献。同时对教育内容、教学方法甚少研究，不认真研究本职工作。"给学生一杯水，自己首先要有一桶水"，这是教育界的经典，试问有些教师没有精深的专业知识，课堂上总是把知识讲错，不能回答出学生的问题，那么如何教书育人？如何让学生信服？如果自己都不能有完整的"一桶水"，如何给学生"一杯水"? 如何让学生再补充能量? 最后, 教师言行举止不规范。教师在学生的整个教育中的作用非常重要, 教师职业有着非常明晰的示范性与教育性, 教师平时的行为举动, 言谈举止无不影响着社会性还未健全的学生, 教师是学生模仿的对象与榜样, 如果教师在学生面前不注重个人形象, 背地里贬损其他教师或学生, 随意指责或者发泄自身的不满, 会严重影响社会风气, 教学环境。

　　教师技能方面, 主要包括: (1) 备课的能力, 教师的备课主要是关于在教学目标、教学环节、教学内容、必备信息和学生特点所准备的教学方法。教师的备课能力是一个教师将基本能力的反应和基础。首先, 教师应该对教材内容和教育改革方面有深刻的认识和感悟能力, 在这个基础上设定教学目标。其次, 教师要在已经设定的教学目标上, 认真分析教材, 把握教材中知识点与知识点之间的相互关系, 并且对知识点有正确的理解。把握教材知识, 理清教学过程前后环节, 这在一定程度上直接决定了教学效果。再次, 如果要保证自己的教学课堂生动活泼, 就要在围绕知识点准备具体的信息材料, 如引入情景, 补充故事, 列举事实等等。最后把这些信息材料整理, 具体到教材中。最后, 教师根据具体学生的特点与具体学科的特点来选择教学方法的能力。(2) 课堂教学技能, 教师教书育人的过程是教师与学生交往互动的过程, 在这个过程中, 教师有义务把教学内容清晰、完整、生动地呈现给学生, 学生要认真地听, 认知地思考, 积极调动自己的思维。这里, 教师的语言表达能力, 肢体表达能力, 和逻辑思维能力都在这个过程中展现出来。在教学的过程中, 教师与学生之间产生对话、提问、讨论等互动的内容, 这就对教师的人际交往能力提出了要求。在一些集体活动或者讨论中, 教师要根据具体情况对学生的具体活动进行监督和帮助。鼓励学生调动氛围和完成活动有效性。这对教师的管理和组织能力要求也是比较高的。教学科研能力, 课外的教学科研是教师自我成长和获得幸福生活状态的一个重要途径。教师要对自己所教授的内容认真思考, 认真研究, 在不断追求和探索的过程中有所发现, 有所创造, 这也是教师自我提升的一个非常重要的手段和能力。

教师综合素质下降的原因, 主要在于:(1) 对职业理想化追求程度和成就感降低, 目标模糊。当今社会相当一部分教师对教育的愿望和渴望不明确。其中有一部分对待学生的成绩漠然, 不应学生的进步而快乐, 也不因为学生成绩不好而焦急。教师的目标如果不明确, 那么就会失去对教育工作的积极性和热情, 没有明确的方向, 人也会感觉碌碌无为, 整天混日子。那么整体的工作水平和价值评价都会下降。"当一天和尚撞一天钟"的心态会使教师失去奋斗的源泉与动力, 久而久之, 教师的素质能力就下降了。(2) 敬业精神、奉献精神与服务意识淡化。敬业精神、奉献精神与服务精神的淡化会让教师把教育事业当成是一个工作和谋生手段, 把更深刻的精神价值取向抛弃了。之前所树立的奉献意识和价值观念加以排斥。那么现实生活中会更看重追求的回报。教师逐渐失去耐心, 失去动力, 失去激情, 没有进取精神, 没有超越自我的概念, 对于教育事业逐渐怠慢, 综合素质在这种日复一日, 年复一年的单调日子里慢慢下降。(3)忽视继续学习、知识更新和专业水平增长。机械重复的工作使人产生疲惫心理, 对于充满创造性的工作人们才有想法去不断充实自己, 不断更新自己的知识。而教师所从事的这个职业本身就是重复性的工作, 且工作内容单一而枯燥。因为教师长此以往会对本职工作产生厌倦心理。忽视了它本身带给人们的职业追求。不学习、忽略知识的更新带来的后果只能是知识的老化, 长此以往, 专业水平下降, 那么这样带来的后果可想而知。(4) 自我定位不准确。一些甘于现状的教师本着"平庸快乐"的消极思想, 自己认为自己教学水平一般, 工作能力一般, 但是也不至于最差, 甘于现状, 对学生要求不多, 对工作不思进取, 特别是年龄较大的教师, 他们工作了几十年后身体和心理都有了疲倦心理, 逐渐把精力放在自己的利益层面, 不愿意与年轻教师比教学、比管理, 因此不再勤勉工作, 不再深入研究。

所以, 我们应该讨论一下提高教师素质结构的途径:针对信息社会的特点以及对教师素质结构的要求,我们应通过以下途径完善自身的素质结构:加强学习,提高教师的思想政治素质。首先,加强政治理论学习,是提高教师思想政治素质的有效途径。教师应具有坚定正确的政治方向。教师要认真学习中国特色的社会主义理论,并具备一定的政治理论素养;深刻领会党的路线、方针、政策,关心国家大事,坚定正确的政治信仰,忠诚党的教育事业,树立正确的世界观、价值观、人生观和教育观,敬业爱生,教书育人。拥护中国共产党的领导,热爱社会主义祖国。通过日常的教育教学工作,把学生培养成为热爱党、热爱社会主义祖国的栋梁之材。其次,教师要树立崇高的职业理想。职业理想是师德中的核心问题,是教师价值观最根本的表现。主要体现在教师对学生的爱。"经师易做,人师难当",职业理想具体表现在事业心、责任感、积极性三个方面。其次,转变教育观念,全面推进素质教育。教师素质是实施教育的决定因素。推进素质教育,教师要树立新的教育观念,具备正确的人才观和教育质量观。教师要转变课堂教学目标;转变课堂教学的方式、方法;转变课堂上的角色;转变师生关系;转变职业理想观念;遵循教育发展的规律;有终身学习的观念。

第三,提高教师创新素质。21世纪创新性人才的培养奠定了教师要充分重视素质教育,提升自我创新素质。教师素质亟待提高。要想提高教师创新教育,首先要让教师树立教育创新的观念。只有自己具备创新的精神和创新的意识,才能对学生进行创新教育,培养学生的创新能力。第四,提高教师理论水平,指导实践。提高教师理论水平,要增加组织广大教师学习与培训的机会,使教师的理论学习与实践尝试有机结合起来。具备一定的理论水平,还要将理论知识运用到实践中去,指导实践。只有实践了才能发现问题,解决问题。第五,开拓教师业务学习渠道,拓宽学习内容。更新知识,提高教师的业务素质。科学技术的迅猛发展,使知识积累的速度呈现几何级数增长势头,这就要求教师加强自我学习,吸纳新知识、新理论,不断提高知识水平,具备广博和精深相结合的知识结构。同时,想要受到学生的敬佩,得到学生的依赖,必须具有丰富的文化科学知识。教师必须勤奋学习,认真参加继续教育等培训活动,搞好自修,不断地充实自己。积极学习现代教育思想和教育理论,更新教育观念,提高教师的专业技术能力、教学能力、人际沟通能力、组织管理能力和科研实践能力。第六,建立、完善激励与约束机制。奖惩是鼓励教师积极上进,调动教师积极性,激励教师不断提高教育质量的管理措施和手段。《教师法》规定:"教师在教育教学、培养人才、科学研究、教学改革、学校建设、社会服务、勤工俭学等方面成绩优异的,由所在学校予以表彰、奖励,国务院和地方各级人民政府及其有关部门对有突出贡献的教师,应当予以表彰、奖励。对有重大贡献的教师,依照有关规定授予荣誉称号。"这样,势必对调动教师积极性和在全社会形成尊师重教的良好社会风气起到促进作用。同时,《教师法》还规定了对不合格教师、违法乱纪教师的惩罚措施。"受到剥夺政治权利或者故意犯罪受到有期徒刑以上刑事处罚的,不能取得教师资格;已经取得教师资格的,丧失教师资格。"《教师法》第三十七条规定教师"故意不完成教育教学任务给教育教学工作造成损失的";"体罚学生,经教育不改的";"品行不良、侮辱学生,影响恶劣的","由所在学校、其他教育机构或者教育行政部门给予行政处分或者解聘"。总之,要对教师进行有效、科学的管理,调动教师的积极性,必须要建立健全教师管理的各项制度。

教师能力跟进不力 /

现代教师能力主要是指教师从事教学、管理、育人所需要的能力或者本领,包括基本能力,职业能力、自我发展。

基本能力主要包括:(1)观察能力。是指教师对学生身体、心理特点及变化的认识能力,教师只有具备相对来说较好的观察能力,才能在教学中起到导向作用,观察学生的学习情况,心理变化,准确细致地了解学生,才能使教学活动发展顺利。(2)思维能力。教师职业根本来说就是思维活动。教师思维要有敏捷性、广阔性、条理性、深刻性、创造性特征。(3)想象能力。不论是教学需要还是日常生活，教师的想象能力是非常重要的，在充分理解教材的基础上，发挥想象力，课堂教学或者教学设计都是对教育活动的一种探索，新颖的富有创造力的课堂必然会让人耳目一新，充满积极的态度。(4)记忆能力。我们要掌握大量的科学技术，那么理论知识是必不可少的，只有我们理论知识研究透彻，并且烂熟于心，才有可能在此基础上有更大的想象空间和实践空间，这样首先教师就要牢牢掌握基础知识，靠记忆力把知识保存在头脑中，并且有系统的保存，作为知识的传播者才游刃有余，令人信服。(5)教师的表达能力。包括教师的口头表达能力、书面表达能力与肢体表达能力。教师的口头表达能力是指教师要在教学活动中，运用口头语言向学生准确连贯地传达教材信息，传播知识，开发学生头脑，引导学生进行思考的能力，因此，教师的语言表达能力就要准确简明，通俗生动，有启发性和信服性。肢体表达能力是用来支撑口头表述的又一重要能力，通过无声的语言配合人的表情、神态。优秀合理的肢体表达会使教学效果达到事半功倍的效果。

教师的职业能力主要包括：(1)教师的教育能力，包括了解学生的能力、对学生正确评价的能力，帮助学生将学生自身知识储备转化为能力的能力，管理班级的能力等。教师通过了解学生的个性特征、品格特点、学习能力等等全方面后对学生在德、智、体、美、劳进行全面的评价，对学生的优点、缺点、特点做出公平公正的评价。之后对学生的优点加以肯定，缺点帮助改正。帮助其树立正确的价值观，将知识转化为能力，并在学校实践中帮助其完善这种能力，提高学生素质，适应未来社会发展的需要。教师管理班级的能力主要包括设计教学环境能力，调节学生关系能力，组织班级活动能力等。(2)教学能力，主要是指教师运用教材从事教学活动、完成教学任务的能力。包括熟练掌握和运用教学大纲能力、编写教案的能力，运用选择教学方法的能力、因材施教的能力，培养学生创新精神和运用现代化媒体的能力。教师要完善学习方式增强教师业务素质和创新能力。教师应该努力完善本职工作，增加知识储备量，并能够创新思想创新思路。因此完善教师业务素质首先在学校管理，应该不断加大教师业务素质培训力度，定期让教师能够去学习新知识、新技能；其次，对于教师本人应该努力增强学习意识，密切关注本专业知识发展方向和信息更新，通过学术交流不断将新知识融入到个人专业知识中来，创新发展实践能力活动发展思维方式，增强综合能力。

教师的自我发展能力，主要包括教师的学历能力、研究能力、创新能力、人际交往能力等。教师要想将教材的知识以良好的方式、准确无误地传授给学生的时候，首先自己要有终身学习的能力，将教材信息的提取能力、分析能力并且通过自己丰富的教学经验将他们传授给学生。教育活动不是一成不变的，知识社会的显著特征就是知识像滚雪球一样急骤膨胀并快速陈旧，教育程度也是随着社会的发展而逐渐加深的。面对学海无涯的现实，教师不能故步自封，必须不断地学习才能胜任教师工作，要有研究教育的能力，也要借鉴他人先进经验补充自我不足之处。用科学的态度去审视教育，科学的方法来解决问题，就能提高工作效率和教学质量。21世纪是创新的时代，需要的是创新型人才和创新精神。教师就要有在教学内容，教育教学方法，教育过程中有创新的精神，并且在培养教育学生的过程中不断开发学生的创新意识和创新精神与创新能力。还有一些组织能力、交际能力、公正客观的评价能力等也是不可或缺的。总之，21世纪是知识经济的时代，我们面临着信息化、世界化、市场化、教育现代化四大趋势的挑战。国家发展靠教育，教育发展靠教师，广大教师必须认清形势，承担祖国委以重任，以崭新的观念，过硬的本领，精湛的素质来培养新世纪的高素质人才，为祖国繁荣兴旺贡献自己的力量。

教师群体社会不适的消极表现及其原因分析

现代社会是如此的丰富复杂，超乎想象，而自身又存在着许多标志性的社会缺失，一时难以弥补。为此，教师们有的远离社会，有的戴着有色眼镜看社会，有的盲目投身社会，有的游离于社会，有的被社会边缘化。总之，社会不适已成为当代教师面临的共性问题。

要想正确认识社会性缺失给教师带来的一系列不同表现，我们首先应该探究一下教师社会性缺失的原因。

教师缺乏社会化的过程 ╱

大多数中小学教师都是毕业于师范院校的。学生在象牙塔的生活与在社会上的生活是有很大不同的。学生生活在相对简单，单纯的环境中。但是当学生面对社会上相对复杂而又现实的问题时，常常会使学生无所适从，那么刚刚毕业的师范生如果不经过社会化的过程直接进入学校，那么他太早就教人而不是被人教，太早就获得了别人的认可，轻易学生的仰慕而并没有像别人首先是经过培训与锻炼与磨砺的过程。反而，新入职的教师很容易自满和产生高高在上的感觉，放弃系统的培训与进修，久而久之，社会性没有增强，反而退化，在这个基础上教导出的学生必然是社会化更加缺失的一代。有研究指出，当前我国社会生活中社会化问题有关的现实问题之一是成年人继续社会化与成年人现代化问题。[1]那种远离社会的趋势对于教师教育教学活动非常不利的。"装在套子里的人"怎么会见识到新鲜事物？怎么用更鲜活的社会知识来让自己的学生进行社会化？所以教师继续社会化的问题也是必须加以重视的。

教师的社会实践与精神理论的矛盾冲突性 ╱

教师成长在校园中，接受的是容易理解、单纯化的、分解了的理想的纯粹的东西。他们接触的是西方的知识体系，传承的是古代圣贤高尚纯粹的道德思想，坚持的是马克思列宁主义，毛泽东思想、中国特色社会主义理论体系，信仰的是共产主义的精神。

[1]　袁方.社会学百科辞典[Z].北京:中国广播电视出版社，1990.

然而社会实践与精神理论并不是完全相同的，当社会中的"人情"、"关系"等在自己学生时代就认为是难登大雅之堂的东西越来越走俏、实用管用时，尤其是当看到社会上一些复杂或者阴暗面时，教师自身如果不能很好地认知到这种现实情况存在的必然性和解决过程的阶段性，那么就容易轻易否定掉这个社会的整体性，戴着有色眼镜看待社会。

教师缺少相应的社会支持和真正的社会认同 /

大量的研究证据表明，社会支持的缺乏与教师倦怠密切相关，教师是典型的社会要求与社会支持较为矛盾的一个职业。社会要求对教师有较高定位，教师在知识层面、道德修养等方面都是素质较高的一个群体。但是对于这样一个高要求的职业，社会并没有做出相应的支持。[1]教师缺乏相应的社会支持，主要表现在经济、社会期待、职前培训和培训质量等方面。

首先，提高教师的经济和社会地位。目前教师待遇整体水平不高，中小学教师的经济地位比较低。"80后"青年教师更是面临买车，买房，供养老人等一些很现实的问题。而教师经济能力正如上文所述是比较低的。在没有足够的物质保障下，社会对中小学教师提出的高要求是难以实现的。在这种情况下，虽然大部分"80后"青年教师能够专心于教育事业，踏踏实实、努力奋斗，但也有一部分人过于追求自我价值，凡事先为自己着想，当个人利益与集体利益发生冲突，重个人、轻集体，多索取、少奉献，缺乏集体意识。更有甚者将学术研究功利化，采用一些不正当的竞争行为以谋取个人利益，这些行为都严重违背了教师的职业道德。有些高层次教师虽然专业能力和事业心强，但热衷于追求个人事业成功，缺乏团结协作精神，对教书育人不感兴趣，甚至有厌烦情绪。还有的青年教师利用公共资源，把主要精力放在其他职业上寻求更多的利

[1] 黄英.浅析我国中小学教师职业倦怠[J].鸡西大学学报.2010年(6)

益。另外，教师的社会地位与经济地位是紧密相连的。中小学教师与其他劳动群体相比，属于一个比较孤立、也比较封闭的群体，与社会联系少，参与种种决策的机会也很少。教师的经济地位是其社会地位的基础和标志，不高的薪金使教师的社会地位难以真正提升。在这个社会大变革的时代，我们身处各种思想、观念的冲击之中，也处在各种诱惑之中，有的老师经不起这种种的冲击和诱惑，思想动摇，一直摇摆不定。面对实惠、地位、享受，最终失去了防线，将当初从事教育的信誓旦旦抛之脑后。一部分教师索性离开教师岗位去开辟新天地，还有一部分则陷入了观望和彷徨之中，不安与躁动笼罩着这部分教师，教学对于他们而言意义已并不大了，教师开始游离于社会。

其次，对于教师职业建立合理的期望也是非常重要的。教师的职业特点非常特殊，他们的工作要接受许多人直接或者间接的监督，学生，家长，校长，教育部门，乃至整个社会都对教师进行评判。同时社会上大多数角色又都对教师的期望与要求过高。教师只是一个真实的人，普通的人，教师的能力也是非常有限的。教师的职业虽然是神圣而伟大的，但教师非圣贤，社会期望对教师专业发展虽然有一定的促进作用，但是过高的社会期望给教师带来了沉重的心理压力，从而导致教师群体社会性不适。

最后，学生在学校学习的体系是西方知识体系，同时也接受的是支持了这个体系的文化底蕴：民主，契约，理性，尊重科学，尊重法律，追求公平、公正、公开。而在学生进入社会中之后，发现社会并不只是想象中的那样简单，大多数学生都要经历过一段时间和积累一定的经验后才能发觉，原来自己一直追求的精神可能在社会中并不能完全奏效。而教师在校内教书，早已习惯了校内与外界很少联系的生活。由于没有继续接受社会化的过程，学生一代代成长而走出校园，教师的工作却在封闭的校园内看年复一年、周而复始地进行，长此以往，如果教师自身没有社会化的意识，没有继续培训自己、锻炼自己的理念、信念、追求，那么教师在象牙塔中会逐渐被社会边缘化了。

/ 科学理智的自我调适方略

任何人都是社会的产物，都要生存在社会之中。只有人努力去适应社会，而不可能是让社会去适应人。对此，教师也毫不例外。这就要求教师必须进行科学理智的自我调适，包括准确自我定位、修炼生活艺术、提升人生品位、深化生命感悟、构建和谐人际关系、谋求科学发展等。

/ 准确实现自我定位 /

人生成败，定位最为重要。职业生活中出现一些矛盾问题，不要怨天尤人，强调客观，而应多从自身多从主观方面找原因，全力进行化解工作。其中，首要的一条化解对策就是全面校正，重新做准确的自我定位。它包括尽力平视人生，努力把握自我，经常学会自省，最终才可能做到真正地认识自己。

平视人生

在日常生活中，可能有许多人有过这样的感受：同样的长在半山腰的一棵树，当我们站在山脚下仰视它时，会感到它相当高大；当我们站在山顶上俯视它时，则会感到它非常矮小。其实，那棵树还是那棵树，不会在我们于山脚下和山顶上换位看它的那一小段时间内有突兀的增高或缩短。那么，造成如此巨大的视觉差的原因在哪里呢？道理很简单，因为视角不同。

这个司空见惯的自然现象，它所揭示的真谛，同样适用于社会与人生。常听人讲，说社会如何如何的复杂、人际关系如何如何地难处、人心是如何如何地难测……总之，诸如此类的话，让人听了不无惶恐。当我们怀着一颗忐忑不安的心走上工作岗位之初，肯定有过迷惘、痛苦、失望，苦、辣、酸、甜各种滋味无不尝过。有的人正视现实、正视自我，迅速调整自己的心态、思维方式和处世哲学，很快就适应了新的环境，熟悉了本职工作，工作和生活全部走上了正轨。也有的人面对陌生的工作岗位和生活环境，心存余悸，不能尽快地完成对自我的全面调整，束手无策，被迫"缴械投降"，或者自己以为自己很成熟，什么环境都能适应，一切都不在话下，结果，当各种问题和矛盾直逼而来时，措手不及，仓皇败阵。

我们回过头来想想，就会明白，社会既不像有些人讲的那么复杂、那么可怕，也不像有些人认为的那么简单。能否尽快适应社会，关键在于我们采取什么样的视角：仰视，会让人感到高深莫测；俯视，会让人盲目乐观。只有平视，充分认识到它的复杂性，予以高度重视，又树立自信心，不被它所吓倒，才会拥有从容与成功。

对待人生，也须采取平视的视角。否则，当你一味地仰视他人，你就会感到他人处处比自己强，不自觉地你就会感到自己处处不如人，从而导致对外盲目崇拜，对内悲观失望，失去了前进的勇气和信心。而当你一味地俯视他人，你就会自命清高，自我感觉良好，以为自己相当了不起，比谁都强，不自觉地你就会瞧不起别人，从而导致对内自我崇拜，对外鄙夷不屑，目中无人，夜郎自大，决不会有什么进步和成功可言。实际上，人无完人，各有所长，各有所短，无须自卑，因为你也有别人不具备的长处；也无须自大，因为你同样有别人没有的短处，况且"山外有山楼外有楼"。因此，唯有平视，才会正视自己，也才会正视他人，努力取长补短，不断完善自我。

把握自己

乍提"把握自己"，想必会有不少人对此大惑不解：我就是我，我的脑袋长在我的脖子上，我对自己有绝对的拥有权和支配权，除了我，谁也没有这种天赋的人权，何谈"把握自己"？

的确，你的头与身体连接在一起，你完完全全地拥有自己。尽管如此，但由于人的头脑，不仅对内存在着理智与情感的斗争，而且，它通过容纳外部物质世界而产生意识，形成思维，它的决策不可避免地受大千世界的诸多因素的影响。所以，从这个意义上说，任何一个人，谁也不能彻彻底底地拥有自己，更不能轻轻松松地支配自己。

因此，"把握自己"的问题就自然而然地产生了，甚至对人的身心健康、生活愉悦、事业成功等方面起着决定性作用。

曾有人把人生比作一次远航，每个人都独自驾着一叶小舟，在一望无际的大海上漂流。大凡有过人生经历的人，一定会认为这是一个再贴切不过的写照了。在那样一种境遇中，作为舵手的你，内心会有七情六欲的变化和困扰；天空有温柔、明亮的阳光与暖风，也会有雷鸣电闪、暴风骤雨；大海会有微波荡漾，更会有惊涛骇浪。因此，能否凝神定气、握紧生命的双桨，牢牢地握准前进的航向，奋力向前，便是决定你此次远航成败、亦是你人生成败的关键了。

回到活生生的现实生活中，情况会怎样呢？——生活严正地回答我们：稳操胜券的关键一环，仍是"把握自己"。

在高强度的喜怒哀乐面前，需要把握自己。古人云：不如意事常八九。人生在世，难免恼怒、悲哀、忧郁、困惑，但是如果过分，则必伤身体，而且会使人陷入情感的旋涡，陷入情绪的大网之中，难以自拔，影响了正常的学习、工作和生活。同时，家庭的美满、事业的成功等，也可使人大喜过望，乐不可支，处于极度喜悦的亢奋状态中的人们，毫不掩饰地宣泄着内心的情感，殊不知，过度的欢喜会使人头脑发胀，纵酒狂歌伤及内脏，况且乐极生悲，古训呆鉴。一个控制不住自己情绪的人，肯定把握不了自己，更枉谈把握人生。

在多种机遇并存的不同道路的选择面前，需要把握自己。当今社会飞速发展，市场经济给人们求生存求发展提供了越来越多的条件，可谓机遇就在身边。于是，选择便成了一件大事。怎样选择，选择什么，对一个人的人生不无要义。比如，你是一个教师，工作很有成绩，你觉得自己的性格、才识等适合这个职业，也喜爱这个职业。但是，你比较清贫，这时有机遇可使你改行到时下人们十分羡慕的单位去。你经过缜密地思考，感到自己的许多方面不适合这份工作，于是你放弃了，重新选择——你把握住了自己。再比如，你是个商人；你瞅准了市场，抓住机遇，终于发了财。这证明你把握住自己，认识到了自己的长处，充分发挥了自己的潜能，于是，你成功了。但是，腰包鼓起来的你不思进取了，整日歌舞餐、"筑长城"、美女相伴，颓废了再创业绩大展宏图的锐气，结果是"富贵病"缠身、生意一落千丈。——因为你迷失自己，丧失了自我。

可见，只有在七情六欲面前，在各种机遇面前，在不同道路的选择面前，清醒地认识自我，勒紧生命的缰绳，把握住人生的航向，你才可能收获成功。

认识自己

"认识你自己，"——对此，一定会有人说："谁会不认识自己？"认为那是一句很可笑的话。但是，"认识你自己"却被作为神谕镌刻在古希腊特尔斐神庙上，千百年来未被磨灭，警示着一代又一代的后人。

"认识你自己"中的"认识"，是指由表及里地对自身的全面、客观、深刻、真实地了解。我国古代著名的思想家、道家学派的创始人老子曾讲："知人者智，自知者明。"可见，古人就已经充分注意到了"自知"和"知人"的重要性，并将二者并列在一起，将能否做到这两点与是否明智联系起来。世事沧桑，想"知人"已经够难的了，那么，由于主客观多种因素的制约，要想切实做到"自知"绝非易事。有鉴于此，才又有了"人贵有自知之明"之说。

"认识你自己"之所以作为神谕被镌刻在古希腊特尔斐神庙的石柱上，是因为能够真正清楚地认识自己，实在是太难了。也正因如此，能够准确地作自我定位也是相当不易的。特别是在你比较强大，已经成为众矢之的时。确实，创业难，守业更难。如何守住业，就看你把自己摆在什么位置。

在日常生活中，人们常常对努力十分崇拜，认为凡事努力就是了，只要努力就一定会有所成就的。诚然，若按"过程伟大于结果"论，只要努力了便无憾无悔，这并不错。但是，我们不该凡事都那么洒脱，也洒脱不起，毕竟我们付出了，我们就应该渴求收获。事实表明，照如上逻辑行事，大凡以无大收获或失败而告终。原因何在？笔者以为，人无完人，各有所长，又各有所短。扬自己之长，避自己之短，方能有所建树。而要做到扬长避短，关键是首先全面、深刻地认识真正的自我。在认清了真实的自我的基础上，选准正确的前进方向，再付出足够的努力，才是明智之举，才会有所收获。其实，以同样的努力，在是否充分认识自我的前提下，做此事很可能是忙碌终生，却一事无成；而做彼事则很可能是游刃有余，功成名就。因此，获得成功的公式可以定为：成功＝正确方向＋艰苦努力。

认识自己，说起来容易，可做起来很难。有的人过分看重自身的缺陷，于是产生了自卑心理，失去了应有的勇气和前进的动力，怯生生地了此一生。有的人只是对自身的优点看得特别清楚，加之他人的恭维，便飘飘然了，以为自己是个"完人"，"了不起的人"，于是大刀阔斧地干起了"大事业"，最后是事与愿违，好梦难圆。有的人既不了解自己的优点也不了解自己的缺陷，生活漫无目的，随波逐流，一辈子糊里糊涂，庸庸碌碌。由于不能正确认识自己，即便天赋不凡者穷毕生之力，同样难以留下什么痕迹，最终为流逝的岁月所湮没。

回顾历史，可歌可泣的例子不胜枚举。韩信认识到自己是堪任王师统帅之人，因而甘受胯下之辱，终成大业；鲁迅痛感国弱民穷，深知自己可用笔作武器救国救民出水火，于是毅然弃医从文，永垂史册；西蜀马谡心高气傲，弃谋士之职，而执意领兵出征，落得个"出师未捷身先死"，空留千古遗恨……环顾四周，不认识自己者也大有人在。君不见，有人文笔平平，为经年盛产"无花果"而懊丧不已。不想，一次花钱参加大奖赛，竟获"青年诗人"美誉，于是，信心百倍，做起了作家梦。有人在教育战线工作颇有成绩，但不甘寂寞与清贫，毅然"下海"，结果却是毫无所获。

因此，从某种意义上说，人生成功与否，就在于你能否真正地认识自我，选准最适合自己的位置和前进方向。为使短暂人生过得更有意义和价值，请尽可能地尊重和发挥自己的天赋与潜能——努力学会认识自己。

学会自省

某君原本才智平常，阅历一般，又有些清高孤傲，刚愎自用，绝对称不上成熟。但一别经年，谈吐不凡，热诚谦恭、彬彬有礼，好一副"儒商"的气度，标准的成熟男人的形象，与先前的他简直判若两人！问其"奥妙"何在。只见他谦和地笑了笑，不无惭愧地笑道：哪里称得上诀窍，不过我确实经过长久的深刻的反思，学会自省，得以"脱胎换骨"，才有今天的。

"学会自省"——这是一句多么凝重、深邃而有广泛启迪意义的话。透过这句貌似平淡的话语，你可以想象得到一个有着诸多不是的青年对未来美好人生的渴求，勇敢地无情地解剖自己的痛苦抉择……其实，谁人敢说自己是真正成熟和完美无缺的；有道是"学如逆水行舟，不进则退"，那么，人生何尝不是如此？相对成熟者要更进一步，需要自省，以蓄积后劲，乘风破浪永向前；相对的不成熟者更需反思，以扬长避短，校正航向，开足马力，奋起直追。

如果把人比作一架机器，把人生比作这架机器运转的全过程？假若这个比喻成立的话，那么你就是你自己的舵手，自己的发动机、自己的润滑剂……总之，你就是你自己的一切，而人生的航向、动力等，人生的全部内涵则都由你自己决定。就机器而言，它的正常运转及其生命的延长取决于操作者。为保证其高效能地工作，需要为其加水加油。而在其运转了一定时期后，要让它略作"休整"，操作者此时要检修其零部件。这样，才会达到既提高功效又延长寿命之目的，双方共同得益。但是，在现实生活中，并非人人都明晓其中的道理。有人将人生这艘航船加大马力到极限，一直高速向前，难得适时地慢下来或暂停片刻，重新校正一下航向。其结果，很可能导致航向发生重大偏差，或机器过于劳损，后劲不足而成强弩之末，功亏一篑。也有人走向了另一个极端，即自省发展为过分地自责，以至自卑，并由此产生畏惧心理，缺乏前进的动力和必胜的信心。于是，他们因为心理负担过重，难于自拔，或原地打转，畏缩不前，或动如蜗牛，只落得一事无成，望洋兴叹的份儿。

可见，"拼命三郎"式的只知出力而不知用脑的人，看似"创业者"、"强人"，实则为"匹夫之勇"，"算命先生"式的只知心理动作而不敢勇敢地搏击的人，看似"谨慎的代表"、"自我批评的典范"，实则为"懦夫之为"，这两种人都不懂得"自省"的真正内涵，他们也掌握不了"自省"这一驰骋人生、赢得成功的锐利武器，因此说，并非人人都能真正学会自省的，他对人的综合素质要求很高。首要的一点，是你要有一定的自知之明。其实道理很简单；假如你从不认为自己有什么缺点与不足需要弥补与校正，或者假如你认为自己已经够完善的了，无须反思什么了，那么还哪里谈得上"自省"呢？在有自知之明、能够充分地一分为二地认识自我的基础之上，还需要你有一定的勇气，不仅勇于无情地自我解剖，而且勇于在现实行动中去克服，无论有多艰难，有多痛苦。其二，你要有一定的生活艺术。生活犹如一张弓，有张有弛。张是为了关键时很好地弛，弛是为了关键时更好地张，张与弛是相辅相成，辩证统一的。"匹夫"的"张"与"懦夫"的"弛"都是不可取的。其三，要将长远目标与近期目标相结合。你要赢得成功的人生，必须树立一个远大目标，并脚踏实地奋斗，通过一个个近期目标的实现而一步步地逼近终点。"好高骛远"式的"远视行为"与"急功近利"式的"近视行为"皆属走极端，正确的做法是，坐下来静静地反思，为实现长远目标该确立哪些近期目标，如何努力；为实现这些近期目标该树立怎样一个长远目标，作何具体部署。一言以蔽之，"自省"是获得成功的重要先决条件，成功则属于那些既有自知之明又懂得生活艺术的"学会自省"了的人们。

为自己定位

人生在世，几十个春秋而已，可说是转瞬即逝。那么，如何在短暂的人生旅途中充分展现自己的人生价值呢？或许，答案只有一个：正视人生，尽己全力，开创出一片明丽的天空。

不错，成功带给人的是平生最大的欢喜与满足，每个人都渴望成功。成功的获取，必然是成倍艰苦努力的付出。但是，在这里有一个极为重要的因素往往被忽视，即"人生定位"。"人生定位"，是获得成功的最为必要的前提与决定性基础条件。

人总要有点"野心"的，尤其是青年人。因为没有获取某种成功的欲望，绝不会获得成功。在生活之初，我们既不了解社会，也不了解自己，不知道上帝究竟给了自己多大潜能，自己到底最适合于做什么。正如美国心理学家埃里克森所说：人在青春期后有一个寻找"自我认同"的阶段，这是每一个人一生中都必须面对的课题。青年人要通过种种方式来确认："我是谁"，"我要干什么"，"我应该怎么样生活。"如果这个问题不解决，心理上就会焦灼。

作为一个人，特别是朝气蓬勃的青年人在有限的生命里，不过是所生存的无限时空寰宇中的一小小的点。只有去寻找、找到、找准自己的人生坐标，才能在属于你的支点上闪光，不仅对得起自己——没枉步尘世一回，也对得起上帝——它没白给了你一份天赋。对当代青年来说，这一定位过程可能是很沉重。因为中国的家庭与学校教育封闭，孩子探索自身的历程被人所取代，他们在步入社会后较长的一段时期内，要打碎固有形象，重塑自我。打碎之中的震颤和痛苦是可想而知的，但无论如何你不能停止探求的脚步。

市场经济伴随着改革开放席卷而来，给人们提供了许多施展才华的机会和条件。出国热、经商热、"下海热"……，就像海潮一样一个个涌来，一浪接一浪，一潮赶一潮，人们不断地争相去"赶海"。许多青年人在这一潮一潮的热浪面前惶惶然无所适从：或茫然失措，不知自己该追哪一潮，赶哪一海，或晕头转向，盲目地随人其后赶浪头，结果付出惨痛代价，空手而归，迷失了自我。对此，青年经济学家樊纲明确指出：第一，并不是每个职业都适合你去做；第二，更重要的是，你不可能把什么事情都做好，若今天这个潮来了赶一赶，明天那个热起来了去凑一凑，最后很可能哪个也干不好，弄得个一事无成独懊悔。故而还是要及早根据自身的能力和兴趣，在各种已出现的机会中做一慎重的选择，朝着一个方向付出较大的努力，持以时日，方能有收获，有建树，有根基。切不可盲目"赶海"，即使赶也不必每海都赶，"赶好一个"足矣。

变化的社会给年轻人带来了种种机遇和挑战，而成功者是那些能清醒而准确地为自己做人生定位，并愿为之付出不懈地艰苦努力的人。

修炼职业生活艺术

凡事有术，生活自然也存在生活艺术问题。讲究生活艺术，则生活必定更加高雅通俗、丰富多彩、乐趣无穷。修炼职业生活艺术，包括学会排遣、学会休闲、学会轻轻地抚慰自己，善待缺憾、善待生命，为自己导航人生。

排遣是一种艺术

曾有人将生活比喻成一首歌，一首由苦、辣、酸、甜、咸交汇而成的歌。应该说，这一比喻是相当恰当的、相当贴切的、相当逼真的。

人生在世，谁都避免不了要面对生老病死、成家立业、生儿育女、为工作而忙碌、为应付各种复杂的人际关系而费神……诸如此类的生活琐事。担负如此重任，扮演着多种角色的人们，当然不是不能够享受到合家欢聚、事业有成等快乐，但是，相对来讲，这些快乐并不是"绕梁三日，余音不绝"的。就是说，漫漫人生路，鲜花和掌声并不多见，更多的日子是默默无闻地重复着周而复始的生活；坦途和宽敞大道也并不多见，更多的是布满坎坷的崎岖小路。在复杂多变的社会环境中，每一个具有七情六欲的正常的人，免不了会在工作、家庭和人际关系中遇到挫折、打击和种种不如意，痛苦、不幸、烦恼、苦闷、孤独、寂寞、气愤、屈辱、空虚、无聊……相互掺杂着、叠加着，积郁在心里，得不到缓解和消除，那么，久而久之，诸多不良的心理情绪因为未能得到适时的正常的排遣，还会发生系列"化学反应"和"连锁反应"，而人们心胸尽管说是广阔的，但绝非宇宙一般，浩瀚无边，它的容量是有限的，它的承受能力也是有限的，所以，如此"恶性循环"，长此下去，肯定会出大问题的，严重影响人的身心健康。

既然生活注定了诸多不如意的存在，以及由此引发的诸多心态(实质上不是不良心态)的出现是客观的、不可回避的，那么，具有高智商的人，唯有采取实事求是的态度，正视它、接受它，同时，通过科学的方式方法消除它，使之向着良好的方面转化。这一妙法就是学会排遣。

在面临不幸和痛苦的时候，应该学会排遣。比如，亲友亡故，谁都会沉湎于极度的痛苦之中。但是，只是痛苦，那是于事丝毫无补的，只会使你陷入痛苦的泥潭，久久不能自拔。其实，此时，最聪明的人的做法是化悲痛为力量，将缅怀存于心底，多珍惜自己，更好地生活，争取干出个样子来，以告慰九泉之下的亡灵。这样，你不仅排遣了痛苦，而且收获了成熟和成功。

在烦闷、孤寂、空虚无聊的时候，也应该学会排遣。排遣的方法很多，比如可以出去走一走，换个环境你的心境就会改变的；可以看看过去的日记、书信、照片等，回忆一下昔日的好时光和快乐的事，你的心绪会豁然开朗；可以给好友打个电话或与其约会，向其倾述心中的苦闷，之后，你会感到心情轻松了许多。

在你心中充满气愤的时候，更应该学会排遣。有位哲人说过：生气是最愚蠢的行为，因为它是你拿别人的过错来惩罚自己。此话不无道理。因为，你的气从何来？一般都不是面对穷凶极恶的歹徒，而是身边的人和身边的日常小事，并没有真正意义上的大是大非。所以，总是生气，那是大可不必的。不妨看开点、看淡点，不去认真计较细枝末节的事。如此，你就会不动气了，即便动了气也会很快消气的。可见，排遣确实是一种生活艺术。学会排遣，你的身心会更健康，你就会获得更多的快乐。

学会轻轻地抚慰自己

有位朋友的经历可谓坎坷，生活、事业等方面也并非尽如人意，但他却表现得特别乐观平和，而且表里如一，一如既往，似乎走向他的一切不如意都会被化解，属于他的只有快乐顺意，潇洒得像个"逍遥神"，着实令人羡慕，甚至有些妒忌。问其"修炼"的"秘诀"，乃作诡秘状笑答曰：此无它，唯擅自慰耳。仔细揣摩这句话好久，方解其中意味。看来，解脱——不仅是一门生活的艺术，更是一种做人的境界。

人生在世，不如意之事俯拾皆是。其中，除了生老病死所致的身体的痛苦和因恋爱婚姻家庭而引发的种种煎熬与灼痛之外，最主要的便是名利方面的失意了。例如，凭你的学历完全可以评上某级职称，但却评不上；照你的业绩完全可以当先进，但却没人推选你；按你的才德完全可以当个一官半职，但因小人作祟，使你失去了一个又一个机会，处于"冯唐易老，李广难封"的被动境地等等。

这时候，你该怎么办？须知，生活中的五劳七伤三灾六难在所难免，但你也不必悲观，更不要沉沦。你不必看破红尘，更不要采取过激行动。如果你想成就一番事业，或者使自己生活得宁静潇洒些，唯一积极而有效的办法便是学会解脱。从名利中，从对金钱与地位的无休止的追求中，从鼠肚鸡肠的弯弯绕中……解脱出来。否则，或难免钻牛角尖，自己跟自己过不去，在压抑郁闷中苦度时日，或难免失去理智，对人施以报复。到头来，受害的都是你自己。把不快闷在心里，不但于事无补，反而时间长了会弄出病来；向人发泄，即便人家听你的，甚或安慰你几句，但这都不解决实际问题。因此，不妨从善待生命的高度来宽容自己，轻轻抚慰自己的心痛处，进而达到解脱。它不是阿Q式自我精神麻醉，也不是甘于在显失公道之下屈辱过活，那绝不是真正的解脱。在公正难讨之时，你也完全不必自我折磨，而应保持一种宁静淡泊的心境，对得到的珍惜之；未能得到的，暂弃之；应得而得不到的，懒得伤心费神计较之。

要实现真正的解脱，也并非易事。这就要求首先一定要想得开，看得开。俗话说，不如意事常八九，那么别说世上，就是你身边的小范围内与你境遇一样的人也不一定少，可能还有好多人的境况连你都不如呢。这么一想，你肯定会感到宽慰许多。同时，你对名利也不要看得过重，过分地痴迷。"名利乃身外之物"在一定程度上很有道理，贪得无厌，欲望无穷，有名就想沾，有利就想钻，什么好处都想得到的人，必定会沦为金钱名位的奴仆，永无快乐可言。解脱，不是佛家所言的四大皆空，而是说不应过分执迷于名利，要学会自我心理调治，保持心境的平衡。欲寻真正属于生命的那份最可贵的东西，请学会轻轻地抚慰自己。

善待缺憾

生活中有数不清的缺憾，比如经济不富裕、工作不顺心、家庭不美满、人际关系不和谐等等。假如你是个从不知足、苛求完美的人，那么，你生活中的缺憾更会多上加多。因为，在漫长的岁月中，顺意与悖意、顺心与逆心、得意与失意，几乎无时不在，无处不有。而大千世界，芸芸众生，无论是何人，也无论你身处何方，时空环境、身心健康、气候变化、处世氛围……都是你无法逃避的，由此引发的悲欢离合、喜怒哀乐、成败得失便一直缠绕着你。由于上述因素的存在是客观的，就决定了生活中有缺憾是绝对的，而要想消除缺憾的存在，则是绝对不可能的。

既然如此，我们要拥有美好的生活，就必须正视缺憾，并善待缺憾。因而，当你为追求至纯至真的爱情，不惜苦心去编织理想的花环，渴盼梦中情人翩然而至，而现实中的交往对象却并非你设想的那样完美时，你不必愁眉苦脸，唉声叹气，这些都于事无补。你必须从理想的梦幻中走出来，认识清楚金无足赤，人无完人。如果对方在最基本的几大方面过关的话，那么不妨"求大同存小异"，二人携手，取长补短，不断进步，共创美好生活。否则，一味苛求对方不够完美，你一定会为此而苦恼，固执下去，后果难测，吃苦受害的是你自己。

对缺憾采取什么样的态度，从某种程度上也决定着人会拥有什么样的人生。懂得生活辩证法的明智者，他们首先承认缺憾的存在，暂时取"知足常乐"的态度，不这样便是不遵循规律，自找苦吃。但是，他们并没有知足，没有就此止步。他们也渴求完美，他们将缺憾化作再次前进的动力。就是对完美的渴望，使他们信心十足，不懈追求，向着更高更远的目标，为着近乎完美的成果的获得。而与之相反的另一种人，他们容不得半点缺憾，为此或抱怨上帝不公，或迁怒于他人拆台，或无休止地自责，结果陷入了缺憾的怪圈之中难于自拔。这样，在不很正常的心态支配下，在怪圈的羁绊下，人变得既急功近利又消极无为，非但未能消除过去的缺憾，获得较为完美的成果，反而加重了以往的缺憾，与心中的完美境地愈发背道而驰了。

人生贵在发现，贵在坚持。完美绝不是生来就有的，它是靠一个又一个对缺憾的弥补过程而最终铸成的。所以当你认识到自身的缺憾时，在正视它承认它的前提下，努力想办法补救，终会有所收获，使缺憾变成完美。

善待生命

中央电视台曾播放过一部电视连续剧《错在重逢》，讲的是几个六十年代的师大毕业生历经磨难，三十年后又重逢所引发的一系列故事。在全局将近结束时，有这样一个情节：内向而痴情的卢琳孤独地早逝了，她的几个老同学从医院出来后，全都沉默无言。过了好久，吴为说了这样一句令人深思的话：从白布将卢琳盖上那一刻起，我满心里充溢着四个字——好好活着。

是的，我们应该好好活着。谁都是十月怀胎后，呱呱坠地，赤条条来到这个尘世的。是父母给了我们血肉之躯，赋予了我们的生命，实属不易。况且，人生苦短，只此一遭，我们怎可不珍视生命，善待人生呢？

其实，人们之所以特别强调要好好活着，是因为人往往面临着苦难，它要摧垮你的理智和意志。其中，一个最显著的例子，就是承受亲人突然亡故的痛苦与打击之时，笔者有两个同窗好友。A君成绩优秀，与父亲亲密无间，父亲是他生活乃至生命的支柱。不料，父亲因事故而亡，A君悲痛欲绝，由此患上了神经衰弱症，虽距高考为时不远，但因无法坚持复习，被迫辍学回家了。A君将父亲的期望，化成了一个永远的梦。而B君同样成绩优异，但家境贫寒，与一位年老多病的母亲相依为命。就在高考前的三个月，B君闻听老母亲病危，连夜赶回了家。然而，上苍无眼，母亲不多时就撒手而去，留下孤苦伶仃的B君无声地哭泣。大家以为，B君会成为A君第二，无不摇头叹息。孰料，三天后，B君又回到了课堂，只是臂上多了一副黑纱，人更沉默，更清瘦，也更坚毅了。B君就这样坚持着，走上了高考考场，并以较好的成绩考取了一所重点院校。

这是两个真实的故事。当暑假里笔者到乡下看望B君时，对他的坚强与成功敬佩、赞叹不已。B君却稍露笑容，悠悠地对笔者说：我并不像你想象的那样可敬。说心里话，当时我曾想到死，但后来转念一想，人死不能重生，你就是不想活了也于事无补。活着的人好好活吧! 活出个劲头来，活出个样子来，有所作为有所造就，那才既对得起故去的亲人，又对得起自己；那才是真正对亲人的怀念，才没有空耗双亲赐予自己的生命。

有许多人在历尽艰辛，终获成功时，都不无感慨地说：人生是一条由悲欢离合汇成的河，是一首由苦辣酸甜谱写的歌。因为，人生之路绝不是平平坦坦的，它布满了荆棘与坎坷。有时会令你处于险境，甚至绝境，让你备感生之艰难。这时，有的人或向命运低了头，或随波逐流，苟且过活。其实，这是对生命的一种残害和亵渎。而真正懂得生活的人，他们能够学苏武牧羊，学勾践卧薪尝胆，隐忍坚韧，忍辱负重，顽强地活下去，终于东山再起，喜获成功。这才是真正的强者，真正地珍视生活，善待生命。

学会自我导航

"导航"一词本用于航海、航空领域，指利用航行标志、雷达、无线电装置等引导飞机或轮船航行。但是，日前笔者收到一封系友李君的来信，他在心中称我是他的"导航"。我不仅诧异于"导航"的词性何时由动词活用成了名词，更难承受那种过高的赞誉。

原来，李君是个很有发展前途的人，他具有天资聪颖、热情活泼、真诚善良等多项优点，但是，他生性天真浪漫，爱冲动，容易感情用事，常常在重大选择关头不能很好地把握自己。对此，笔者作为他的一个朋友，一个师兄辈分的人，曾多次批评他，开导他，他也确实稳重多了，成熟多了，并表示日后也要报考研究生。待笔者毕业后，我出于责任感经常写信劝导他，鼓励他，他每每回信，说自己见信后如何地受鼓舞，现正在全力复习等等。半年后，他来到笔者的单位，神情沮丧地说自己考研一败涂地，原因是自己在最后冲刺的时候，与一女孩火热地谈起了恋爱。现在是考研、恋爱双双以失败告终，悔不该不听劝告，没能把握住自己，结果迷失了自我。

俗话说：人非圣贤，孰能无过。作为平平凡凡的个体，我们谁都有困惑、彷徨以至于迷失自我的时候，在这个人生的十字路口，朋友的一番话，很可能会使你茅塞顿开，由"山重水复疑无路"而至"柳暗花明又一村"。可见，在重大选择面前，他人的哪怕短短一句话的帮助都是极其可贵的，极其有力的，很可能一语点破天机，使你在重重迷雾中重新找到前进的航向。

但是，假如你没有这样的成熟而坦诚的好朋友呢？或者由于种种原因，你不能在最关键的时刻得到那种帮助呢？你该怎么办？是坐等朋友的到来，还是无奈地叹息——想必，这些都不是办法。因为，唯物辩证法明确地告诉我们：外因是变化的条件，内因是变化的根据。所以，要想真正地把握住命运，使人生过得灿烂辉煌，最最重要的一条，就是努力锤炼自己，将自己在大风大浪中磨炼成智者，从而把命运牢牢地把握在自己手中，即学会自我导航。

　　诚然，友谊是珍贵的，我们并不排斥他人善意的帮助。但是，正如《国际歌》中所唱到的：从来就没有什么救世主！因而，我们要学会自立自强。而一味地依赖他人，则只能是最终丧失自我。有人将社会比作海洋，每个人都自驾一叶小舟，在大海上漂游。海上会有惊涛骇浪，狂风暴雨，小舟之间会有碰撞，会有高强度的竞争。那么，欲使自己乘风破浪，稳稳地向着既定的目标前进，就必须时刻保持清醒的头脑，擦亮眼睛，握准、握紧前进的方向盘，勇猛向前。

　　无数成功者的经验和失败者的教训都严正地告诉我们：只有自己才是自己真正的主人、真正的上帝。商品经济大潮，为我们展现了一个纷繁炫目的世界，各种纷扰、鼓噪，使许多人迷失了自我，产生了浮躁心理，并引发了诸多盲目行为，也使许多人产生了迷惘心理，悲观失望，不知所从。当然，更多的人不为外界所动，他们冷静观察，重新审视自我，一边校正航向，一边丰富自我，然后向着既定目标，开足马力，一往直前。这是学会自我导航者开创的一条真正的人生之路。

保持生活的节律

　　有位读大学时上两届的师兄，有热情有胆识，真诚正直，作风沉稳，才干不凡。由此，他博得了同学们的信任和领导们的器重，不仅被选为班级和系学生会的主要干部，还被推荐到校学生会任职。大学四年，一直担任多项社会职务的他，有条不紊地安排着自己的生活，不仅工作开展得有声有色，而且学习成绩始终保持优秀，大三时就光荣地加入了中国共产党，可谓思想、学识、能力全面丰收，因而，他毕业时被评为收获最大的优秀毕业生。当新老同学围着他，请他谈谈自己成功的"秘诀"时，他坦诚地表示根本没有什么诀窍，但同时又讲了这样一句话送给大家：生活应有张有弛，努力保持节律。

保持生活的节律，就是让生命的曲线有序而波浪式的延伸。节律可使整个生活的多元目标和努力过程，自然而然地形成一个有机的整体。它仿佛一架在岁月的大河上吱呀吟唱的水车，车页般的日子一页页地翻过去了，漫上来的河水便涓涓地流向岸边辽阔的耕地，于是，播下的种子便开始发芽，破土，吐绿，开花，结果。它就是这样，紧凑而不紧张，快捷而不杂乱，没有大起大落而又细水长流，在此过程中，悄无声息地铸就了成功。说到底，欲保持生活的节律，就要把握好"张"与"弛"的"度"的问题。有些人喜欢过节奏快的生活，觉得风风火火，雷厉风行，才特过瘾，才显得特有现代强人的风度。但是，如此心态支撑下的他们，因才能不及，最后无不深感心力交瘁，得不偿失。也有些人面对必须面对的家庭、工作和人际关系等等，心存畏惧，自生紧张，结果整日里东拼西杀，忙忙乎乎，不仅自己又紧张又累，而且别人看了他也跟着紧张跟着累。如此脆弱的心理和杂乱无章的安排，其生活和事业如何可想而知。再有就是始终四平八稳，怎么也紧张不起来的轻松逍遥派了。因为他们过于放松自己，所以难免无所事事，落后于时代的脚步，成功也变成了可望而不可即的海市蜃楼了。

可见，要想走出过于紧张和过于松弛这两大误区，唯有靠自己去调整生活的节奏，须知张弛适度，才能进退自如，游刃有余。节律是生活的稳压器，它可使生活在任何情况下都能保持新的充实，从而最大限度地减少因情绪化而造成的智力流失，助你一步步地走向成熟，走向成功。

看自己的"电影"

作为平平凡凡的个体，你我他的生活可能就是平平淡淡且周而复始的，长此以往，难免不觉乏味。如何步出这种境地，走向更广阔的明丽的天空呢？有一条小小的"妙计"不妨一试：认认真真地做一回集编、导、演于一身的"三栖明星"，大大方方地欣赏一下自己的"电影杰作"。因为生活需要情趣，生命缺不了激情。在平淡的生活中，饶有兴趣、煞有介事地一手炮制几个小节目，这"佐料"肯定会一石击水，那份惊喜妙不可言，让你回味无穷。

寄信给自己——当今社会通讯的发达导致人们对信件的冷落，其实它联络情感加强沟通的特殊功效仍在。当你春风得意之时、失意之时、闷得慌……之时，像对待一个最知心的朋友一样，用文字提醒他、鼓励他、开导他，一封情真意切的署名为"你远方的挚友"的长信写好装好后，大大方方地投入邮筒，寄给自己。待接到长信后，不要急于去拆阅。存放在床头枕边，有特别的情感需要时，再拿出来，仔仔细细地阅读，宛若与一位远方好友作心灵的对话，精神定会为之振奋。

唱出独角戏——记得著名笑星赵本山曾演过一个小品，演的是一位老太太在家人都上班去了之后，按捺不住喜悦的心情，颤颤巍巍地站到客厅中央，自报幕自编自导自演唱了一曲别具风味的《小草》，令人捧腹大笑。其实，假若你很喜欢朗诵、唱歌、跳舞等娱乐表演，很想过一把瘾，挥洒自如地展现一下自我。那么，你不妨将自家收拾得宽敞明亮，在无任何人在的情况下，准备好必备的全套音像设备，打好腹稿，运足底气，抖擞精神走上场，淋漓尽致地潇洒一番。然后，或在休闲的时候，全家人围坐着欣赏，或在亲朋好友聚会的时候，作为"保留节目"奉献给大家，或在一个人郁闷的时候，将自己的"杰作"放将出来，以一个旁观者的身份，既认认真真又漫不经心地回顾一下那个"很熟悉的陌生人"的一本正经的在某些方面近乎可与专业演员相媲美的"风采"，抑或某一处关键环节上的"掉链子"的滑稽可笑。想必，它在如上场合中会发挥独特的作用，产生某种意想不到的效果。

为自己主办生日晚会——青年人过生日，往往是亲朋好友一大群集聚于歌舞餐厅，推杯换盏，又唱又跳，不折腾到半夜不罢休。此方式劳民伤财，也不见得能留下多少美好的回忆。其实，过生日追求的是一种气氛而不是什么排场。如果你既不想有违朋友们的好意，又欲收获一种更佳的效果，窃以为"为自己主办生日晚会"不失为一独特的蹊径。即：事先通知有关人等请于某日某时光临某地为鄙人共贺生日。你自己要准备好糖茶果品，将自己的小屋收拾好，略加布置装饰，将场地就选定在这里。当朋友们到来时，且惊且喜且疑之余，会立即被这种家庭式的温馨所感染。这时，作为被祝贺者兼主人的你面含微笑，起立致词："感谢大家的光临与祝福！今以本人生日为由，使朋友们欢聚在一起，尤其是聚到我的一方天地中来，这叫'世界很小，是个家庭'——一个特殊的亲密的大家庭。为了我们的友谊，让我们共同祝愿：事业有成！天天快乐！"然后，你将生日蛋糕搬上来，亲自操刀，在闪烁的烛光中，在大家轻柔的《生日歌》的歌声中，一同分享那份幸福与快乐……

/提升职业人生品位/

人生是有品位高下之分的。品位高，则志存高远，粗犷严谨，见多识广，心胸开阔，海纳百川。作为教书育人的教师，其人生品位也需历练培养，要提升人生品位，包括学会忍耐，学会忘却，学会简明扼要地生活，学会从容，学会放弃以重新赢得 片天；耐得寂寞，学会独处；为自己树立一个对手，为自己争该争的面子，最后确保自我提升自我超越。

忍耐是一种境界

记得有一首古人所作的《百忍歌》，其中有这样几句："能忍贫亦乐，能忍寿亦永"，

"忍得淡泊可养神, 忍得饥寒可立品, 忍得勤劳可余积", "忍得语言免是非, 忍得争斗消冤仇", "不忍小事成大事, 不忍善事终成恨。"古人用心血写成, 流传至今的这些至理名言, 今天读来, 对我们后人仍具有不可忽视的重大教育意义。

回顾我们生活的四周, 或者通过新闻媒体经常会看到或获得这样的场景信息: 公共场所, 两个人有时仅仅为一句话, 或者一点小小的磕碰等微不足道的小事而发生冲突。但由于脾气火暴, 缺乏忍耐力和忍让精神, 结果是互不相让, 发生口角, 以至大打出手, 引来众人围观, 更有甚者, 因此造成了伤亡事件。

可见, 在现实生活中, 培养自己的忍耐力是多么重要。当然, 从文字的外形上分析, 我们也不该否认: "忍字心头一把刀", 它需要人具有非凡的克制力。

忍受痛苦可以锻炼忍耐。人生在世, 谁都避免不了要经历生老病死、亲友亡故等不幸。面对痛苦与不幸, 如果你稍一脆弱, 那么你的精神就会被击垮, 从而消沉下去。但是, 你如果想得开, 放得下, 你就能够承受住打击, 化悲痛为力量, 开创出一片新天地。

忍辱负重可以锻炼忍耐。比如, 在与人发生一些小的摩擦时, 你完全可以不管自己对错, 都主动上前道谢。这样, 即便遇到涵养特别差的人, 得理不让人或者恶人先告状, 你都能靠忍耐力把握住自己, 心平气和, 不还口更不动手还手, "忍得人骂不回口, 他的恶口自安静, 忍得人打不回手, 他的毒手自没劲", 忍一时小辱, 换得事态平静, 更由此升华了自己的人格。其实, 你为了成就一番大事业, 并为此忍受着亲人的不理解、他人的猜疑、指点甚至拆台、打击等等, 假如你面对这种种阻力, 毫不退缩, 一往直前, 那才是更令人敬佩的忍辱负重, 定会在事业和人格方面取得大的丰收。

甘于清贫, 耐得寂寞, 拒绝诱惑, 可以锻炼忍耐。市场经济大潮席卷而来, 给人们提供了诸多机遇。"跳槽"改行, "下海"经商, 出国留学……面对这诸多诱惑, 不少人耐不住性子了，跃跃欲试起来。他们的脑袋开窍了，不再满足于现状，不再耐得寂寞，不再甘于清贫了，而是迫不及待地出击了，但其中的大部分人最后是无功而返。当然，也有那样一部分人，他们在诸多机遇面前，没有怦然心动，没有目眩头晕，而是相当地沉着冷静，在最适合自己的位置上默默耕耘，不急不躁。结果，在前一部分人落魄归来之际，正是后一部分人欣喜收获之时。他们，才是真正的成功者，不仅辉煌了事业，更升华了人格。

可以说，忍耐是一种痛苦，是一种考验，是从幼稚走向成熟的转变，是人格和品行的至高境界。同时，忍耐更是一种理智、一种深邃，是感悟人生后的一种智慧、经历挫折后的一种持重。有志者欲升华自己的人格，成就自己的事业，必须锻炼、修炼、磨炼自己的忍耐力，否则将一事无成。

学会忘却

每一个智力正常的人都是有记忆力的，对于人来说，最难以回避的便是回忆。

生活在纷繁复杂的大千世界之中，我们每天都以父(母)、儿(女)等多种角色，盘旋于社会、单位、家庭之间，为了事业、生活和人际交往而不停地奔波着。在此期间，我们几十年如一日地奋斗，风风雨雨，历尽艰辛，饱尝酸甜苦辣。

也许，我们也有过成功，但我们收获更多的是平淡，而且平淡之中夹杂着几丝难言的酸涩。比如，曾经有一种亲情，是你生命的支柱，但它却突然间失去了，让你痛不欲生；曾经有一份友情，真诚而纯朴，为你的生活增添了许多绚丽色彩，但却因为一次别离、一个小小的误会，而从此点上了休止符，你悔不堪言；曾经有一段爱情，纯洁似雪，如火如荼，但由于年轻的固执，不经意地伤害并放走了对方，从此天各一方，而今想来，一切就像在昨天，缠绵悱恻，缠绕着记忆，久久挥之不去，痛断肝肠……

于是，你感到活得很累，很无聊，对现实生活失去了兴趣，对未来更是没有了信心和希望．于是，你逃避了现实，满脑子都是过去的恩怨、离合与得失，你开始依赖回忆去生活，多情或者说重感情的你，人为地走进了一个误区。

其实，即使你是个相当平凡的人，你也一定会有些成就，能够享受到成功的喜悦与快乐。而且，只要你努力，一直向前走，勇敢地面对现实，就会真切地感受到现实生活的美好。过分地沉迷于过去，就会陷入情感的误区，从而迷失自我，徘徊不前。此时，实现解脱的办法只有一个：学会忘却。即便是对昔日的成功与辉煌，也不要念念不忘，因为那只能代表过去，还是收摄起经验的微粒，继续风雨兼程的好，而对于失去的亲情、友情和爱情，一味地痛苦、自责，已经于事无补，不如将那份真情压缩，搁于心底珍藏，化作前进的动力，去开创美好的未来。

曾真正跋涉过的成功者承认，人生会有许多痛苦，但囿于痛苦会使人一蹶不振；人生也会有许多幸福，但沉溺于幸福会使人落伍。因此，当你全身心地投入事业而屡招失败时，当你被纷繁琐碎的事务缠得晕头转向时，当你为一点鸡毛蒜皮的小事与人发生争执而闷闷不乐时……请你学会忘却。此时，忘却就是清晨里一缕凉爽的风，一剂祛除疾病的良药，使你走出泥泽，从而赢得一分轻松与洒脱。

学会简明扼要地生活

在日常生活中，我们常常可以看到两种生活特征迥然不同的人：一种人每天风风火火，又忙家务，又忙孩子，又应付工作，又应付亲朋同事间的交际，又惦记着股市行情，又盘算着寻找一份第二职业捞点"外快"，又关注着分房动向和职称评定，又核计着如何赢得领导信任好谋个一官半职等等。总之，他们是行踪不定，难得消停，一副大忙人的形象。而他们实则忙乱不堪，制造噪音，自觉不自觉地干扰他人平静的生活。其办事效率是否真高，生活得是否充实姑且不问，但客观地讲，"活得好累"恐怕是他们想否认也否认不了的最真实的人生感受。

另一种人则与之截然相反。他们不但把家务和孩子料理得十分妥帖，而且工作干得有条不紊，人际关系正常和谐。他们也不是不关心职称、房子什么的，甚或也与股票、第二职业之类的东西有干系，但是，他们却以优异的工作业绩、平和的人际关系和高超的生活艺术，赢得了领导和同事们的称赞。因此，他们留给人的是一种特别有条理、特别自信、特别轻松愉悦的感觉，其自身的人生感受，想必也大抵如此吧！

对此，也许有人会感到不可理解。不过，当我们仔细透析以上两种人的生活，就会发觉其中的奥妙所在。其实，这里的道理很简单：那是两种不同类型的人所走出的不同人生轨迹——由于他们的处世哲学不同、个人素质不同、生活艺术不同，从而走出了截然不同的道路，在工作、生活、为人处世等诸多方面的收获也大不相同。

想当初，仓颉老先生在造字的时候，曾特意把"人"字造成一撇一捺两画，十分简单明了。但后来，有生命的人有意无意地背弃了"人"字的内涵，越来越多的人变得复杂起来，于是，整个社会生活愈发复杂化了。

何以致此？笔者认为，原因有三：一是许多人曲解了生活的内涵和生存的意义，误以为生活应该是多姿多彩的，太单调了太清净了，生活就乏味了没多大意思了。于是，他们错误地将复杂等同于丰富，费力地追求生活的多元化。更有甚者，有人怕别人认为自己没内涵、没能力、没令人羡慕的交际圈，竟人为地制造复杂，如此，主动往自己身上揽活，"助人为乐"，以显示自己的"能量";拿着记有亲戚、朋友、同学等杂七杂八的人电话号码的通讯录，四面出击，主动联络，电话一个接一个地打，有事没事都闲聊上一通，几天下来，从外面打来找他的电话多起来了，他往外跑去"攻关"或"应付"饭局的机会也多了，俨然成了一个"外交家"、"大忙人"。二是生活庸俗，斤斤计较地争取着无穷多的东西。他们无视人的能力和精力都很有限的客观现实，执意要迷醉于人生，想把人生的一切乐趣享受遍，将世界的所有美景领略够。因此，看到大众传媒煽情展现的，就以为是自己真正需要的；看到别人已经得到的，就以为是自己必不可少的。因而，对没有得到的东西，就拼命地追求；对已经获得的东西，很快地就失去了兴趣。总体表现，既"喜新厌旧"，又"贪得无厌"。尽管从过程和结果看，他活得很充实很富有，但实际上他活得很虚无，很贫瘠，很乏味，很累很累。三是生活浮躁。著名心理学者肖峰认为，节奏日益加快的现代生活常使人们陷入一种精神上的焦灼即浮躁之中，即人们在对人生目标不明确、对人生意义不清楚的情况下，忙碌浮泛又不明所以的混乱无序的心理状态。确实，在当前急剧变革的社会中，人们往往是在身不由己的情况下被拖进躁动的社会潮流之中。社会提供的机遇多多，五彩世界里诱惑重重，一个潮流刚过，又一个新潮流已经涌动。谁都怕跟不上"潮流"就会落伍，就会失去许多不该失去的，也对不住自己。于是，人们便一窝蜂似的"跟着感觉走"，随着潮流翻滚。但是，这种漂流式的追随是很盲目的，它使人上气不接下气地疲于奔命，又不得不浅尝辄止，少有大的收获。卷入其中的人，生活状态有如一口总在沸腾的大锅，里面却什么也没煮。

诚然，善于把复杂的问题搞简单，与善于把简单的问题搞复杂，都是一种本事。但是，按照现代人生活节奏加快的要求，从减轻人的身心压力、提高生命效能来讲，简化生活应该算作一种高人一筹的生活艺术，并值得倡扬。为此，我们要做到"澄清一种认识"、"力戒两种心态"、"掌握一种艺术"。所谓"澄清一种认识"，即要懂得人生价值的大小并不是以生活复杂和简单来截然划分的。生活得简单，不代表人单纯、生活内容单调、生活质量低下，更不能武断地与人能力高低、成熟与否挂钩。简单中也可包含复杂，一种以默默的踏实的奋斗与追求为底蕴的简单，其意义远远胜于那种"无头苍蝇"式的在喧闹浮沉中忙碌的复杂。要知道，复杂也并非全是有价值的，那种盲目的乱动带来的复杂，肯定是空虚的和贫乏的。人生在世，与其追求表面隆重华丽的复杂的形式，倒不如追求核心朴实厚重的简单的内容。所谓"力戒两种心态"，即贪心过度和心浮气躁两种不健康的心态。人都是有贪心的，所有美好的东西人人都渴望拥有，越多越好。但是，你不可能总是心想事成。因此，你只有从实际出发，集中精力向着一个目标努力，你才可能获得成功，拥有那份美好——学会选择，勇于放弃，淡泊明志，不懈进取是关键。同时，越是在社会急剧变革时期，越是紊乱和无序充斥，就越是要求人冷静。因此，我们在忙得喧腾热闹且又莫名所以的时候，不妨给自己的心理冲个凉，使自己的头脑降降温，从而告别浮躁，在冷静的思考中明确人生定向和追求，活出一个简明而充实的自我。所谓"掌握一种艺术"，即学会科学地生活，具体讲，就是对工作要善于抓主要矛盾，按轻重缓急，科学安排，逐个攻坚；对学习要注重实效性，选择两三门自己最需要的新兴学科或交叉学科，集中时间，坚持到底，确保学有所得；对人际交往要恪守真诚的原则，"君子之交淡如水"，你越是虚伪应付，交往就越复杂越费心思，而你越是坦诚相待，交往就越简单越身心舒畅。

我们提倡的是简明扼要的生活。活得简明扼要，绝不是要减少生活的内容，降低生活的质量，取消人所应有的欲望，而是要活得光明磊落，轻松自如。它要求你尽量活得简单些，不可人为地制造复杂；要求你生活方向明确，内容明了，不可漫无目的，毫无章法地乱忙一气，以至毫无成效或收效甚微；它要求你清醒地认识到人生最本质最重要的东西，并将其紧紧地握在手中。只有这样，你的生活才会变得简单、明了而又不失要领。只有这样，你才算掌握了生活的艺术，才会切断浮躁、虚伪和贪图私利的神经，从而把脚步坚实地踏在生活的正轨上，谱写出一曲不凡的人生乐章。

拥有从容

从容，《现代汉语词典》将其解释为"不慌不忙、镇静、沉着"。而对"从容"一词留有最深刻、最真切印象的，还得算小时候所看电影中那些革命志士面对敌人的种种威逼利诱，乃至明晃晃的刺刀与黑洞洞的枪口，稳如泰山、神态自若，那从容不迫、视死如归的英雄气概，吓得手执刀枪的刽子手胆颤心寒，步步后退的镜头。

时下，那种白色恐怖的时代早已一去不复返了。我们也难再遇到那般至关生死存亡的严峻考验了，那么，是否可以说，那份从容我们不再需要拥有了呢？回答是否定的。从容，作为人的内在心态的外在素质表现，不仅是当今时代所需要的，而且亟待发扬光大。

还是在读大学的时候，笔者有位高自己二年级的同系好友，他个子不高，但学识丰富，心胸旷达，沉着稳重，能力不凡，被师生们誉为"小元帅"。说实话，在他的诸多优点中，最令我钦佩不已的，就是他的那份"从容劲儿"。在我的印象中，就没见过他有惊慌失措、惶恐不安的时候，无论是发生多么重大、多么突然的事情，还是面临多么严峻、多么复杂的考验与选择，他总是不慌不忙，冷静分析，迅速做出正确的决断。从那时起，我就将他当作了自己的人生楷模，并努力磨炼自己，争取成为一个从容的不动声色而成大事者。

环顾四周，在我们身边，真正拥有从容的人并不是很多。有的人自信心太差，社会阅历过浅，根本没见过什么世面，没经受过什么大风大浪，于是，在重大事情面前惊恐万分，或想逃避现实，或表现大失常态，如玩偶一般，根本无"从容"可言。有的人在大事面前，虽然表现尚可，还不致于因惊恐而失态，但心虚、犹豫，不能明确决断、运筹自如，这算不上是真正的从容。

当今社会，正处在计划经济体制向市场经济体制的转型时期，商品经济的大潮汹涌潮湃，面对种种机遇与诸多诱惑，有的人不急不躁，在思想上知识上校正自己、充实自己，既不急于"下海"，又不跟在他人屁股后面，而是冷静观察，在主客观条件皆适合之时，从容地走向商海，结果赢得了成功。但是，更多的人，则是在这种突兀而至的情势面前迷惑了，或者找不到自己的位置，盲目下海，随波逐流，或者不知该何去何从，呆呆地怯生生地在岸边上观望着。最后的结局，对其来说也许是注定了的。

可见，拥有从容对人生成败是何等重要。从某种意义上说，从容是一种境界。它源于一个人对现实的清醒认识和对自身的强烈自信。只有从容的人，才能做到临危不惧，处变不惊，运筹帷幄，谈笑自若。从容，也是一种修养。它有先天的素质，但更主要的则是靠后天知识与意志的凝聚，在成功与失败之中磨炼自己而形成的。

从容虽不等于成功，但它却是获得成功的必要条件之一。为了明日的辉煌，让我们拥有从容，坦然地面对百味人生。

耐得寂寞

时下的中国，政治稳定，经济腾飞，文化繁荣，为人们提供了一个相当宽松的社会环境。而市场经济体制的确立，商品经济大潮的冲击，既为人们求生存、求发展提供了许多便利条件，真正实现了"海阔凭鱼跃，天高任鸟飞"，但与此同时，它也加剧了人们在各个领域内的竞争，不可避免地在某种程度上造成了人与人之间在工资福利、社会地位等方面的差距。这种形势，使许多人不再甘于寂寞，或从事第二、乃至第三职业，或跳槽下海，一时间，出现了"全民皆商"的景象。

俗话说：人往高处走，水往低处流。我们并不想指责谁在新形势面前重新做出选择，因为国家政策允许，谁都有这个权利。但是，"全民皆商"却是值得探讨的。诚然，有如此适宜的社会大环境，你若真有经商的素质，那么，你在思考周全、准备就绪之后，下定决心去商海中一试身手，实属可喜可贺之事。

但必须指出的是，在"下海"的人群当中，有相当一部分人是不具备经商的条件的。他们或抱着侥幸心理，或心中不服气，或受着从众心理的驱使，总之，他们是在自身条件不过关、准备不充分的情况下，凭着一颗不甘寂寞的心，比较轻率、盲目地做出抉择的，其后果可想而知。

众多的成功者，他们的成功归功于当时的不甘寂寞。即能够在客观条件适合时，将自身的必备条件也及时地磨炼达标，瞅准时机，毅然行动，准确出击，努力拼搏。方成就一番事业的。同时，从更深一层意义上讲，他们的成功仍然要归功于耐得寂寞上。为什么这样说呢？因为他们确是不甘寂寞的，心中时刻想着有朝一日能在某一领域中一搏。但他们深知：要想不甘寂寞，将来有所作为，眼下必须使自己学会耐得寂寞，苦练本功，为日后大显身手作长期的、艰苦的、切实有效的准备。从某种意义上讲，成功＝才能＋机遇。一旦机遇到来，而自身条件不过关，那就只有眼睁睁地看着机遇溜走，成功与自己失之交臂，独自无奈地叹息了。

失败的原因很多，但有一条是很主要的：耐不得寂寞。他们不满现状，想有所成就，但是，他们并不了解自己的缺点和不足，不知道自己该从哪些方面磨炼自己，没有将雄心壮志落实到实际行动中。这样，面对种种鼓噪和诱惑，他们便热血沸腾，难以自持了，于是，便步入后尘，开始了一轮新的奋斗，结果是碰得头破血流，无功而返。

"立定脚跟方为本"，寂寞是一种凝重，一种深邃，一种恢弘。为了明天的成功，让我们不甘寂寞，但更要耐得寂寞："咬定青山不放松"，只有这样，你才会获得成功的原动力，走向胜利的彼岸。

学会独处

众所周知，人的性格分为外向型和内向型两大类。外向者活泼好动，爱与人交往，而内向者则沉默寡言，喜欢一个人静静地生活，不愿意也不擅长与他人交往。从某种意义上说，性格外向比性格内向更益于身心健康和人际关系的和谐，那么，是否由此就可以定论，独处不好、独处有害呢?窃以为，要回答这个问题，首先应该将"独处"与"孤独"区分开来。独处，实际上是一种外在的生存方式，它指个体暂离人群，回到一个人的生活空间中来。而孤独则是一种地地道道的将自我与外界隔绝开来，由消极怯懦的处世方式导致的封闭式的不健康心态。诚然，孤独性格有时是因为长久独处造成的。但是，独处并非必定导致孤独，它非但不至令人提高警惕、谈之色变心惊，相反，它还是种值得倡导的生活方式。

时下，市场经济大潮席卷神州大地，社会为人的发展提供了相当宽松的环境，越来越多的人转变了思想，从昔日固守的小圈子里走了出来。他们为了生计，应酬不断，出入于各种各样的社交场合，成年累月风风火火，难得清静一下，着实有种"人在江湖，身不由己"的感受。但是，也有相当一部分人，他们既没有献身事业也没有正经忙生意，只是特信奉"多一个朋友多一条路"这句话所揭示的"真谛"，因此，他们成天忙忙碌碌，争分夺秒地与各路朋友打交道，以填充自己的生活。甚至，有些性格并非外向者，为了顺应潮流，也强迫自己去外向……凡此种种，可以说，这些为数不少的人都自觉不自觉地走进了误区。

其实，即使你是一个工作特繁忙，事业也相当成功的人，你也应该偷闲独处，这是种生活的辩证法，"磨刀不误砍柴功"。因为，你长期奔波不止，难免身心疲惫，这时，你找个机会，哪怕是较短的一段时间甚或几小时也好。你找一个属于自己的空间，不受外界任何打扰，静静地坐下来，舒展一下筋骨，梳理一下纷乱的思绪，松弛一下紧张的神经，可以保证，这样的"独处"会令你精神大振。此时，你远离了尘世的喧闹，也脱下了伪装的面具，再现了一个真实的自我，对过去的恩怨得失会忽然间看得很开，心胸豁然开朗，你学会了淡泊宁静，懂得了如何把握自己，如何进一步开拓事业。而且你还会认识到，积极的独处不是对现实的逃避，而是另一种方式的参与。为了明天的辉煌，你该在独处时耐得寂寞，反省自己，苦心经营，补充精神营养，加紧修炼，只有这样，才能将自己武装成一个真正的勇士，战无不胜。

独处是一种靠自己的光芒照耀自己的日子，是一种科学的生活方式。只有学会独处，才能缓解紧张，在积蓄和运筹中重塑自我、完善自我。

学会放弃

读过不少中外名人的传记，也听过不少身边人拼搏奋斗的感人故事。这些人在步入主业之前，大都经历了艰苦的抉择，为了最终目标的实现，他们曾放弃了许多，可以说做出了巨大的牺牲。因此，当他们功成名就回首往昔时，无不感慨万千地说：感谢放弃，学会放弃，积极地放弃。此举虽艰难，但是值得。因为放弃的意义，仅仅是失去暂时的眼前的拥有，而获取的则是未来永远的更大的成功。

是的，唯物辩证法认为：得与失，成与败，都是既对立又统一的双方。你获取时，不可能不为此付出；而即便你失败了，但你毕竟从中汲取了宝贵的经验教训，这也是一笔难得的财富。世上没有平白无故的得与失，失必是因为得，得也必是因为失，二者互为因果。

作为一个正常人，谁都想得而不想失，但是，得是以失为代价的，无失便无得。只想得而不想失，那是绝对办不到的。而人的欲望又是无穷的，谁都希望两全其美，无所不得。但世界之大，人海茫茫，作为平凡的个体，你绝不可能什么都得到，什么都完美。那么，你最想得到什么，你一定要明了，你也必须为此付出艰苦的努力。这一选择过程，无疑就要求你放弃一些东西；这一追求过程，更要求你为日后的成功而放弃许多。纵然你不情愿，但生活有时也会无情地逼迫你，令你做出抉择，做出牺牲。

尽管如此，仍有人在幻想，在企盼，在犹豫，在彷徨。这无疑是愚人之所为。因为，生活早已严正地告知我们：舍不得已有的小天地就会羁绊前进的脚步，迷恋手中的鲜花很可能贻误了美好的青春。什么也不愿放弃的人，常常会事倍功半，得不偿失；像"小猴下山"那样对拥有的不知珍惜，随意放弃，同样会一无所获，两手空空。明智的人在现实生活中，能避开"什么都不愿放弃"和"随意放弃"这两大误区。他们明白，今天的放弃，是为了明天的获得。他们勇于放弃，懂得为何放弃，怎样放弃，暂时放弃些什么。

当然，说起来容易做起来难。要想做到毅然决然地放弃，重新选择职业，必须实践四个字，即"有胆有识"。有识的基础是思想解放，观念更新。有识，才能真正有胆。有胆的根基是有水平，有绝活，有看家的本事，所谓"艺高人胆大"；有胆的关键是目光长远，心胸开阔，拿得起放得下，敢于放弃眼前的一切。

从各种情况看，人欠缺的往往是"胆"。所以，请记住：除了勇敢地放弃，你别无选

为自己寻找一个对手

在日常生活中,尤其是在体育赛场上,时常会有这样几种战况:甲队轮空,直接进入下一轮比赛——队员们除了欣喜,想必还会为没能多打上一场比赛而感到若有所失;乙队力量相当弱小,与出场的丙队实力相差悬殊,根本就不在同一档次,双方队员都打不出情绪,场外的观众也不愿意看这种"一边倒"式的比赛;丁队与戊队皆属强队,可谓实力相当,难分高低。这样,双方队员神情专注,紧张有序,各施高招,比分交替上升,一个高潮接着一个高潮,场下观众大饱了一场"龙虎斗"式的眼福。

这不禁使人想到一个问题,即:如何为自己寻找一个真正的对手?它看似简单,实则很有趣也很重要。笔者在读小学时,曾参加一次年级运动会,到200米决赛时,由于种种原因,只剩下我一个人参赛了。结果,心中得意扬扬的我慢悠悠地"冲"过了终点,得了个冠军,但得到的掌声并不热烈,自己也为这场没有对手的比赛,这个无可争议的冠军而深感无聊与羞愧。

其实,在我们身边,情同此理的事也是很多的。比如,在班级成绩一直名列前茅的小A,面对各方面的荣誉已经有些漠然了。他私下里曾讲,自己的成绩在班中始终第一,且比第二名要高出几十分,久而久之,就感到没什么动力了,真希望能有位同学冲将出来,与他争个高低上下,那么,即使失败了,也会高兴的。因为有了对手,就有了新目标新追求,定会有新的更大的进步的。小B和小C系大学同班同学,毕业后又一同分到某设计院。友情颇深的两人在工作上既是伙伴又是对手。二人基础相同,又都年轻气盛,自尊心极强,因此便攒着干了起来。时至今日，他们在事业上互有长进，且交情日深，这两个青年技术骨干被人们誉为"朋友与对手的合璧"。

其实，真正成熟的人都是渴望有强有力的竞争对手的，而绝不会是特别自私地狭隘地庆幸自己少了对手冲击多了风光时日。正因为有这样的对手存在，你才会有危机感，才会有更高远的目标追求，从而逼迫自己更加努力进取，最终变得更加强大。因此，对于真正的对手，彼此之间，场上是对头，场下是朋友，互荣互存。比如，在雅典奥运会男子110米栏第一轮预赛时，夺冠的头号热门人物、刘翔最大的竞争对手美国的阿兰·约翰逊因摔倒而早早出局。面对世界多国媒体，刘翔表达了自己真实的内心感受：我深感意外，深表遗憾，为失去了一次与他同场较量、一决高下的绝佳机会。在最后的决赛中，刘翔如愿夺得冠军，并以12秒91的成绩平了世界纪录。如果既夺冠又破纪录，那岂不是再完美不过？！就差0.01秒，也就是一个手指尖的距离。假如有阿兰·约翰逊这个最具竞争力的对手在场，从第三道跨栏过后便遥遥领先的孤独的飞人刘翔破世界纪录是极有可能的事。

社会心理学认为，人的天资是需要激发的。"为自己找个对手"便是一个被实践证明了的相当科学而有效的方法。人都是有自尊的，都渴望出人头地，不愿甘居人后，但当你始终居于绝对优势地位时，难免不产生自满情绪和懈怠心理，造成了使人继续上进的非智力障碍，而一旦这时出现了逼近你的强劲对手时，你就会马上警醒、振作，继续努力，奋发进取永不停止。可以说，"对手"是促使人不断前进的外在动力。

不过，在为自己寻找对手时，有几条原则是必须牢记的：其一，该对手必须有一定的实力，至少要与自己水平相当，这样才值得一"斗"；如果其实力略高于自己一筹，那就更具刺激性，可激发起自己争取更大胜利的勇气和信心。其二，对"准对手"即自己为自我激励而私下里设定的"假想敌"，自然是放在心里，秘而不宣的；对公然杀出来的对手，也不要对人宣称什么,只要将其列在心里的"名单"上,用行动和实力去迎接挑战,力争取胜就可以了。其三,体育运动遵循"友谊第一,比赛第二"的原则,此事亦然。也就是说,去竞争、想取胜固然重要,但不可为达到目的而在心中嫉恨别人,更不能恶语伤人,或者采取其他不正当手段对对手打击报复。

有人说,社会在发展,时代在进步,人们的智能、体能、潜能及上进心都在提高且在逐步接近,所以,真正可以长期独领风骚的王者越来越少。诚然,在一定时期内,在某几个特殊行业上,这种现象是存在的。但是,这样的王者颇令人怜惜,因为他们是孤独的,是寂寞的,是缺乏激情的,是在"走向没落"的,是难再引人注目的。因此,对于他们来讲,真正的对手,只能是自己了。须知,"人生最大的敌人就是他自己"。能够战胜自己,超越自我,再造辉煌,难而又难。正因为对手之间能力与水平趋近,竞争日趋惨烈,所以很多人形象地比喻当今体育竞技是"赛场时有高人出,各领风骚一两年"。可见,真正的对手并不缺少,关键是积极寻找,准确选择,选择那些相当有实力和发展前途的人做对手。让我们用人格和拼搏竖起一面旗帜:为自己找个真正的对手。那么,你事业的风帆定会在和谐的氛围中,在竞争的大潮中,始终高高飘扬!

为自己争该争的面子

中国有句俗话,叫作"人活一张脸,树活一张皮"。这可以说是老百姓对面子最浅近的比喻和概括了。而"人过留名,雁过留声"则也可以看作是老百姓"面子观"最坦诚的宣言和注释。

实事求是地讲,要面子并不是一件坏事。因为所有的人格健全、心理成熟的人都有着较强的自尊的渴望与追求，才有了自强不息的人格力量。所以应该肯定，要面子本身是人维护自尊的需要。试想，一个人如果连最起码的面子都不顾及了，那么"识大体，知荣辱"对他便是一句毫无意义的空话了，而由这样的人组成的民族肯定是个毫无发展前途的民族，由这样的民族构成的国家也肯定是要走向衰亡的。这绝非危言耸听，其中的道理相当浅显。

古人云：君子不饮盗泉之水，廉者不受嗟来之食。就是说，面子也是人格的一种外在的价值尺度，揭示着人的荣辱誉毁，以至民族的兴衰，国家的强弱。回顾历史，有像不辱使命的唐睢、宁死不屈的文天祥等一大批为国家和民族的尊严与气节而不惜牺牲自己生命的光辉范例。

这些人之所以名垂千古、备受后人的颂扬，是因为他们争面子争得好：既捍卫了国家尊严，又保全了民族气节，也维护了自己的人格。但是，时下，争面子在某些人那里走了调，变了味。比如，个别领导者到下面检查工作时，警车开道，前呼后拥，好不威风。而不少基层干部为了个人部门的利益，以及在上级领导面前争个面子，不惜调兵遣将，紧急部署、大做表面文章。这样的面子，有损于国家和人民的利益，是万万要不得的。

在日常生活中，最常见的是一些平凡的人，他们曲解了面子的真正内涵，以为争面子就是为了出风头，引人注目，令人羡慕。于是，为了图虚荣，他们不得不"打肿脸充胖子"。如：某些文人为出一本"专著"，好给自己脸上贴金，弄个"作家"、"名人"头衔，竟不顾自己作品水平的平庸，厚着脸皮请名家为自己的"专著"作序，不去想如此这般，恐怕风头尚未出尽，作品却早已成了速朽之作。再如，某些青年男女贪慕虚荣，时时处处与人家攀比，在结婚时不惜四处借钱筹款，豪华装修，大宴宾朋，把婚礼办得好不风光，可是，事后当"经济危机"袭来时才傻了眼。这就叫"死要面子活受罪"。

其实，我们提倡争面子是希望人们去为自己该争的面子。切记：在面子面前，为祖国的尊严去争是光荣的，为人民的利益而不惜自我牺牲去争是高尚的，而为自己的虚荣心去争，企图花钱去买面子是最无聊、最可怜的。奉劝人们尤其是年轻朋友，将面子从虚荣的泥潭中拯救出来，并赋予它自尊的内涵，积极竞争、不懈进取，靠辉煌的工作伟绩为自己争面子，赢得充实的人生。

/ 构建和谐职业人际 /

和谐人际是和谐社会的基本内容和基础一环，也是实现自我和谐发展的关键所在。教师也是普通社会人，也会遇到社会交往方面的诸多困惑，一定程度上影响到人际关系的和谐稳定。所以，要构建和谐人际，必须善待妒忌、感谢伤害；通过"最后的道白"，引领自己走出失恋的阴影；恋爱不成改做朋友，巧妙步出挫折苦痛并由此拓展为广阔人生。

善待嫉妒

所谓嫉妒，是指因别人在学识、才能、声望等方面超过自己而产生的一种怨恨心理。其实，如果从本源上讲，嫉妒心理是很正常的。因为，谁都希望自己优秀，出类拔萃，高人一筹，如果别人超过了自己，心生不快是很自然的。若说，此是处于下风者心中快慰不已，那才是天大的笑话呢！

可能有人会讲，本人就没嫉妒过别人。对此，笔者认为有两种可能可以作为解释：其一，你是在撒谎，是想标榜自己人格高尚；其二，你只说了半句话，即后半句——本人战胜了嫉妒心的作祟，没有让它伴随自己的生活历程，而省略了前半句——本人在看到别人强于自己时，也曾顿感不快，甚至不自觉地生出些许怨恨之情。这就是说，嫉妒心是客观存在的，任何否认嫉妒的观点都是不符合实际的。

众所周知，嫉妒是个毒瘤，它一旦在人心中扎根，那将是很严重很可怕的。一个人心存嫉妒，容不得别人强于自己，否则就心生怨恨，恶言恶语，甚至不惜造谣诽谤，即嫉妒心过重，危害有二：一是时刻想着自己要立刻赶超别人，但难求速效，难免心中郁闷焦躁，发展下去可导致精神疾患；二是时刻想着张三李四比自己强，为赶超他们而采取某种过激的言行，结果搞得自己人际关系紧张，在集体中特别孤立。嫉妒，损人又不利己。

但是，如果辩证地看，嫉妒也并非毫无可取之处。首先，自发的嫉妒心可以转化为前进的动力。一个人如果见到别人超过自己而无动于衷，就表明他没有了荣辱心，失去了上进心。此时，不自觉产生出来的本无恶意的嫉妒心完全可以迅速发生质的转化，转化为美慕，并由此顿生努力进取赶超他人的信心和力量。

再者，"山外有山，楼外有楼"，我们周围有强于自己的人存在，这是很正常的事。遇有别人强于自己，便心生烦恼，那是自己与自己过意不去。与其自找苦吃，还不如豁达些，潇洒些，向他们表示真心的祝福。

同时，自己心中暗下决心，一定要取其长，补己短。这样，你便将嫉妒升华了，升华成一个榜样，一个赶超的目标。在这种心态支配下，你会变得心平气和，而且会感到生活格外有劲头。于是，你在不断地由赶超者到被赶超者的角色转换中，依靠被转化了的"嫉妒心"的支撑和被升华了的"嫉妒"的力量，在平平淡淡、不动声色的生活过程中，既完成了向健康心理的转化，从而锤炼了自己的人格，又实现了不懈进取、再创佳绩的目的，可谓一举两得。

环顾四周，在我们的身边，既可以看到嫉贤妒能者，也能够发现真诚友善的进取者。前者往往都是些才智平平、心胸狭隘者，人际关系紧张，没什么成功可言，而后者多半为才智较佳、心胸开阔，为人真诚的上进者，各方面都比较成功。故此，笔者奉劝朋友们：善待嫉妒，转化嫉妒心理，升华嫉妒，只有这样，你才可能获得成功。

感谢伤害

有这样一则故事：从前，有一位农夫，家中有一个如花似玉的女儿，前来提亲者络绎不绝。农夫为此很是伤神，不知到底应该如何选择为好。后来，他突发奇想，举办了一场别开生面的招亲会。他站在招亲会场——一个大水塘边，对前来应招的小伙子们说："我的女儿在水塘那边望着，你们谁能从这边游到对岸，我就将女儿许配给谁。不过，这水塘里有五条大鳄鱼。"小伙子们听罢，一个个面面相觑，谁也没敢动身。水塘边静悄悄的，过了好半天，突然听到"咕咚"一声，只见一个小伙子已经扑入了水塘，他拼命地向前游着，终于爬上了对岸。这时，农夫走过去，乐呵呵地拉住小伙子的手说："祝贺你，勇敢的小伙子。"可那小伙子却惊魂未定，喘着粗气道："不，不，我是被人推下去的。"

听了这个故事，我想：这位出乎别人、也出乎自己意料而喜得佳丽的小伙子，此刻，他不会去找那个想要他在众人面前出丑、想要他被水呛、甚至想要他被鳄鱼吃掉的人算账了。因为，这时的他一定明白了这样一个道理：假如不是那人把我推下水，我很可能没有勇气跳下去，那就绝对不会拼死游到对岸而喜获成功的。想必，他会在心中默默地向那人表示谢意，或者想方设法找到那人，当面向其表示感谢，感谢其给了自己一往无前的勇气和力量。

诚然，我们每个人都渴望得到关心和爱护，人生过得更温馨，更快乐。但是，我们都生活在群体当中，要和各色人等打交道。因而，谁都难免不被人有意或无意地伤害。面对伤害，不同的人采取了不同的对策，最后走出了不同的人生之路。小A大专毕业，分到一家不很景气的企业工作。年轻气盛的他不愿意看到厂子半死不活，直至被拖垮的现实。于是，他夜以继日、刻苦钻研，终于搞出了几种新产品，产销两旺，使企业的经济效益大有改观。可就当他想大展宏图之际，各种风言风语四起，说他不把老前辈放在眼里，想窥视厂长的位子等等，在厂内闹得沸沸扬扬。遭此打击，他很是伤心很是颓丧，便就此沉寂下去了。而中师毕业的小B，在回到家乡中学任教后，不仅工作干得很出色，而且还通过自学获得了大学专科和本科学历，并准备报考硕士研究生。这时，说他"要跳槽"的谣言、讥讽他"蛤蟆想吃天鹅肉"的恶言恶语传遍了校园。但小B不为所困，反倒更平和更有劲头了。为了争这口气，他利用课余时间刻苦攻读，发愤图强，终于被某重点大学研究生院录取了。

可见，伤害，在某种程度上也是人生的一笔宝贵财富。因为，在现实生活中，人们时常会自己迷惑自己，自己束缚自己，以至于畏手畏尾。就是说，人最大的对手往往是你自己。人很难战胜自己，但是，面对别人的伤害，用恶劣的言行将你推向悬崖时，你别无选择，不得不拼命挣扎。当然，你若自暴自弃，或者对人"以牙还牙"，则你只能成为一个受害者、失败者。而真正明智的强者，则会将错就错，不屑于去做无谓的辩白，保持缄默，把伤害化作一种激发自己上进的力量，并一直坚忍地走下去，定会最终战胜自我，喜获成功。这正如一位诗人所写的："我相信有一天／我流过的泪将变成花朵和花环／我遭受过千百次的遍体鳞伤／将使我一身灿烂。"

最后的道白

孤身走在大街上。有一首歌久久回响，刺痛肝肠。

在雨中，路也蒙蒙，眼也蒙蒙，难辨故乡在何方。

雨过天晴，万道霞光。踏着纷纷落叶，寻着逝去的足迹，走向天涯海角。

也许有一天，身融残阳如血，目送夕阳西下，情思潮涌。方才领略"轻飘飘的旧时光就这么流走"了，待蓦然回首，"已匆匆数年"。爱是一朵五彩流云，它轻轻地来正如轻轻地走，它轻轻地走也正如轻轻地来：抗拒不了更挽留不住。纵使万般难忘，难忘你"乌溜溜的黑眼珠和你的笑脸"，可事实已证明一切铮铮誓言都变成了美丽的谎言，那么又何必叹息何必流连？！

我祈祷，祈祷那种纯情和至上的爱。我们都爱幻想，都美慕"流浪"。去外面的世界，或许远方有洁白，或许天空中飞翔着不知名的青鸟。但当我操起双桨，扁舟还没有起航，我猛然发现：你竟将命运的丝缰拱手相让，你不想流浪了，你是那么地贪恋静港。于是，"苍茫茫的天涯路"成了我的漂泊，"寻寻觅觅常相守"也成了我的脚步。我孤独沉闷，但不寂寞颓丧；我流浪但永不会回航。我相守，我的回忆，我心灵的圣地；我寻觅，新生的希望，而不是碎梦的沉迷。

或许正如夕阳西下，倦鸟归巢，人生无时不在寻求更完美的归宿，于是，"你将踏上旧日的归途"。于是，终点成了起点，于是潇洒地走。行前还欲再唱"人在旅途"吗？

呵！"也许我们的心事/总是没有读者/也许路开始已错/结果还是错/也许由于命运的安排/我们没有别的选择"。那么，走吧，走吧，不过，"我请求你/勿要用爱/折磨我的情/勿要用情/暗杀我的心/我要你的欺骗/温柔的怜悯……我没有成功/在日历上找不到的早晨"。

是的，我深知"人生难得再次寻觅相知的伴侣"，但我更明了"生命终究难舍蓝蓝的白云天"。世上哪有终极？哪有永恒？"我们已无法回头/我们也无法再向前走/亲爱的朋友/

我们今世一无所有／但绝非一无所求"。相信，"不是所有的梦都是虚空／不是所有的分离都是哀伤／我们还有期待"。即使"为绝望而期待"，也不可"为期待而绝望"，再创一种美丽。真正的人该正视现实，更该承认过去。过去的是最纯真最美好的。把至真至善的过去压缩压缩再压缩，掷于心底，留给未来吧，一如把梦留给夜。

别企求曾给予过的要有回报，也许你本可给予的更多。

别后怕曾伤害过的会有审判，也许你心灵的创伤反而更深。

爱我所爱，无怨无悔无憾，真情弥漫人生旅途，永远永远。

恋爱不成做朋友的智慧选择

时下，年轻人大都崇尚一种独立自主的自然而然的恋爱方式，即在自己结交的朋友圈内，建立在相互了解和一定情感基础上，发现目标，明确对象，自由选择，由友情升华为爱情。这种方式较之第三人牵线搭桥，确有其不可多得的长处，值得倡扬。但是，在实现交往性质历史性转折的关键时刻，有许多人却由于判断失误，给对方造成尴尬，不仅恋爱不成，甚至昔日的友情也难再继续，可谓"一着失误，全盘皆输"。那么，涉世之初的青年朋友在遭遇上述尴尬之时，应当如何冷静对待，化险为夷呢？笔者认为，误闯爱情红灯并不可怕，可怕的是执迷不悟。此时，真的是"进一步山穷水尽"，而"退一步海阔天空"则不是不可能的。能不能退回来，退得自然——实现"这里的黎明静悄悄"，变"退一步"为"进二步"——实现拯救面临严重危机的友情，并纯洁、深化已有的友情的目的，确实是需要智慧的。在这里，有三大要素是万万不可忽视的。

其一，胸怀宽广。在好朋友的圈子里，你看中了一个他(她)，你觉得你们之间感情不薄，而且关系绝不一般，已经到了该挑破那层纸的时候了。于是，你鼓足勇气，满怀信心地主动出击了。但是，对方根本没有那种感觉。你尴尬不已，你大失所望，你甚至心底产生一股又羞又恼之情，恨不能逃之夭夭，用一只天外神刷将刚发生的那一幕涂抹得干干净净、不留下一丝痕迹等等，这都是可以理解的。然而，你必须面对现实，正视这一切。拿出你作为一个男人或者至少是作为一个人应有的宽阔胸怀，向对方真诚地致歉，并学会"退而求其次"，颇为君子风度地诚挚地对他（她）表示：爱情不在不等于一切不在，有缘无分表明我们毕竟有缘，我希望自己能成为你最好的朋友之一——事实是最终验证者。就是在很短时间内，你作出表示，才能真正看出你的胸怀。羞愧而逃、恼怒而去，都只能证明你的狭隘；言不由衷地说那种"爱情不在友情在"的套话，就证明你不仅狭隘，而且虚伪。不需要太多的言语，但关键时刻，你必须有所表示，让对方感到你的真情，你的坦诚，你的心胸，你的风度。这是化解尴尬，继续以朋友交往，并深化友谊的最重要的基础。

其二，技艺高超。在经历了那一幕后，要保持并深化友谊，确实是有一定难度的，这就要求你具有高超的交际技艺。一方面，你要做到"君子坦荡荡"。"君子一言，驷马难追"，你必须兑现自己的诺言。你不仅要继续出现在他（她）的（其实也是你的）朋友圈之中，而且要轻松自然地出现在他（她）面前，和昨天没有任何异样的感觉。"心地无私天地宽"，你真正做到了这一点，你才能不存芥蒂，坦坦然然，才能让他（她）真切地感到你的胸怀。另一方面，在因你而产生流言蜚语时，你必须勇敢地站出来，澄清事实，为其辩白。平日里，你可以有意无意地"现身说法"，向身边的人赞美式地介绍他（她），为他（她）做广告。在他（她）没有恋人前，热诚地为他（她）引见更多的朋友，以期有所收获。如此这般，让他（她）真切地感到你是个有责任心的好人。再一方面，你要做到亲而有"度"。亲，是因为你把他（她）当作好朋友，你要比其他朋友对他（她）更亲近。有"度"，是因为你毕竟不是也不可能是他

（她）的恋人。不亲，你有违诺言，彼此成不了好朋友；不讲究"度"，你更是背叛诺言，给人玩弄花招的伪君子的印象，彼此恐只有断交的份儿了。欠了，不够朋友；过了，不是朋友。因此，要把握好这个"度"，必须注重彼此的交往频率、亲近度适中。只有这样，你才能让对方感到你是个可信赖的真正的朋友。

其三，人格高尚。胸怀宽广与否，交际技艺高超与否，归根到底，总开关是人格修养高尚与否。如果说，宽广的胸怀是桨，高超的交际技艺是帆，那么，不凡的人格则是船舵，是将友谊之舟驶向迷人港湾的关键。人格修养无处不在，无时不在。在男女交往中，尤其是在爱情触礁的关键时刻，特别能够考验一个人的人格。你的心胸是否宽广、心地是否善良、是否与人为善、是否真诚和善、是否言行一致、是否诚信可亲，都可以通过二人的交往得以验证。其实，在那样一种情境下，你作出"爱情不在就潇洒挥手作别，从此成为路人"的选择，也是无可厚非的，只要你告别得自然平和，只要你没有过激言行，只要你过后不再纠缠。我们并不苛求所有人都作出"恋人不成成朋友"的"君子选择"，但一旦你说出了这样的话，作出了这样的选择，那你就必须兑现，而且必须认真践行诺言，绝不是说说而已，也必须发自内心地自然而然地去做，绝不是为显示自己的高尚而做给人看，或者"贼心不死"，放长线钓大鱼，搞"明修栈道，暗渡陈仓"。假如你的人格素养不高，则即便你作出胸怀宽广的样子，装得了一时，却装不了长久，早晚要被时间检验出来而被对方看穿真面目；假如你的人格素养不高，则即便你的交际技艺再高超，表现得一如既往，滴水不露，但没有牢固根基的支撑的交际手段不可能长久运用自如——也许过了挺长时间，你才被对方看清本质，可这一天就是你们朋友关系的终点站了。

总之，我们要不断强化自己的人格修养。人格修养提高了，则无论遇到多么复杂的局势，我们的心境自然平和、心胸自然宽广，交际技艺绝不会低劣，友谊之舟也绝不会被搁浅。

/ 谋求自身科学发展 /

作为教师，不断地在教学工作实践中进行自我调适，其最终目的是要谋求自身的科学发展。这就要求我们，必须注意新人慎踢"头三脚"，办个"引进人才展示会"充分展示自己，为自己充电、为自己加码，学会生活辩证法、学会定期盘货、学会完善自我，坚定不移地贯彻集成资源抓思教的原则方针，从而做个备受学生欢迎的好教师。

为自己充电

有一种竞技场面令人振奋：场上各路选手奋勇争先，场下各方啦啦队的呐喊声排山倒海，结果参赛选手都取得了超过平时的好成绩，甚或有新纪录诞生。选手好成绩的取得，场外观众的鼓舞起了相当重要的作用。

但是，假如没人在场外为你助威，你将该当如何？比如，你去参加一场登山比赛，身边没有一位观众，大家都是选手，都在奋力向上攀登。行至半山腰，你腰酸腿痛，气喘吁吁，感到难以支持时，你怎么办？环顾四周，孤立无援，前后都是奋力向前的选手，有的就在你要停下之际超越了你。此时，摆在你面前的只有两条路：或者咬紧牙关，继续攀登，不管名次如何，但最终你将登上顶峰，你是一个成功者；或者心里一松，身体就势瘫软下来，从此再难站起，唯有眼睁睁地看着一个个选手从你面前超过，听着山顶上传来胜利者的欢呼声，而留给你的只有摇头叹息的份儿，你是一个失败者。

谁都渴望成功，都不愿做失败者。许多历尽艰辛、最终获取巨大成功的人，在谈到自己的奋斗历程时，总会这样讲：人最大的"敌人"不是竞争对手，而是你自己。在我最感艰难困苦、很想止步放弃的时候，理智的我战胜了情感的我。因为我知道，在那个紧要关头，或停止或继续，仅一念之差，却预示着两个完全不同的结局。为了胜利，我不住地警醒自己"坚持、坚持、再坚持"，我也不住地为自己打气鼓劲"坚持住！你会胜利的！你一定会胜利的！"于是，我真的成功了。

可见，人无论是在竞技场上，还是在日常学习、工作和生活中，欲善始善终并取得一定的成就，有一条因素在其中起着举足轻重的作用，那就是学会鼓励自己，为自己"充电"。

社会心理学认为，激励对人生成败具有不可低估的作用。俗话说："旁观者清，当局者迷"。当别人遇到挫折时，作为局外人，我们会对其予以鼓励，使其重新振作起来。但换了自己，情况则大不一样了。有时，本来并不算大的困难，但对被困难压倒的你来说，就是天堑鸿沟了。倘若在这一关键时刻，你能及时鼓励自己，给自己以勇气，便会顿时充满必胜的信念，勇敢地大步前行。

唯物辩证法告诉我们：外因是变化的条件，内因才是变化的根据。因而，靠自我激励比靠他人激励，意义更重大。人生就像爬大山，人生又像趟大河。确实，人生之路漫长而坎坷，它无时不在削弱你的斗志，需要你时刻不忘为自己"充电"，尤其是在人生的几处关键路口，更要学会激励自己。只有这样，你才会牢牢地把握住人生的航向，乘风破浪永向前。

学会生活的辩证法

大千世界，芸芸众生。作为一个平凡个体，你、我、他无不渴求生活美满，事业有成，获得一个无怨无悔的真正有价值、有意义的人生。但是，由于我们的学识、能力、经验和阅历等方面的素质并非完美无缺，加之时下社会关系复杂，社会竞争激烈，时代前进的节奏明显加快……诸如此类多种主客观因素交织在一起，有时会使我们有招架之功，而无还手之力，一天到晚疲于应付，心力交瘁，却又往往漏洞百出，做出许多不尽如人意的事情来。这样，我们难免会陷入迷惘、困惑痛苦之中难以自拔。

其实，对于大多数初涉社会者，刚刚走上这个五光十色的人生大舞台之时，遇到上述情况是很正常的，无须惊诧，更不必消沉。那些从这条路上走过来的先行者，成功者的经验告诉我们：在这个时候你需要静下来，深刻地自我反省，回顾过去所经历的一切，对自己、对周围的人和事、对社会予以重新认识，校正自己的思维和处世哲学，定准前进的航向，也就是说，要求你对人生作哲味的思考，仔细品味，慢慢摸索，学会生活的"辩证法"，从而真正地把握住自己，勒紧生命的缰绳，漫步在人生的旅途上。且不要怕这里所说的"辩证法"，它并非马克思主义理论所讲的唯物辩证法那样高深莫测，难于把握。生活"辩证法"，自然蕴含于社会生活的方方面面，就像矛盾无时不在，无时不有一样。只要你是个有心之人，生活不保守不偏激，又有做生活强者的决心，那么你一定会有所收获的。

知足——不满足。因为人生之路是漫长的，跋涉过程是充满艰辛与坎坷的，所以每当我们前行一段路程时，不妨驻足歇脚，将脚下当作一个驿站，为过去的成败做个小结。尤其取得成功时，应该学会知足，为自己的成功欢呼，哪怕无人喝彩也要为自己送上一朵微笑。只因为明天路还长，我们需要用"知足"来获得自信，勇气和力量。真正的知足，绝不是刀枪入库马放南山，从此止步不前。恰恰相反，它代表着"不满足"，正在为明日开启新的征程做精神上的"充电"。

美慕——不嫉妒。一切美好、高尚、崇高的东西，都会令人美慕，这是人之常情，它是人追求真善美的更高境界。但嫉妒之心人皆有之（程度因人而异），尤其遇到别人的学识、能力职位优于自己时，有些人顿生一股嫉妒之心。其结果，这种不健康的心理若深藏心底，则有害于自己的身心健康，若通过某些言行表现出来则只会自毁人缘，造成人际关系紧张。总之，它是损人而不利己。那么，我们不如怀着纯正之心，真诚地向人家祝贺。与此同时，我们的自尊会促使自己将对方作为榜样，取长补短，加倍努力赶超上去，这才是我们应取的态度和做法。

宽容——不放纵。"大肚能容，容天下可容之事"，"能容人处且容人"，"以宽待人"，这些话说的都是要学会宽容，宽容是一种高境界，一种积极健康的心态，一种美德。但宽容不仅单指宽容他人，而且也应该包括宽容自己。即：当自己实在是因为力所难及，无法完成某事时，需要宽容自己，而不应自轻；当自己为实现某一目标，虽然付出很大的努力，但由于诸多因素而未能达到预期目的时，需要宽容自己，而不应过分自责。当自己说错话做错了事，造成了很严重的后果时，需要宽容自己而不应该懊悔自己，萎靡不振，失去生活的信心和勇气。当然，这种宽容绝对不是无原则的宽大自我，更不应该放纵自我，为自己偷懒与无为寻找堂皇的借口。而是正视现实，积累经验，增长本领，以退求进，争取更大的成功。

树立榜样——活出自己。在现实生活中，人们对待他人大致不外两种态度。一是清高自大，目中无人，唯我独尊。其实作为平凡的个体，群体之中优秀者大有人在，即使你并非凡夫俗子，但毕竟"天外有天，人外有人"，所以持这种态度显然是不正确的不可取的，不利于自我成长，二是大多数人能够正视自我，能够取长补短。他们在诸多方面都为自己树立一个榜样。诚然，这种做法的出发点本身是好的，本无可非议，但是问题在于，不少人对待榜样、学习榜样的问题上，采取了机械的、形而上学的做法，由崇拜榜样到迷信榜样，机械地效仿, 想要将对方的优点全部学过来, 将自己彻底能够脱胎换骨, 成为一个令人惊诧的全新的"新人"。实际上人各有所长也各有所短, 即使学对方长处也要考虑自身情况, 切实做到内外有机结合, 才能见效。否则, 盲目地模仿人家, 优缺点不分, 统统"拿来", 很可能因胡乱"嫁接"生出个"四不像"。即: 你失去了自我, 事与愿违, 留给你的只有后悔的份儿了。

渴望成功——期望值适中。在改革开放时代, 在市场经济大潮中, 在人人追逐个性解放和人生价值的今天, 人们无不渴求成功。那么追逐成功就存在一个"期望值"的确立问题, 期望值适中与否, 与成功系数有着相当密切的关系。一般来说, 只有少数人, 因能力有限或因胆量不够或为确保成功率而不惜"从零开始", 因此才将其期望值树立得比较低。此外, 大多数人渴望成功心切, 而且是渴望大的成功, 于是在这种心理支配下, 不自觉地将期望值树得相当高, 尽管心情还是可以理解的, 但是俗话说得好, 心急吃不了热包子, 想一口吞下个胖子, "一步到位"是不可能的。须知, 万丈高楼平地起, 过高地评价自己, 或忽视客观条件, 盲目乐观, 期望值树得高高的, 期冀以最快的速度求得最大的成功, 最后只能事倍功半。因为客观规律是不可以违背的。事实证明, 成功属于那些知己知彼、坚忍不拔, 将适中的期望值付诸于实际行动的人。

学会定期盘货

定期盘货本是一个商业术语, 它特指那些从事供销业务的公司、商店等单位, 每隔一段时间都要挂出"今日停业"的牌子, 全体员工对前期销售情况作一总结, 清点库存, 看什么积压、什么脱销, 然后对今后的进货与销售等制订一套新计划。

近日读报，方知"定期盘货"有着更广泛的社会效用。报载，我国著名社会学家费孝通学识渊博，但治学处世皆很严谨。一次，有位编辑前来约稿，费老却十分抱歉地表示：我现在要"闭门盘货"（也就是关起门来"点货"，对知识进行分类、比较、归纳和提炼，暂时不对外零售）。其实，无论名人还是平凡者，也不管是做文章还是其他事，有一个道理是相通的：成功不可能一蹴而就，需要不断地去总结、去积累才会最终实现。

为什么这样讲呢？只因为人的生命是有限的，而知识却是无限的。若想在有限的时空范围内获得成功，必须学会科学的工作方法，还必须付出艰巨的努力，二者缺一不可。定期盘货不仅是一种科学的方法，而且也是一种艰苦的劳动过程，它体现了方法与劳动的最佳结合，因而最可能成功。

然而，在现实生活中却有相当比例的人不甚懂得这一科学道理，不甚明晓其中所包含的浅显而深刻的辩证法，结果远离了成功。不是吗？有些人特别是有了些名气的人，他们对社会各界、方方面面的邀请来者不拒：今天这个杂志约稿，明天那个会议请做报告，后天又是什么研讨会特约主题发言等等。其工作精神虽说可嘉，且不摆架子，乐于助人，但是，如此这般疲于应战，还哪有时间自我总结和提高呢？长此以往，恐难再听到或看到他有什么新观点了。于是，他们只能将过去已有的那点东西翻过来倒过去，不厌其烦地去写去讲。倘若有谁乐于此道，不甘寂寞，走马灯似的抛头露面，那么他很快就会"江郎才尽"的。到那时，他不仅仅是耗费了别人宝贵的时间，更重要的是自毁前程。

我们每个人的学识能力都很有限，经验阅历同样是很有限的。但是，各个方面均颇有限的我们还必须从事自己担负的工作，去面对竞争激烈变化万千的社会，对此，要想跟上时代前进的步伐，并争得一块属于自己的立足之地，开创出成功的事业天空，道路只有一条，此外别无选择，即学会"定期盘货"。这就要求你掌握好生活的节律，每当奋斗一段时间后，不定期地停顿一下，略作体能的休整，同时，也检查检查自己的知识"库存"，及时补充给养，以利再战。而且还要反思自己在能力、处世等方面的欠缺，连同前进的航向，一并做出调整、校正。只有这样，你事业的航船才会乘风破浪，向着成功的彼岸迫近。

学会完善自我

"士别三日，当刮目相看。"对这句古人的名言，前些日子在一次同学聚会上，我有了更深切的感觉。A君性格内向，寡言少语，不爱与人来往，且学习成绩平平。在火热的大学校园里，各种各样的丰富多彩的活动与比赛，给有一技之长或不甘寂寞的大学生们提供了展示青春风采的广阔舞台，而寻遍校园，也难见A君的身影。说句实在话，他太平凡了，平凡得险些让许多同学淡忘了他的名字、忽视了他的存在。5年过去了，在这不长也不短的5个春秋过后，昔日的同窗再度聚首。细心的人都发现了这样一种令人难以置信的事实：A君变了，他由一个平淡无奇、默默无闻的人，"摇身一变"，成了一个举止大方、谈吐高雅、气度不凡的"绅士"。在与A君的交谈中，我了解到：他在毕业后，曾一度也消沉过。因为以他那样的性格、学识、能力和阅历步入社会，不适应是难免的了。因此，或我行我素，或小心翼翼，总之都是步履维艰。陷入痛苦之中的A君痛定思痛，不久便振作起来了。他深刻地、毫不留情地"解剖"了自己，认清了自身存在的严重的缺点与不足，在实际生活中努力校正这些欠缺之处，坚持多听、多看、多思，向成熟者、成功者请教、学习，向知心的人求得批评和指导，同时，自己努力并提高专业修养、处世等方面的知识和能力，并时常总结自我，不断完善自我。这样经过磨炼，终于有了像今天这么大的变化和提高。

俗话说：金无足赤，人无完人。作为平凡的个体，如果我们根本够不上成熟和成功，那自然是存在较大的欠缺之处，需要不懈进取，更新自我。可即便我们被人认为很成熟很成功了，但同样道理，如果我们尚有自知之明、还称得上是个明智之人的话，那么，我们应该而且必须认识到，自己并非完美无缺，今后的路还很长，还需要再接再厉，扬长避短，争取更大的进步和成功。要想完善自己，实现自我设计，自我提高，最重要的一点，就是要做到科学地认识自我。如果认识不到自己的缺点和不足，那么，说完善自己就只能成为一句空话了，没有任何实际意义。当然，认识了自我还不等于完善了自我，前者只是后者得以实现的前提和基础，而要想实现后者，还必须下大力气，对症下药。即：学会科学有效的方法。它在总体上可分为两大方面：其一，是借助外部力量，无论是对成功者还是对平凡者，都能听取他们的评价，认真对待之，并能发现他们的优缺点，作为经验教训，及时吸取之。其二，是强化自身的内部调节机制，善于总结自己，鞭策自己走向新的进步。

人贵自强

看电视连续剧《三国演义》，只要稍加注意，就可从蜀主刘备、后主刘禅身上，强烈地感受到不同的人格力量。刘皇叔开始只有关羽、张飞两员战将，几百兵马，没有地盘，力量薄弱，常常过着寄人篱下的流亡生活。但是，他有光复汉室、救国救民的大志和豪情，一步步地扩充兵力，广招贤士，集于自家门下，实力倍增，终于与曹魏和孙吴成鼎足之势。其中一个最为关键的内在因素，就是他有一颗自强的心，时刻不忘光复汉室，并为此付出了长期艰苦的努力，遂成时代枭雄，展示了一个强者的形象。而其子刘禅即位后，胸无大志，懦弱无能，成天沉溺于酒色之中，结果在丞相诸葛亮死后更家放纵，荒于国事，最后被魏国灭之，自己做了亡国之君。司马昭封被掳于长安的刘禅为"安乐公"，刘禅真的做了名副其实、乐不思蜀，令随其左右的前大臣们扼腕慨叹。刘禅，成了一个活生生的无志无能的弱者的化身。

纵观历史，诸如此类的事例不胜枚举。越王勾践卧薪尝胆，忍辱负重而东山再起，复国兴邦，成为千古美谈。南宋开国皇帝赵构系北宋的亡国皇子，仓皇中登了地穴，尔后偏安江南一隅，完全不思念被掠走的父兄和处于全国奴役下的宋朝国民，光复中原之志殆尽，结果外敌紧逼，内忧外患，南宋很快走向衰败。可见，历史已用铁一般的事例证明：有志，兴国兴邦；无志，亡国亡民。

俗话说：不蒸（争）馒头蒸（争）口气。意思就是，人活着，就要活出个样儿来，要立大志，有理想有追求，只有这样，才会受人尊敬，才有可能收获到成功，才不枉步尘世一遭，才可以问心无愧地面对自己的人生。否则，目光短浅，胸无大志，庸庸碌碌，消磨光阴，你绝对不会受到人们的崇敬，只能被忽视甚至唾弃，你很难会有什么造就，弥留之际的你该为自己毫无意义，毫无收获的人生洒下几滴悔恨的泪。

无论是回顾从前，还是环视当今，大凡有所成就者，无不是那些胸有大志，并愿为之付出艰苦努力，不懈拼搏的人。这样的例子实在太多太多，毋庸赘述。从这些成功者身上，会使人对"人活一口气"这句话产生深深的思索。人活一口气——不仅仅是说，作为生理的人体存活着是依靠呼吸，气脉畅通，更确切地，它是在强调，你既然活着，就该有大志，就该争气。就是这种自强不息的"志气"，成了你强有力的精神支柱，促你树立远大目标，坚韧隐忍，化精神为无穷的强大人生动力，向着胜利的彼岸，乘风破浪永向前。

期望与成功

记得有位诗人曾写过这样的诗句："即使为绝望而期待／也不可为期待而绝望。"想必，那些身处逆境以至绝境，但百折不回，置之死地而后生的人们，对此定会有更深刻更独到的体会与见解。

人生在世，仅此一遭，你可能没有令人羡慕的金钱、权利、地位等等外在的东西。但是，只要你不拒绝，那么，你完全可以拥有期望。期望，是你心中的绿洲，是你人生的起搏器，是你前行的航标灯。它是希望，更执着更宏大；它是追求，但比追求更明细更坚韧。

　　期望可说是天赋人权，但却有人对其认识模糊，或敬而远之。那些胸无大志者得过且过，知足常乐的人生态度与生活观念，不能说不是由缺少人生期望所致。虽说"不怕做不到，就怕想不到"过于夸大了"想"的作用，但是，对任何事物都应辩证地看待。倘若将前面的那个"想"字进一步上升到"期望"来理解，则另当别论了。因为人生不能没有期望。过去的，或喜或悲，或成功或失败，毕竟一去不复返了；现实的，今天的东西，则转瞬即为历史。而生命无时不在缩短，生活无时不在延续。如何使有限的人生加倍地延长，内涵更丰富更有意义呢？唯有追求，不懈地追求。追求的原动力就是期望——通过对未来生活的无限憧憬，激发出为拥有美好生活而努力进取的无穷动力。可见，期望不是万能的，但没有期望则是万万不能的。

　　有了期望，还不能简单地认为就"万事俱备，只欠东风"了。于是，又出现了"期望值"的问题。因为人的能力有限，同时又受着诸多因素的影响与制约，因此，如何将自己置身于社会大环境之中，客观地认识世界，认清自我，从而科学地确立一个追求的标高即期望值，更显得相当重要了。只有当前进的目标与自身的能力以及客观环境，三者基本达到吻合时，环境才会成为你成功的铺垫，能力才会正常地得以发挥，目标才可能最终实现。一般说来，期望值过低的情况也是存在的。它是过于自卑或过于谨慎，以确保成功系数所造成的。其结果，往往致使人的主观能动性得不到充分地发挥，真正宏远的期望难于企及。

　　据中国社科院社会学所的调查，我国城乡青年表示希望成为名人，或希望做出成绩的比例占2/3左右。同时，事业成功是超过其他一切价值，最能给青年带来幸福感的因素。但是，与青年时成就的高期望形成对比的是，许多调查结果表明：当代青年的劳动积极性、参与感、对挫折的承受力，以及改变现状的冲动等等，一系列与成功密切相连的心理和精神要素水平偏低。这样，就出现了两个相悖的极端：一方面，他们对成就和成功怀有很高的期望，给予很高的评价；另一方面，他们在心理和行为上表现出很强的脆弱性与惰性。这使得青年们对成就的欲求，更多地停留在口头上，而不是事业的追求过程中。高期待与低素质的强烈反差，使得他们的事业成功率很低很低。不是吗？在我们身边，常常可看到这样一些人，他们或眼高手低，小事不为，大事不能；或热衷空谈而不务实际，甘做"口力劳动者"，或向往高收入高地位，却畏惧辛苦，贪恋安稳……所谓"心比天高，命比纸薄"者比比皆是。

一个人事业的成功，必定有三大要素在其中起着决定性的作用。一是要确定科学的期望值，作为前进的目标及原动力；二是要具有坚强的心理素质，敢于面对挫折与磨难，并能独立自主地从中奋起，顽强搏击；三是要将心中的期望切实见诸于行动，全力以赴地不懈地去追求、奋斗。只有这样，期望才不致成为口号，成为泡影，才会一步步地逼近目标，成功才能真正成为"可望而可即的事情"。

/ 结语：视野造就名师

教师的职业性质十分特殊且重要，因为教书育人的内涵，是既传授知识又传播道德，让人成为既有文化（非文盲）又有文明修养（非粗鲁野蛮）的真正的人。

为此，教师从业者的综合素养如何，直接关系到青少年一代的素质能力与发展走向，即能否成为社会的有用之才、国家的栋梁之才。而教师的综合素质，不仅在于曾具有什么学历、拿到什么学位、职称高低、工龄长短等比较外在的所谓硬件要素，更在于其社会视野、人生历练、认知水平、适应能力等内在的所谓软件因素。

俗话说得好：要想给人一杯水，自己首先要有一桶水。教师要想教给学生广博深刻的文化知识，自己必须是博览群书、思想睿智深邃之人。而教师的知性智慧除了接受正规学历教育的获得之外，因为书本知识的更新换代时限越来越短促，大部分都是工作实践中的经验总结和理性思考经长期沉淀积累而形成的，就是所说的社会知识。社会知识是实战经验与书本经典的有机结合，是纯粹的理性知识的高效智慧，越来越受到重视。

教师的言传身教直接影响着学生的成长成熟。教师见多识广、视野开阔、心胸博大、身心健康，才可能会培养出大体质地的学生来。很难想象，一个教师孤陋寡闻、鼠目寸光、小肚鸡肠、胆小怕事、唯诺猥琐，却能带出一群智慧阳刚的好学生。

因此，教师的交际面、教师的社会阅历、教师的生活视野，便显得特别重要了。"兵熊熊一个，将熊熊一窝"、"强将手下无弱兵"，说的就是这个理。想当年，作者本人年轻气盛，年少轻狂，"初生牛犊不怕虎"，"风风火火闯九州"。本硕连读研究生毕业，方年二十五六岁，先去市报做记者，然后上调至市委机关工作，并荣幸地成为市领导秘书，一时风光无限，但很快感到自己并非十分适合坐机关走仕途，所以，在新千年到来之际，主动放弃"大好前程"，被作为特殊人才引进到省出版集团从事新闻出版工作，眼见着出版业日薄西山，于是趁着上世纪90年代博士毕业稀奇珍贵，又南下长三角，被人才引进至浙江某地方高校从教，"八年抗战"，孤独寂寥，辛劳开拓，刚刚打拼出一片属于自己的新天地，但独生女儿跳级上了高中，高考在即，关键万分。为尽人父职责，为长远发展之大局计，忍痛撤离苦心经营的江南根据地，撤回到东北长春，匆匆然没多加思考地进入一所老牌工科院校的社科部今称马克思主义学院，做一名普普通通的大学公共政治理论课教师。

虽说放弃做公务员等多个好机会，选择到一所普通大学做一名普通教师，尽管勤勤恳恳，兢兢业业，但默默无闻，经济收入、社会地位等稀松平常。不过，实话实说，既然是自己的选择，就无怨无悔。20世纪90年代正规博士毕业的深厚知识积淀，多个行当的社会职业转换与天南地北的空间地域大迁移，虽然让自己丢掉了许多好不容易累积起来的各种资源，但是，唯一令自己有所欣慰的是，"经历也是一种财富"，总体上亏本的同时也小有进账。

记得2001年暑期，作者回到始终坐落于四平市的母校吉林师范大学参加政治系87级同学大学毕业十周年聚会时，曾创造了几个纪录：第一个博士学位获得者、最高学历拥有者、最早晋升副高职称者、跳槽次数经历行当最多者。时光宛如东流水，十年弹指一挥间，2011年7月，作者作为发起者、策划者、组织者，以东道主的身份，在吉林省会长春，全程地全面地全身心地亲自主持了吉林师大政治系87级同学大学毕业二十周年聚会。此时，同学们都已人近中年，青春离我们渐行渐远，而皱纹爬上我们眼角越来越深。这十年间，同学们的进步飞快，彼此之间的差距也越拉越大，已经有从政升至县委常委及省厅处长者、从商身价数百近千万任跨国公司经理者、从教晋升教授时年四十左右成为专家博导者。而作为上次聚会时的多项纪录创造者，如今一些纪录早已失去意义，某些纪录已被人打破，但作者此次仍然保持住了唯一一项纪录，那就是：本人系跳槽次数最多、行走路线最远、从事行业最丰富、社会视野最宽广（绝不敢说社会经验最老道）的人。

可以说，社会视野社会阅历，这种一般人所没有的社会见识与书本知识的有效嫁接，已经结出了一串串成果，正可谓"厚积薄发"，令作者生发出万千感慨。诚然，现在我们只是一名普通教师至多算是小有名气，离成长为名师大家相去甚远。但我们愿意努力去追求，也期望更多的教师同行能够充分认识到阅历、视野对自身成长成才的特殊重要性，多加磨炼，早日成就一番大事业。

所以，在乍一接到《教师的社会视野与自我调适》一书的写作任务时，我们的感觉是欣喜。因为，我们有比较丰富的社会阅历和比较宽广的社会视野，我们也在长期的职业转换和地域迁移中练就了较强的身心抗击抗压力和较快捷有效的自我调节力。当然，教师到底应该具备怎样的社会视野才算达标？这是不好回答的。因为社会之大，漫无边际，简直就是"无穷大"，而教师所了解所认识的社会只是其中的一小部分而已，书中所列举的仅是当今纷繁复杂的大千世界的某些重大方面的主要内容。至于教师的自我调适，这个问题更是没有"标准答案"。因为教师在大社会和小世界中工作和生活，每个人所遭遇到的矛盾难题是不尽相同的，因而解决方案也不同，心理调适的方式方法也因人因事而异，书中所论及的仅是应对一般矛盾问题的具有某种普适性的策略方法。也就是说，整部书中所讲的"问题"和"方略"，都是不全面的不具体的并非"一对一"式的更并非包医百病的"灵丹妙药"。我们本身就是教师群体中的一员，我们和广大各级各类教师一样，每天都在经历着，每天都在调适着。期待有朝一日，我们的视野更开阔，我们的思想更成熟，我们的经验更丰富，我们的方略更科学之时，再聚首重写一部同名著作，献给那些能够以极大的耐心阅读此书并给我们以善意的批评和热情鼓励的同行与读者朋友们。

衷心祝愿广大辛勤劳作的教师早日走出小天地，走向海阔天空；不断提高应对能力和自我调节能力，年年月月天天都幸福快乐着！